ソロモンに散った聯合艦隊参謀

伝説の海軍軍人　樋端久利雄

髙嶋博視　著

芙蓉書房出版

樋端《といばな》久《く》利《り》雄《お》（1903 ～ 1943）

海軍兵学校大講堂

恩賜の銀時計

在仏大使館付海軍武官補佐官

新婚時代

第十五航空隊飛行長時代
（最前列右から５人目が樋端久利雄）

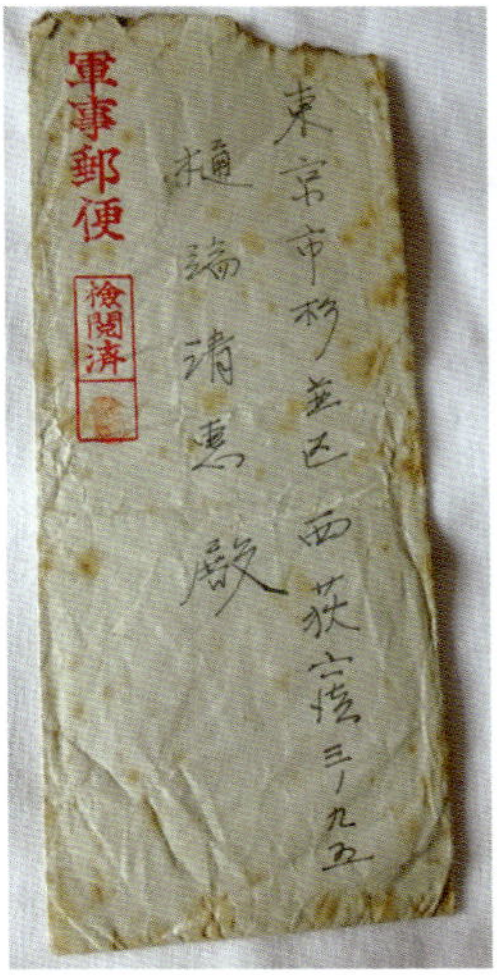

妻千代に宛てた手紙
（軍事郵便）

聯合艦隊航空甲参謀（中央列右端が樋端久利雄）

郷里讃岐に無言の帰還

白鳥神社

晩年の千代夫人

ソロモンに散った聯合艦隊参謀◎目次

プロローグ

かつて「帝國海軍の至宝」「昭和の秋山眞之」と謳われた男がいた。その男・伝説の海軍士官は讃岐の片田舎の出身で、明治・大正・昭和の時代を疾風の如く駆け抜けた。

アメリカとの闘いにおいて、日本の劣勢が明らかになりつつあった昭和一八年の四月一八日、帝國海軍が将来を担う人材と嘱望していた樋端久利雄《といばなくりお》は、武運拙くソロモンに散った。明治三六（一九〇三）年生まれの樋端久利雄は、旧制中学四年生に長じて、近い将来、日米両海軍が太平洋において対峙することを看破し海軍に身を投じた。筆者がそう断じるのには、根拠があってのことである。

彼は両親と長兄宛、「天ニ二日ナシ海ニ二覇アルベカラズ」と記した一文を残して、勇躍江田島（海軍兵学校）に向かった。久利雄が中学校に入学した大正七（一九一八）年一一月、第一次世界大戦が終結した。喧々諤々の議論の末、英国の要請（日英同盟）に応じて地中海に特務艦隊を派遣し戦勝国となった日本は、戦後、旧ドイツ領であったマーシャル諸島を委任統治し、その権益を太平洋に拡大した。その頃アメリカは、既にフィリピンやグアム、ハワイを領有していた。太平洋における、新たな力学の萌芽（二大海軍力の対峙）である。更に遡ればアメリ力は、日本が日清戦争・日露戦争で勝利を収めた頃から、とりわけ世界で初めて白人を負かした東洋の小国日本を危ない国、将来アメリカを脅かす国として認識し始めた。

非凡な田舎の少年は、そこまでの歴史観や世界を見る目を持っていた。

キャリアを重ねて少壮士官となった樋端久利雄は、内外の情勢を俯瞰して日本の敗北を予期した。しかし軍人である彼は、軍令・軍政に類まれな能力を発揮しつつ、航空戦術の開発と兵器の改善・改良に没頭した。

山本五十六聯合艦隊司令長官の強い引きで、樋端中佐は海軍省軍務局員から聯合艦隊に転じる。軍人は彼我（敵と我）の能力を分析して、結論（戦いの仕方や不戦の方途）を導く。その結論が仮に、やれば負ける、あるいは負ける可能性が大であっても、戦士（軍人）は命《めい》あれば大義のために身を投げ出す。しかし戦争・戦闘の実相は、錦の旗のように美しいものではない。残酷・悲惨でむごい。

一方で、国と国との関係が理想や綺麗ごとで済まされないことは、歴史や今日の国際情勢が示すとおりである。国が亡くなるということは、その国の文化が亡くなり、言語が亡くなること。そして、歴史が亡くなることを意味する。ひとつの戦争に負けても国が亡くなるとは限らないが、先の大戦に敗北して、日本は多くの有形無形、大切なものを無くした。失ったものを再び手にするためには、気が遠くなるような長い時間と国民の努力が必要とされる。どれほど頑張っても取り返せないものもある。

将来永きにわたって日本という国が世界から尊敬され、存在感を維持するためには「治にいて乱を忘れず」。この本の全編を通じて、その意味を問いたい。加えて、戦争というものが持つ理不尽さや軍人家族の愛、そして平和の在り方を探ってみたいと思う。

筆者が「樋端久利雄」という名を初めて耳にしたのは、昭和四三年四月一八日である。この日、わが母校香川県立三本松高等学校（旧制大川中学校）では、大先輩である毎日新聞社会長田中香苗氏（大中二〇回卒）を迎えて講演会が行われた。学校職員と在校生総員が先輩の話を聞いた。生徒教育の一環として、学校が招請したものである。私が学んだ三本松高等学校、通称「三高」は知識を授けると同時に全人教育を目指した学校であった。

そのとき私は、一〇日前に入校したばかりであったが、体育館の床に尻を下して話を聞いた。当時田舎の学校では、式典でもない限り生徒総員の椅子を準備するような習慣はなかった。およそ一時間の講演であったが、彼は講演の大部を母校の先輩である「南原繁（大中三回卒、元東大総長）」と「樋端久利雄（大中一七回準卒、元聯合艦隊航空参謀）」の為人《ひととなり》に充てた。生徒の速記部が作成した記録を紐解くと、樋端さんについては南原さんの二倍以上の時間を使っている。歳が近く東京での交流もあったことから、大先輩であり母校では神様のような存在の南原さんよりも、より身近に感じていたのだろう。

私は入校したばかりで、未だ防衛大学校を志すまでには至っていなかったが、「帝國海軍の至宝　樋端久利雄」は強く耳に残った。田舎の子供でも、さすがに南原さんの名前は知っていたが、それまで樋端さんについてはまったく知らなかった。田中さんの講演を聞いて、「先輩には頭のええ人がおる。この学校を選んだのは間違ってなかった」と確信めいたものを感じた。

樋端久利雄がブーゲンビルに散ったのは、昭和一八年の四月一八日である。数えてちょうど二五年目の日に、私は彼のことを初めて知り、海に繋がる防衛大学校への道を探り始めた。


二年後の秋、「海軍大佐　樋端久利雄」が大きな動機付けとなって、私は防衛大学校を受験した。爾後、防衛大学校を経て海上自衛隊という名の新生海軍に身を投じ、仕事柄、帝國海軍に関する文献に触れる機会が度々あった。そして、遅ればせながらようよう樋端久利雄の偉大さに気づいたのである。それは、ただ単に海軍兵学校と海軍大学校を恩賜（首席）で卒業したからというものではない。もちろんそれもあるが、その人そのもの、彼の人間性に強く打たれた。同窓生というのも誠におこがましく、同郷の身として大変誇らしく思うようになった。

平成四年の秋、やはり母校水泳部の先輩である浜口喜博氏（大中四〇回卒、元オリンピック選手）に誘われて、大中三高会（同窓会）東京支部の総会に初めて参加した。予科練出身の浜口さんが「こいつは樋端さんの後輩です」と、独特の大きな声で参会者に紹介してくれた。浜口さんは、水泳の名門校である日本大学に進み、日本で初めて一〇〇メートルで一分を切り、短距離の第一人者になった人物である。存在感のある人だった。敬愛する浜口先輩は、私が制服を脱いだ平成二三年に他界した。両親に退役の報告をするため帰省していた私は、地元紙「四國新聞」で彼の死を知り衝撃を受けた。

麻布の讃岐会館で行われた同窓会で、奇遇にも海軍兵学校七八期の衣川宏氏に会った。衣川さんは同窓生ではないが、『ブーゲンビリアの花』を上梓されたばかりで、その縁で同窓会に招かれていた。会場で衣川さんのサイン会があり、私も一冊求めた。

この本は、戦後初めて樋端久利雄を世に送り出した、貴重な一冊である。衣川さんの力作『ブーゲンビリアの花』がなければ、おそらく樋端久利雄は、極めて優秀な頭脳を持ったひとりの海軍軍人として、歴史に埋没したままになっているだろう。衣川さんの功績は大きい。

その後、「樋端久利雄」は香川県出身の大学教授であり、作家でもある谷光太郎氏の手によって、海上自衛隊幹部学校（海軍大学校に相当）の研究誌『波涛』にしばしば登場している。

私は、この樋端久利雄という人物が、しかるべき人の手によって再び世に出ることを切に願っていた。しかし相手は、天下の秀才が集った海軍兵学校七六年の歴史において、「前後期に類を見ない頭脳を持つ生徒、三人のうちのひとり」と謳われた人物である。しかも存命期間は四〇年と短い。「樋端久利雄」に手を付けるためには、筆が立つと同時に時代考証を含め、「海軍そのもの」が理解されていなければならない。私が知る限りにおいて、樋端久利雄を書けるのは谷光さんの他にいないと思っていた。面識は全くなかったが、ある日、意を決して谷光さんに手紙を書いた。彼は西讃の出身であるが、同じ讃岐の出であることに望みを託した。

その後、谷光さんとは気が合って、私が昇進するたびに「飛翔如龍」と記した墨絵をいただく間柄になった。しかし「それでは樋端久利雄にかかりましょう」という明確な回答は得られなかった。今日では、それも運命であったかと思う。谷光さんは私の決心を、十数年も待ってくれたのだ。

平成二三年の夏に退役した私は、現役の時にはほとんど顧みることができなかった高齢の両親に罪滅ぼしの意味もあって、月に一〜二回帰省することにした。平成二五年の春、母校（三高）の校長に後輩の原彪（三高二六回卒）が就任したと聞いたので、彼を表敬するため何十年ぶりかで母校を訪ねた。母校の門をくぐるのは、卒業した昭和四六年の春以来である。後輩の校長が私に気を遣ってくれたのか、校長室には同窓会長（当時）の川北文雄氏（三高一二回卒、元香川県副知事）が待っていた。

母校は平成一二（二〇〇〇）年に創立百周年を迎え、記念事業の一環として敷地内に資料館が設置されていた。川北さんはこの資料館の建設に参画するとともに、百十周年事業にも中心的な役割を果たした人物である。

しばらく校長室で懇談したのち、両人が資料館に案内してくれた。館内には、もちろん「南原繁コーナ」があり、そして「樋端久利雄コーナ」も設置されていた。海軍大学校首席卒業の象徴である恩賜の軍刀（長剣）を持って、颯爽と凱旋した樋端久利雄が、当時の校長や恩師、学校職員、配属将校、実兄武一郎《たけいちろう》、地元の名士とともに写真におさまっている。中央に位置する久利雄は、なぜか三つ揃いの背広だった。「なぜ？」と思い、合点がいかなかった。当時、海軍大学校恩賜組しかも首席といえば、将来の海軍大臣・軍令部総長と目され、本人の気持ちとしては飛ぶ鳥落とす勢いのはずである。普通の人であれば、当然、制服を纏い胸を張って母校の正門をくぐっただろう。このなぞは、後日、京都にご子息の樋端一雄氏を訪ねて、いとも簡単に判明した。

原寸大の樋端さんの写真を見ながら隣の川北さんに、かねてからの私の思い、即ち「再度樋端久利雄を世に出したい。ついては、信頼できる方にお願いしてある」と私の考えを口にした。すると川北さんは、何を思ったか「君が書いてくれよ」とぽつりと言った。彼はいつも物静かでポーカーフェイスだ。軽い冗談だったかもしれない。しかし私は、思わず「えっ」と言葉を飲み込み、黙り込んでしまった。

私のような一介の武弁が、本など書けるのか。無謀なことだ。私の胸の内ではいろいろな思いが交錯したが、熟考の末、もし関係者の賛同と理解が得られるのであれば、天賦の才を惜しまれつつ国家に殉じた「樋端久利雄」を辿ってみようと決心するに至った。

私の決心はさておき、この人の賛意が得られなければ計画はいとも簡単に頓挫する。私の決心と思いを一通の手紙に認め、京都（樋端さんの遺児である樋端一雄氏）に宛てて投函した。同時に、長年にわたって「樋端久利雄を書いてほしい」とお願いしてきた谷光さんに詫びた。衣川さんにもお願いして、快諾をいただいた。

焼けつくような、平成二五年の盆であった。

物語の始まりに当たり、本書に記す事実関係や、事実に対する評価から細かい言葉使いに至るまで、文責は全て筆者にあることを明記しておきたい。

第一章　山本五十六元帥夫人の弔問

「久利雄戦死」の報

昭和一八年五月二〇日（木）の朝、海軍省から西荻窪の樋端家に「久利雄戦死」の報が届いた。正確には、久利雄の妻千代の実家である井上家に届いた。樋端家は久利雄が海軍大学学生のときから、岳父井上繁則（予備役大佐、海兵三一期）と義母キヨが住む井荻（西荻窪）に、借家を求めて住んでいた。

　海軍省人事局員とともに使者の大役を担ったのは、海軍兵学校同期で親友の池上二男中佐である。池上は当時航空本部に勤務しており、その配置からすれば使者の任に当たるはずはないが、人事当局がこの悲報を遺族に伝える適役として、彼に白羽の矢を立てた。あるいは、無二の親友である池上本人が買って出たのかもしれない。ほんの僅かでも遺族の感情を和らげる、苦肉の策であったのだろうか。同期の正木正虎も、クラス会が纏めた思い出の記『あの海あの空』（昭和三七年）に、「二六日（筆者注：昭和二〇年一月）夜安藤君の留守宅に戦死の内報を届けに行く。曩《さき》に岩橋君の内報を届けに行った時と言い、この夜と言いそぞろに心疼きて寝難し」と残している。当時、正木は艦政本部に勤務していた。使者もまた針のむしろである。

父（繁則）からの「至急上がってきなさい」の伝言で、千代は何事かと実家（井上邸）へ駆け付けた。座敷には両親と使者が沈痛な面持ちで座っていた。池上から夫の戦死を知らされた千代は、人事局員に対し「山本長官は？」と問うた。人事局の「一緒です」に、「そうですか。一緒だったのですね」と応じた。山本長官と最期をともにしたことが唯一の慰めであり、海軍軍人の娘として育ち海軍軍人に嫁いだ千代の誇りでもあった。この時、千代は三六歳、長男一雄は一六歳で中学校二年生、長女英子は一一歳の国民学校四年生であった。

長男一雄は、その年の二月一六日、三学期の中間試験を終えた後、学校（私立第一山水中学校：現桐朋学園高等学校）で級友と相撲を取っていて左足を骨折し、御茶ノ水の名倉病院に入院した。入院が三か月に及んだのは、一雄が手術を拒んだので、医者が骨を引っ張って治療する方法を採ったためである。五月一八日に名倉病院を退院し、この日（二〇日）の午前、退院後初めて病院に行くことになっていた。そして千代も、一雄の通院に付き添う予定であった。

千代は娘の英子を桃井第三国民学校（杉並区）に送り出すと、一雄に「用事があるため少し遅くなる」とだけ告げて、南に二〇〇メートルほど坂を上った実家に向かった。一雄は何事かと訝《いぶか》しんだが、一時間ほどして千代は帰ってきた。母（千代）の様子はまったく普段と変わりなく、淡々としていた。そして、予定通り一雄の通院に付き添った。一雄が松葉杖を使っての歩行だったからである。病院から帰るまで、母（千代）の様子は普段通りだった。涙も見せなかった。

英子は学校が引けて、友達数人とおしゃべりをしながら祖父母の家（井上邸）に向かっていた。この頃、一雄・英子の兄妹は、自宅（文化住宅）と祖父母の家を行ったり来たりで、食事や寝泊りを含め、どちらが我が家か分からないような毎日であった。下校時間の分かっている祖母（キヨ）は、孫（英子）を迎えに出た。そして遠くから「淑恵ちゃん、はやくはやく！」と叫んだ。キヨは「お父ちゃまが大変なの。早く帰ってらっしゃい。早くはやく」と英子の手を引いて急《せ》き立てた。英子は訳も分からず、祖母の家に急いだ（注：繁則・キヨ夫婦は当時、姓名判断に凝っており、娘の千代や孫を別名で呼んでいた。あとに出てくる久利雄の手紙でも、この別名が使用される）。

　ほどなくして、千代と一雄が病院から帰って来た。一雄は未だ歩行が十分ではないので人力車に乗り、千代がこれに付き添っていた。当時は、西荻窪駅にタクシー代わりの人力車があった。繁則は一雄に座敷に来るよう促した。千代と英子、そしてキヨが傍らに坐った。繁則は威儀を正して、嫡男に父の戦死を告げた。そして、一同に「このことは、時期が来るまで決して口外してはいけない」と強く念を押した。中学校二年生の一雄にも、その意味は理解しかねた。海軍中央で何が起きているのか、想像できるはずもなかった。しかし気丈にも、「父がいなくなった今、お父さんの代りをして欲しい」と祖父に懇願した。

　英子は、日曜日の朝はいつも父の布団にもぐりこんだ。その温もりを思い出していた。小学校四年生の英子には、「戦死」の意味を理解するにはあまりにも幼すぎた。

　千代は直ちに、讃岐の義父に宛てて至急電を打った。その直後、海軍省人事局から「山本長官とともに戦死は秘密にしてほしい」と連絡があった。しかし、電報は既に発信されており、千代にはなす術がなかった。海軍が如何に厳しく情報統制しても、完璧に蓋をすることは難しかった。

この日から、千代と一雄・英子は井上邸に移り住んだ。祭壇をつくって久利雄を祀り、そして口をつぐんだ。久利雄の戦死が公表される九月九日まで、やりきれない、言いようのない苛立ちと傷心の夏を過ごした。

以後、千代は久利雄の戦死について一切語らず、顔色も変えなかった。そして、九五歳で他界するまで、子供たちの前で涙を見せることはなかった。一雄は「母がどこで泣いていたのか不思議でならない」と言う。そして遠くを見るように、「明治の女」「軍国の妻」と呟《つぶや》いた。

名倉病院に入院中、一雄は何度も父（久利雄）の夢を見た。姑のキヨも「久利雄さんが帰ってきた夢を見た」と千代や一雄に話している。海軍は久利雄をはじめとする参謀の戦死時期をカモフラージュするためにいろいろ画策したが、その魂と霊はとっくに家族の元に還っていたのである。天上の久利雄は、海軍の狼狽ぶりをどのように見たであろうか。

これから数日後、同期生四～五人が井上邸を訪れ、航空写真を見せて久利雄戦死時の状況を教えてくれた。千代と一雄は、僅かながら初めて事の詳細を知ることができた。残された家族は、戦死の公表から、終戦、そして戦後へと、時代の波に翻弄されることになる。

山本禮子夫人の突然の弔問

山本元帥の国葬が終わった数日後の日中、黒い羽織を纏った山本元帥夫人（禮子）が、西荻窪の井上邸を訪れた。何ら事前に知らされておらず、突然の弔問であった。禮子夫人と繁則は旧知の間柄であったが、この日は千代が応対した。予告なしの元帥夫人の弔問ではあったが、海軍軍人の家に育ち、軍人の妻となった千代は、動じることなく相対した。禮子夫人は「大事な方を道連れいたしまして、本当に申し訳ありません」と詫びて、深々と頭を下げた。千代は山本夫人の丁重な弔問に返す言葉もなかった。

英子はこの場に居合わせたが、一雄は祖母（キヨ）に連れられ、骨折した足の湯治に出かけていて不在だった。英子は、母の凛とした姿を脳裡に焼きつけた。

立場は違うが、山本夫人が夫戦死の通報を得たときの様子を、息子の山本義正は『父・山本五十六の最期』で次のように述懐している。

すでに母は喪服に着替え、てきぱきと女中や妹に指図して、葬儀の準備をととのえつつあった。ちらっと私と母の目が合ったとき、私たちは、悲しみの一夜をそれぞれべつの所でとっくにすませていることを、たがいに了解したのであった。

山本元帥夫人は、戦後も樋端家に弔意を表している。昭和三七年六月八日の朝、海上自衛隊の練習艦隊が、東京芝浦で遠洋航海に向けて出港準備中のことであった。練習艦隊の一艦である、護衛艦「ありあけ」に禮子夫人が来艦した。この年の遠洋練習航海は、海上自衛隊創設から六回目の遠洋航海であり、六月八日から八月一九日までの、およそ二か月半をかけて豪州方面を巡航する計画であった。即ち、海上自衛隊が初めて赤道を越える遠洋航海であり、ソロモン諸島の近傍を航過する計画であった。寄港地も、シドニー、メルボルン、ウェリントンなど、樋端候補生たち海軍兵学校第五一期生が参加した大正一二年〜一三年の遠洋航海と似たコースである。

見送りの人々が岸壁を埋めるなか、元帥夫人がゆっくりと舷梯を上がってきた。艦長の二等海佐諸橋清隆（東京高等商船学校航海科一一八期）は、緊張した面持ちで山本夫人を舷門に迎え士官室に案内した。このときのことを諸橋は、「山本元帥夫人の白い封筒」と題して、『正論』（二〇〇二年二月号）に寄せている。

芝浦出航（六月八日）の三日前、見送りに来る妻と友人の某夫人から「お見送りのとき、ご昵懇の方をお連れしたい」と要望がありました。その方は故山本五十六元帥の礼子夫人とのこと。私はびっくりし、「旧海軍の軍艦とは比べものにはなりませんが、ご来艦を心からお待ちします」とお返事しました。

一行は出航の一時間前に来艦、士官室で歓談しました。私は終戦まで約三年間、海軍士官として海上勤務を致しましたので、尊敬する元帥夫人をお迎えして、感激していました。

物静かなうちに暖かみ溢れるご温容は忘れ得ません。特にしみじみと語られた言葉が印象に残りました。

「山本と結婚致しまして二十五年の間、ついに一度も軍艦旗を掲げた艦に乗ったことがございませんでした。戦後十六年経って、初めて旧海軍と同じ軍艦旗が翻る艦に乗せていただき、嬉しさで一杯です。ありがとうございました」

かつて元帥が連合艦隊司令長官として座乗された大戦艦「大和」からみれば、我が艦は曾孫のような艦ですが、夫人は大変喜ばれたご様子でした。

ソロモン群島の中央海域を南下し、豪州に向かう航路を海図によってご説明しました。出港時間も迫り、退艦ご挨拶の直後のことです。礼子夫人が私に寄り、「大変勝手で恐縮ですが、ブーゲンビル島の西側を通過なさるさい、これを海に投げ入れてくださいませんか。これは、山本とともに機上で戦死された樋端航空参謀への追悼文です。どうかお願い致します」と深く頭を下げられ、白い封筒を託されました。

咄嗟のことで気軽にお引き受けしました。夫人は、見送る岸壁の人々が小さくなるまで手を振っておられました。封筒は大きめのサイズで、宛名もなく、表裏ともに白いままでした。夫人は樋端参謀へ、とのみ申され、ご夫君には一言もお触れになりませんでしたが、ズシリと分厚い封筒の感触から、故元帥に宛てられた追憶、惜別の文が別途に同封されていると推察、確信するに十分でした。

……（中略）……

戦後は「武人の妻」という言葉は死語になりましたが、礼子夫人の私情を抑えた厳しき風格こそまさに「武人の妻」なり、とこの敬称を捧げたいと思いました。

六月二十日、元帥戦死の地点に最も近い、ブーゲンビル・ブインの二百十度・三十海里において封筒投下の慰霊式を行いました。封筒に、艦自作の花輪、線香、煙草と日本酒を添え、総員、遥かに元帥の魂魄の在《お》わす方角に黙禱を捧げ、汽笛長一声に合わせて投下をもって終了、夫人との約束を果たしました。

……（中略）……

洋上での慰霊式の写真を義正氏（筆者注：山本五十六の長男）にお贈りしたさい、元帥と樋端参謀の絆について伺う機会を得ました。

樋端参謀は樋端久利雄中佐（戦死後、大佐）とおっしゃり、その奥様は元帥と海軍兵学校の同期生のお嬢様であったと。そして樋端参謀を側近に得たとき、元帥はその同期生とこんな会話を交わされたのだそうです。「大事な婿さんだが、恐らく俺と一緒に戦死することになるだろう。済まないが、婿さんの命は俺が預かる」「今度の戦いはそういう戦争だ。覚悟はしている。婿の命はお前に預ける」

この話を伺って、私は、礼子夫人が艦を訪れ、なぜ樋端参謀への追悼文を託されたのか、そのお気持ちが理解できました。

顧みれば、礼子夫人を我が艦にお迎えして四十年の歳月が流れ、白い封筒がソロモンの海に消えて矢張り四十年が過ぎました。あの封筒はその後如何なる漂流を続けたでしょうか。願わくば、白砂輝く黄泉の浜辺に漂着せしことを、そして故元帥と樋端参謀がともに礼子夫人の慈愛に満ちた哀惜、追悼の文を読まれしことを、遥かな故国日本をソロモンの天空から見守られんことを。

山本五十六とともに戦死した参謀は、久利雄だけではない。何が山本夫人をして、そうまでさせたのか。類《たぐい》まれな頭脳を持つと同時に、人間味あふれる樋端久利雄の名は海軍部内に知れ渡っており、山本もまたその才と人物を高く評価していた。久利雄が聯合艦隊参謀に補される前、即ちミッドウェー作戦が終わって山本が内地に帰還した際、山本を囲む海兵三二期のクラス会があった。そのとき山本は、久利雄の岳父である井上繁則に「貴様の婿を借りるぞ」と仁義を切った。それは、自らと久利雄の戦死を覚悟した仁義であった。

山本夫人が千代に言った「道連れ」の意味は、おそらくこの人事、即ち山本に請われて聯合艦隊に出たことを指している。あるいは、山本のブイン視察にまつわる、ドタバタをも含めて「道連れ」と表現したのかもしれない。その経緯については後程述べるが、山本夫人がそこまで知っていたとは思えない。

夫に先立たれた軍人の妻たちの苦難の道

戦中から戦後にかけて、例えば実家が資産家であるような、よほど恵まれた環境にあった者を除けば、戦死者のほとんどの遺族、とりわけ家族の正面に立って家長と父親の役割を果たさなければならなかった未亡人たちは、価値観の大転換と逆風の中で、かつ経済的な問題を抱えて、一様に厳しい道を辿った。かりにその出自がお嬢様であろうと、おとなしい性格であろうと、その立場に立たされた者はだれもが、なりふり構わず前に向かって歩くしかなかった。そうしなければ生きてゆけなかった。前述の、生き残った正木でさえ「家庭経済も次第に窮乏す」と記し、「茶の花や貧厨の妻いとほしく」と詠んだ。戦争に負けるということは、そういうことである。

同期生である片岡政市（昭和二〇年二月二五日殉職）の妻ミチは、戦後の一〇年を振り返って、先述『あの海あの空』（昭和三七年刊）に次のように記している。

五人の子供達、十五才の長女を頭に次女、それに長男（この子は小児麻痺で学齢に達しながら発育は幼児のままで止まっている）更に次男五才と、誕生を迎えたばかりのよちよち歩きの三男。大分から亡父の郷里熊本へいよいよ意を決して引上げてくる途中もその遺骨さえ持てなかった。……（中略）……これから―。流石に見通しがつかなかった。併し、この無力な母親を全智全能と信じ、夜毎、安らかな眠りに就く子供らの寝顔を見ては手放しに泣いてばかりもいられない。殊に長男を抱えてその将来に思いを馳せる時、この逃れる事の出来ない悲しみに耐え忍ぶということは、何か独りで悟らなくてはならない。この苛酷極まりない自分の境遇から、なおかつ明るさを失くしたくない。楽しみを見出したい。

「之が自分の生活なのだ。生抜かねばならぬ」と自問自答を繰返した。思えば最早共に苦難を頒つべき人なく、幸福を与えてくれる人は既に世にない。幸福は自らの手で創造しなければならないのだ。希望を失ってはならない。明日いかなる生命の躍進があるか計り知れないのだ。

稲田洋（昭和一八年一二月二四日ギルバート諸島方面で戦死）の妻千代子は、夫が戦死してから二七年を経た時、次のように記した（『あの海あの空（五一物故者追悼号）』）。

戦争という名のもとに、夫婦、親子の深い肉親の絆は無残にも断ち切られ、残された者達は、敗戦という思いがけない混迷の世代に放り出され、如何に生きるかの術も知らず、茨の道を血みどろに戦いつゞけて、ようやく安息の日々を迎へられる所迄辿りついたが、もはや私も還暦を迎へる年になってしまった。……（中略）……今私達が可なりの扶助料を貰っている事を、まるで得をしている人間のように、羨ましがっている人達を見受けるが、今なら何億万お金を積まれても、夫の命とは取替えはしないだろうにと思う。

夫に先立たれた軍人の妻たちは、いずれも苦難の道を歩んだ。この本の主役はもちろん、海軍軍人樋端久利雄であるが、それぞれの立場、より正確に言えば、それぞれの夫の立場に沿って戦後を生きた夫人や、遺児たちにも光を当てるべきではないか。山本夫人には、多くの部下を亡くした指揮官の妻としての責任感、そして部下の遺族を思いやる包容力と優しさを見る。千代夫人には、少壮軍人の妻としての凛とした気丈さや、二人の子供を抱えて混乱の中を生きていこうとする信念と覚悟を感じる。軍人の妻はみな、単なる「婦人」ではない。軍人である夫の蔭で、時には先兵となって夫を支える「夫人（夫の人）」なのである。

長男一雄に対する一回目の取材は、昼食をはさんで七時間に及んだ。もちろん、食事中も話は続いた。そのなかで、彼が言った「母がどこで泣いていたのか不思議でならない」のひとことは重い。「その後の樋端家」がこの一言に凝縮されている。

第二章　樋端（といばな）のはじまり

樋端姓の由来

四国の玄関口高松からJR高徳線（普通列車）に乗って、源平合戦の舞台となった屋島を過ぎ、左手に穏やかな瀬戸内海を眺めつつ小一時間走ると、東讃の三本松駅に着く。母校三本松高校がある町である。北に播磨灘をのぞみ、南には讃岐平野が広がる。その奥には讃岐山脈が控え、風光明媚でゆったりとした空気が流れている。

駅を降りて鉄道に並走している国道一一号線を横切り、駅前から真っ直ぐ南に伸びる県道四一号をおよそ一・五キロメートル行くと、高松自動車道「大内白鳥《しろとり》インター」の表示が出てくる。IC（インター・チェンジ）のすぐ下（北側）に、原間《わらま》池という堤長三三五メートル、貯水量二八万立方メートルを有する灌漑用の溜池がある。讃岐は昔から雨が少ないため、農業用のため池がそこかしこに作られている。万葉集に「玉藻よし讃岐の国は国がらか見れども飽かぬ……」と歌われた香川県（讃岐）は、都道府県の中で最も小さい県でありながら、大小一万四六〇〇余りの溜池がある。香川県最大の溜池である「満濃池」は、慶雲三（七〇六）年、ときの讃岐守（国司：姓名不詳）が築いたものである。空海が築いたとする誤伝があるのは、平安時代の弘仁一二（八二一）年、空海が修築を行ったことに由来する。

原間池の近くを古代の「南海道」が走っていた。まさに名のとおり「海（瀬戸内海）の南の道」である。南海道は都と地方を結ぶ、朝廷が整備した官用の道路であり当時の国道である。都（奈良）から紀伊国、淡路国、阿波国を経て、讃岐国、伊予国、土佐国へと続く。平安時代末期、兄源頼朝から平家討伐の命を受けた義経は、海路摂津（大阪）から阿波勝浦（小松島）に上陸し、一五〇騎の軍勢を率いて南海道を駆け抜け、平家が立てこもる屋島に攻め上がった。

ＩＣの南東方約五〇〇メートルから一キロメートル一帯が「樋端」と呼ばれる地域である。この地名は「大字〇・小字〇・中戸」の下位に属する地名（自治区）である。樋端地域のすぐ西を湊川が流れている。湊川は讃岐山脈に発し、瀬戸内海（播磨灘）に注ぐ二級河川である。

地名「樋端」の由来は、『白鳥町史』によれば「原間池より湊川を越えて、中戸方面へ通水するために、桶樋《おけとい》を湊川の上に架設していた」ことから、その端末（出口）があったので地名が生まれたとある。江戸時代末期の地誌『三代物語』には、「桶樋、原間池の用水取哉、大川の上にある渡樋なり。長さ三三間（約五〇メートル）」とある。

平成八年から一二年にかけて、インターの周辺で多数の遺跡が発見された。実は、昭和の時代から地域住民（農民）が度々茶椀などの土器を掘り当てており、昭和四〇年代、専門家の間では当地にかなりの規模の遺跡があることが分かっていた。したがって、平成八年、この地に四国横断自動車道を通す計画が浮上すると同時に、県の教育委員会が動いた。教育委員会は「財団法人（当時）香川県埋蔵文化財調査センター」に、この地域の調査を委託した。そして平成八年から一二年にかけて、予備調査を含め入念な発掘調査が行われた。
調査の結果、この地域には弥生時代後期に集落が広がっていたこと、また樋端遺跡からは土器棺墓四一基、土壙墓二八基、台上墓が検出され、当該丘陵は弥生時代から古墳時代にかけて墓域として利用されていたことが判明した。この墳墓は有力者（首長）の家族墓と考えられている。

それ以降の樋端及び樋端家に関する記録は、地名こそ残っているが明治中頃までぴたりと途絶える。したがって、果たして樋端久利雄の先祖が遺跡に祀られている権力者と関係があるのかどうかは定かでない。また、いつの頃から樋端姓を名乗っていたのかもはっきりしない。しかしながら、何のいわれもなく樋端姓を名乗ることはありえず、この本の主人公である樋端久利雄の遠い先祖は、この遺跡近くに住んでいたと推察できる。

明治二三年以降、樋端姓は村会議員や町会議員として頻繁に登場する。また昭和初期のころ、本家の夫人は周りの住人から「奥さん」あるいは「御新造さん」と呼ばれていたので、庄屋ではなかったにしても、少なくともこの地域の有力者のひとりであったことは間違いない。また、本家筋は昭和期以降多くの医者を輩出していることからも、能力的にも経済的にも単なる農民ではなかっただろう。地域の長老も、伊座の「樋端」は大地主や名家ではないが、篤農家だったという。

久利雄が生まれた讃岐の町

久利雄が生まれ育った白鳥本町《しろとりほんまち》（明治四三年の町制施行までは松原村）大字伊座は、樋端遺跡から三キロメートルほど東（徳島寄り）に位置する。古代南海道が東西に通じており、早くから開けた農耕地域である。白鳥の歴史は古く、『地名の由来』には次のように記されている。

『和名類聚抄』（平安時代中頃に作られた辞書）および『延喜式』に「大内郡白鳥郷」とあるのは周知のとおりであり、また、平城京跡出土の木簡に、「大内郡白鳥郷」と記されたものが発見されているから、「白鳥」という地名の起こりが、奈良時代を遡るのは間違いないようである。

近世に至って高松松平藩の狩猟地になった。高松城下から阿波国に通じる、阿波街道（東讃浜街道）が村を東西に横切っていた。

久利雄の父荒吉は次男であり、わずかの田地を貰い受けて新家《しんや》を持った。近傍には、天正一一（一五八三）年讃岐に攻め込んできた土佐の戦国大名長宗我部元親と戦って憤死した、仙石権平（森権平）を祀る権平庵がある。馬に乗って戦った権平は、馬が田圃の泥濘に足を取られて落馬し戦死した。そのため地元の人たちは、今も権平さんを「足の神様」と呼んで崇拝し祀っている。

この地域でいう新家とは、分家のことである。本家のことは母家《おもや》という。当時としては珍しいことではないが、荒吉と母モトは三男三女をもうけた。久利雄は三男で、下から二番目の子である。長男武一郎《たけいちろう》と次男勇二郎は双子であり、勇二郎は四歳の時に亡くなっている。青年荒吉は人を束ねる才覚があり、若い頃、地元伊座青年会の支会長を務めている。

荒吉は双子の息子の名前に、「武」と「勇」を充てた。兄二人に期待された武人の誉れは、三男の久利雄が担ったことになる。長女（キクヱ）と次女（ハヅヱ）は子供の頃から秀才の呼び声高く、特にキクヱは久利雄よりも賢いと評判であった。二人の姉は、ともに看護婦の道を選んだ。当時、優秀な女子は自立を目指し、こぞって看護婦になった。残念なことに、看護婦になった二人の姉は、志を果たすことなく十代で他界する。

久利雄の後に妹シズヱがいるが、彼女も戦後に早世している。六人の兄弟姉妹で生を全うできたのは、長男の武一郎だけである。その武一郎も六五歳でこの世を去った。

久利雄は明治三六年八月一日に生を受けた。荒吉とモトの五番目の子供である。生まれた時から、目力《めぢから》のある赤ん坊であった。久利雄が誕生した明治三〇年代、伊座の世帯数はおよそ九〇〇戸、人口は約七〇〇〇人である。単純計算して、一家に七人から八人の世帯になる。ほとんどの家は、樋端家と同じように子だくさんの大家族であったことが窺える。

樋端家は長男武一郎が家督を継ぎ、その長男、即ち久利雄の甥にあたる忠重が家長である。忠重は取材に応じ得る体調ではなかったが、昭和四年生まれの妻美子が健在だった。美子は樋端家の本家から嫁いでいる。即ち忠重と美子は従兄妹半の間柄であり、樋端家の古い話にもよく通じていた（注：忠重氏は平成二七年三月に他界したため、直接話を聞く機会を失した）。

本家は子供の能力も高く、娘を高等女学校に進ませる状況にあったが、新家である久利雄の家は子だくさんでもあり、経済的には恵まれていなかった。したがって、荒吉夫婦は現金収入になることは何でもやった。稲作、麦作はもちろんのこと、煙草の栽培、蚕の飼育、豆腐作り、砂糖の製造、はては藍玉作りも手掛けた。隣の徳島県が全国屈指の藍の産地でありこれに倣った。六人の子供を育てるためには、そうせざるを得なかった。しかし裏を返せば、荒吉にはそれだけの才覚があったということでもある。そうすることによって、少しずつ田地田畑を増やしていった。

藍に付言すれば、四国には「讃岐男に阿波女」という言葉がある。これは、香川の男と徳島の女性が、とりわけ器量が良かったということではない。我田引水で、筆者はずっとそのように解釈していた。しかしこの表現は、徳島では、讃岐から大勢の若い衆が藍の収穫に出稼ぎに来て、現地（阿波）の女性と結婚したことに由来するという。一方香川では、「讃岐の男は真面目で、阿波の女は働き者」から来ていると伝えられている。いずれにしても、藍玉作りが重労働であったことは、間違いないようだ。昔から、東讃地区は阿波との交流が盛んであった。

久利雄が小学校に上がる前、七歳の頃、兄姉弟は農作業を手伝う合間に、田圃の傍らで「学校遊び」をした。頭のいい兄姉弟は、遊びかたも他の子供たちとは違う。先生役の姉が出した算術（算数）の問題を、兄武一郎が頭を抱えているのをしり目に、久利雄はさっさと片付けて両親や兄姉を驚かせた。

首席を通した小学校時代

明治四三年の春、久利雄は白鳥本町尋常小学校に入学した。白鳥町内では江戸時代（文政・天保）から寺子屋が何か所かあり、寺子屋の師匠（先生）はお寺の住職が務めた。これが明治一二年の「教育令」、明治一九年の「小学校令」によって、次第に小学校に移行した。しかしこの頃の小学校は、お寺に設立されている。久利雄が学んだ白鳥本町尋常小学校も、元は町内の教蓮寺に置かれていた。

久利雄が入学する前の明治四〇年、小学校令の一部が改正されて、尋常科六年、高等科二年になった。義務教育は尋常科だけである。これによって児童数が著しく増加したため、松原地区の校地面積一四七五坪、運動場七八二坪に校舎を新築した。この時の児童数四二四名で九学級を擁し、新校舎での教育をスタートした。久利雄が入学した明治四三年の児童数は五三二名、一〇学級の大所帯であった。

この年の高等科進学率は、七一・七％（男子七二・七、女子六六・七）である。町民の教育に対する熱意の表れと思われるが、進学率は比較的高かった。高等科に進学できない子は、身銭の入る子守や家事の手伝いに従事した。

久利雄が入学する明治四三年の三月に、「ハタ・タコ・コマ」の第二次国定教科書が制定されている。

久利雄は無口でおとなしい子供であったが、終始首席を通した。教科書の一～二冊は二日で暗記してしまい、受け持ちの先生を困らせた。香川師範学校を出たばかりの教員内永官太は、後年、久利雄を教えたことを誇りとし、「久利雄の帽子は他の子よりおっきょいけん（大きいので）直ぐに分かった。頭が重いけん（ので）その分走るのは得意でなかった。顎が上がっとるもん（者）にろくなもん（者）はおらんが、久利雄はいつも顎を引いとった。利発だったが、机の前でかしこまって勉強するんではなく、通学途上に歩きもって（歩きながら）本を読んどった。家がスイカやキュウリを栽培しとるときは、柿の木に登って本を読みながら害虫や鳥を追い払ろとった。ひとの話をよ～聞く子供だった」と家人に述懐している。

恩師の内永官太も、久利雄と同じように向学心に燃えた少年であった。高等小学校を終えた官太は教員を目指して、郡立教員養成所に首席で合格した。官太の生家は農家であり、農業を継がせるため、父は官太が教員になることに大反対であった。教員の夢を捨てがたい官太は、父親が一反余りの田圃《たんぼ》を牛で耕す間中、「養成所に行きた～い行きた～い」と叫びながら父の後ろをついて歩いた。さすがに父も、これには根負けして妻（官太の母）と相談して入学を許した。父の背中を押したのは母である。母は「官太がそれほどまでに勉強したがっとる。行かせてやって欲しい」と説得したのである。いつの時代も、どこの家庭においても母は偉大である。

教員養成所の同級生には、白鳥高等小学校の一年後輩である南原繁がいた。官太はその後も南原と交流を続けた。南原は『ふるさと』と題する回顧録に、官太のことを「教員養成所のころから話も巧みで、りっぱな体格とまじめな態度をした、すでに教員たるの風格をそなえていた」と記している。この教員在りて、この教え子（樋端久利雄）ありである。

内永官太は大正八年から昭和三年まで白鳥本町尋常小学校の校長を務めた後、白鳥本町の町議会議員を経て町長になった。数年後には自分が、教え子の葬儀を執行することになるとは、そのとき完太は夢にも思わなかっただろう。

久利雄の頭がどれほど大きかったかについては、久利雄の帽子を作った橋本帽子店（現在は廃業）に長く語り継がれていたほどである。

当時は「男子組」と「女子組」の二組制であり、担任の教員はそれぞれ一人である。但し、六年生になると男女混合の一組を一人の教員が担当した。この年（明治四三年一月一日）の町制施行に伴って学校名が「白鳥本町尋常高等小学校」に改称されており、校名改称に合わせて校内組織を一部変更したのかもしれない。当時の児童の男女比は、概ね二対一である。明治三九年三月小学校令が改正となり、義務教育年限が尋常科四年から六年になったが、女児の半数近くは学校に行けなかったということだろう。

明治四四年一〇月一日、久利雄は二年生にして善行児童として郡長から表彰され、賞状と硯箱を授与された。残念ながら、この賞状や副賞は残っていない。最も優秀であったからか、あるいは学年順であったのかは定かでないが、この年に表彰された一一名のうち久利雄の名前は一番目に見える。姉のキクヱも二年前に表彰されている。優秀な姉弟であった。

小学校六年生の時、兄の武一郎が砂糖搾りの釜で大火傷を負い、母モトも病床にあったことから、久利雄は半年ほど学校を休んで家事を手伝った。それでも、久利雄は優等を通した。当時の東讃地区では、米作の合間に砂糖黍《きび》の栽培が盛んに行われ、「讃岐三白」の一翼を担っていた。讃岐三白とは、讃岐特産の塩、砂糖、そして綿を指す。

白鳥本町小学校史『松陰』に貴重な写真が残っている。大正五年三月、久利雄が卒業したときの集合記念写真である。卒業生総員の名簿が添えられてあり、「卒業生六二名（男子四二名、女子二〇名）」となっている。男子教員以外は、総員が着物姿である。ほとんどの女子児童は袴をつけており、まことに興味深い。

長男一雄に父（久利雄）の識別を依頼したところ、「判定しがたいが、おそらく校長先生の後ろにいる男の児だろう。（自分の）従兄（武重）の小さい時によく似ている」とのことであった。

病弱であった母モトは、久利雄の小学校優等卒業を見ることなく、大正五年一月二七日、四〇歳の若さで他界した。奇しくも久利雄が戦死した歳と同じ歳である。次男と三人の娘が早世していることから推察して、生来さほどの健康体ではなかったと思われる。本丈夫ではない体で、農業を営みながら六人の子をもうけるのは負担だったのかもしれない。

荒吉は大正六年四月、久利雄が中学二年生の時に後妻ヤスを娶った。久利雄の継母となったヤスは子供をもうけることなく、先妻の子の養育に専念した。久利雄が継母と一緒に暮らしたのは、海軍兵学校に行くまでの三年間にすぎないが、両人は素晴らしい親子関係を築いた。孫の自分にも大変よくしてくれたと一雄はいう。心優しい久利雄は後年、継母を大切にして孝養を尽くした。

当時四国の片田舎では、中学校や女学校は高等教育の範疇であり、たとえ能力があっても経済的に余裕がなければ上級学校に進むことはなかった。尋常小学校を終えた農家の二男三男や女子の多くは、せいぜい高等科に上がるか働きに出るのが一般的であった。

荒吉とヤスは、久利雄の才を惜しんだ。利発な久利雄の将来を思い、苦しい家計を押して地元の中学校（大川中学校）に進学させた。最後の男の子、という意識があったのかもしれない。久利雄がいかに天賦の才を持っていたとしても、このときの両親の決心・決断がなければ、「帝國海軍の至宝」は誕生しなかった。

東讃地区の雄、大川中学校に進学

当時の大川中学校は、現在の三本松高等学校よりも二〇〇メートルほど北（海側）に位置した。通称「大中《だいちゅう》」は、明治三三（一九〇〇）年四月に高松中学大川分校として発足したが、三年後には地元有志の教育に対する熱意と尽力によって、大川中学校として独立した。古くから讃岐の発展は西高東低、即ち東讃は常に西讃に後れを取っていると言われ、何とか現状を打破したいと願う地元の熱い思いと危機感があった。

大中は、讃岐のほぼ中央に位置する高松中学、西の丸亀中学に次ぐ東讃の雄であり、この地域で経済的に恵まれた男児はみなこの学校で学んだ。当時は学校区がなかったので、大川郡内のみならず高松近辺や西讃はもちろんのこと、小豆島や県外からも多数の男児がこの学校の門をくぐった。戦後の混乱期に古橋や橋爪とともに日本の水泳界を担った、のちのオリンピック選手浜口喜博は高松の北（瀬戸内海）にある男木島の出身である。寄宿舎生活をしていたので、休みで実家に帰るときには、衣服を頭の上に縛りつけて、高松港から泳いで帰ったとの伝聞がある。

大正五年三月三一日、即ち県立中学の入学試験が行われる前日、学校で入学願書の受付が行われ、受験生若しくは父兄に対し受け付け順に番号札が付与された。久利雄の受験番号（受付番号）は八番である。向学心に燃える少年久利雄の意気込みである。朝早く張り切って願書を提出したことが窺える。

入學願

私儀今般御校第一學年へ入學致度別紙履歴書相添へ法定代理人連署ノ上此段相願候也

四月一日・二日、入学試験が実施され一〇七名が受験した。試験科目は国語科と算術科である。残念ながら、この年の試験問題は残っていないが、明治四一年の場合、国語・算術ともに三〜四項目あり、県下の中学校が分担して問題を選出した。従って、県立中学共通の試験問題であった。例えば、算術問題の一つは次の如きである。

二、海軍ニテ使用スル大砲ハ一万一千二百メートルノ遠距離ニ於テ能ク厚サ一尺ノ鉄板ヲ
　貫通スルトイフ此ノ距離何里何町何間ニ当タルカ
漢字の読みでも、「暴徒排斥」や「虐待防止」など、中学校の入学試験としてはかなりレベルが高い。

二日の午前に試験は終了、午後採点して会議を開き九三名の合格者を決定した。今では考えられない、超特急の合格発表である。当時は限られた者だけが高等教育を受けており、経済的に余裕がある子弟は基本的に合格した。うち卒業したのは、久利雄のような準卒業（注：四年を修業して軍学校等に進んだものは「準卒業」として扱っている）を含めて四四名である。一七回生として何名が入学し、何名が就学中に欠けたのか正確な記録は残っていないが、明治三〇年代の記録によると、毎年五〇〜六〇人が中途退学している。その主たる理由は「家事故障」となっており、合格者（入学者）の半数程度が、家庭の経済状況によって中退を余儀なくされたことがうかがえる。

入学するためには校長に「入学誓約書」を提出する必要があった。誓約書には本人と保護者が署名する。久利雄も入学時に提出したはずであるが、「誓約書綴」から欠落している。おそらく久利雄が戦死したときに報道機関が資料として入手し、返却を失念したのであろう。

四月一〇日午前八時から入学式が挙行され、久利雄は晴れて大川中学校生徒となった。入学試験から一〇日足らずの入学である。苦しい家計のなかから進学させてくれたこと、加えて二か月ほど前に母を亡くした久利雄少年には、心中密かに期するものがあっただろう。「尋常小

学校第五学年の課程を修了し、学業優秀にして身体の発育充分なるものは中学校に入学できる」とされたのは大正八年の三月であり、俊秀の久利雄ではあったが、この制度の恩恵には浴していない。

中学校在学の四年間、往復二里半（一〇キロメートル弱）を歩いて通学した。久利雄の通学路は旧国道二二号であり、現在の浜街道（国道一一号）の南側にあった。国道とはいえ、道幅五メートルほどの狭い田圃道である。通学路の南奥には讃岐山脈が控え、道の両側にはのどかな田園が広がる。春にはタンポポが咲き、夏にはカエルの声がやかましい。四季折々の風情の中を毎日歩いた。自宅から一〇分ほど歩くと左手に「新池」がある。灌漑用の溜池であるが、稲作が低迷している現在は、県指定の魚類養殖場として活用されている。新池の反対側、即ち道路の右側には、安政三（一八五六）年に建立された白鳥《しろとり》神社の鳥居がある。白鳥神社周辺には、この他に四基の鳥居が存在する。大社を中心にして五つの鳥居で囲まれる土地は「朱印地」と呼ばれ、江戸時代には幕府から神社の所有物と認められていた。即ち、採取された米の年貢は神社に納められた。「御供田」と刻印された石柱も残っている。

更に一五分ほど歩を進めると、南北に伸びる長さ六〇〇メートルほどの馬場と交叉する。馬場の右（北）奥には神社が鎮座し、左（南）には御旅所（通称お旅）がある。白鳥神社は、後年、久利雄と千代が華燭の典を挙げる場所である。御旅は悪童たちの格好の遊び場であり、南原繁も少年時代にはここで遊んだ。帰宅すれば農作業が待っている久利雄には、無縁の遊び場であった。

御旅から一キロメートルほど行くと、右手にこんもりとした丘がある。ここが軍人墓地（現白鳥霊園）であり、日清戦争・日露戦争から大東亜戦争まで、国難に殉じた先人が祀られている。墓地の入口には、石鳥居の柱が二本立っている。一見異様な感じがするが、「石鳥居の柱」とは、元来鳥居であったものが、いつの頃か笠木が撤去されて柱だけになったものである。右の柱には「至誠」、左の柱には「殉国」と彫られている。石鳥居の右後方には、昭和四一年九月、白鳥町有志によって建立された「戰歿者英靈供養塔」があり、塔の両側面と背面には二四二柱の戦死者名が刻まれている。久利雄の名前も見える。

ここに久利雄は眠る。通学時にはいつも目にしたこの墓地に、将来自分が祀られようとは、樋端少年は夢にも思わなかっただろう。

更に三〇分ほど歩くと、右手に豪壮な帝國製薬が見えてくる。帝國製薬の建物を過ぎると、学校正門はすぐそこである。帝國製薬の創業は大正七年五月だが、現在地付近に師範学校の寄宿舎と高松高等女学校の校舎を払下げて移築したのが大正八年二月なので、久利雄が入学した時には工場は未だなかった。師範学校と女学校を再生した工場は、当時、東讃随一の豪奢な工場であった。大川中学校を訪問する人が、しばしば間違って来訪した。

大川郡の外から来た生徒は寄宿舎（寮）生活をしたが、バスはもちろんのこと鉄道も未だ敷かれておらず、いわんや自転車を購入する余裕はなかった。毎日、自分で作った草鞋《わらじ》をはいて歩いた。雨の日は、ぬかるんで草鞋が痛むので、懐に入れて裸足で歩いた。しかし、とりわけ久利雄が厳しい環境におかれていたということではない。当時はみなが概ね同じような状況であり、久利雄より遠方から歩いて通学した生徒も多数いる。往復一〇里を歩いて通学した猛者《もさ》もいる。距離的には、久利雄はむしろ恵まれている方だった。

高徳線（高松～徳島）は地元の熱烈な要望に応えて、大正一四年以降、高松から志度、津田、引田と随時路線を東に延ばしていった。久利雄が利用できる、讃岐白鳥まで伸びたのは昭和三年である。高徳線の全線開通は、大坂峠のトンネルが開通する昭和一〇年三月まで待たなければいけない。かりに鉄道が通っても、それを利用するほどの経済的な余裕はなかっただろう。

『大中三高百年史』によれば、当時の履修教科・科目は、「修身」、「国語および漢文」、「歴史地理」、「数学」、「博物」、「物理　化学」（三年生から）、「法制及び経済」（五年生のみ）、「図画」、「体操」、「外国語」である。

当時、中学校における上級学校受験対策がどのようになされていたのか不明であるが、四年履修で海軍兵学校に合格した久利雄は、額面上、物理と化学は二年間勉強しただけであり、法律や経済にはまったく触れていないことになる。久利雄にかぎらず、田舎の中学校から飛び級（四年修了）で海軍兵学校や陸軍士官学校に合格するのは至難であった。

海軍兵学校に入るまでの四年間、久利雄は首席を通した。特に理数系に強く、先生の評価は「抜群」であった。母校では、南原繁よりもできたとの評価がある。海軍に入ってからも周囲からは同じように見られているが、彼が精神を集中する時には、上を向いて口をポカーンと開けるのが癖であったと言われている。

後年、海軍兵学校一期後輩の源田實（海兵五二期）は、その著書『海軍航空隊始末記』において久利雄の頭脳を「昭和の秋山眞之」と評し、加えて「風体は頗る上がらず、平常は口を半分開いて、馬鹿みたいに見えた。馬鹿みたいにしているときが、頭の最も冴えているときだというから驚く」と残した。後半の記述は、家族にとって大層迷惑だったと一雄は笑う。

本人の名誉のために言うが、昭和一七年に伊勢丹で撮った写真を見れば分かるとおり、極めて知性的で目力があり、いわゆる「いい男」と筆者は評価する。

久利雄はガリ勉ではない。しかし勉強もせずに首席を通したわけではない。久利雄にとって、往復二里半の通学こそが貴重な勉強の時間であった。後年、全国の小学校に建てられた、二宮金次郎の銅像そのままである。一雄は「父は読んで覚えるタイプだった。他のひとが一回読むなら三回読んだ」という。家に帰れば農作業の手伝いが待っている。当時、農家の子はみな親があてにする、貴重な労働力であった。夜に勉強しようとすると「明かりがもったいない」と言われた。もちろん電気代のことではない。ランプを点ける油を意味する。

そこで久利雄は、農作業の合間に短時間集中して勉強する方法を思いついた。庭の柿の木に登って本を読み、英語の暗誦に努めた。居眠りをすると落下するので、必然的に集中せざるを得ないと考えた。ご近所さんは「久利雄さんは気がふれたのではないか」と噂した。

一雄は、ほとんど昔のことを語らない父（久利雄）が、少年時代を振り返って「家では勉強させてもらえなかった。まさに蛍の光・窓の雪だった」ともらしたのをよく覚えている。久利雄の集中力は、このような環境の中で育まれた。

久利雄の二年後輩、新名功（大中一九回生、元満濃町長）は、当時のことを次のように述懐している。

私は引田（筆者注：久利雄が住む白鳥よりも更に東に位置する隣の町）から三本松（大中）までの十数キロを歩いて通っていたが、樋端氏の家は農家でちょうど県道の上にあった。私は剣道やその他のスポーツで帰りが遅くなるので、樋端氏はその頃せっせと野良仕事に励んでいるのであった。……（中略）……学校からの帰り道、彼樋端氏は桑畑の中で仕事をしていた。私が「樋端はん、精が出るのう、えらいか（筆者注：きつくはないか）」と聞くと、気取りもなく、恥ずかしそうもなく「おお、えらいわ」とぽつんという。私はその一言をうまく形容できないが、物静かで淡々としたその一言は今も忘れることができない。

又、ある時は「ビワをくれよ」といって悪童共を彼の家のビワの木に登らせたことがあった。そしてビワの木の下の菜畑が滅茶苦茶になったのに、彼は一言もいわないし、又家族の方も見ていながら黙っているのであった。

この親ありてこの子あり。後年、久利雄と接した多くの人が称賛する彼の謙虚さや、寛容さ、包容力は、幼少年期両親によって醸成されたものである。また四期後輩の遠藤太郎（大中二一回生、元香川県議会議長）は言う。

当時海軍兵学校へ入るのは今の東大へ入るよりも難しかった。しかし、我等の樋端氏は悠々と合格した。ただ世間一般の考えでは非常に得意がるところを少しも見せず、合格後もせっせと田の草をとっていた。

我々は将来大成する人間はこういうものかと、その素朴な姿に感銘を受けたものである。

樋端氏は又後輩を大切にした。私は今でも忘れられないが、大豆の炒ったのをわけてもらいポリポリ食べながら互いの将来を語ったものだ。

五月二七日の海軍記念日は、明治三八年の日本海海戦における歴史的な大勝利を記念して制定されたものである。大正五年（久利雄が大中に入学した年）の五月二六日（金）、大中では佐世保から海軍士官を招聘して職員生徒約四〇〇名を対象に講話が行われた。当日の宿直日誌には「今日は海軍記念日の前日だ。佐世保鎮守府から古賀参謀少佐来校せられ、前半日本海大海戦を後は欧州戦乱に関する講話があった」と記されている。

講話がなぜ海軍記念日前日の二六日に行われたのかは不明であるが、記念日の当日は海軍あげての行事が予定されているため講師の招聘が難しいので、前日の二六日にしたのではないか。翌年の同じ日にも佐世保から海軍中佐が来校している。現役の少壮士官から日本海海戦における我が海軍の活躍や、風雲急を告げる欧州情勢を直に聞いて、樋端少年は志を強固にしたであろう。

残念ながら、招聘された海軍士官はいずれも大中の卒業生ではない。本来ならば、母校の先輩を呼んで生徒の士気を高めるところだが、創設以来、海軍兵学校に進んだ者は未だひとりもいなかった。因みに、大正六年八月に久利雄の五期先輩山田霆男（大中一二回生）が、海軍機関学校（二九期）に入校している。

第三章　海軍航空の魁になる！

大川中学校初の海軍兵学校合格者に

中学校四年間を首席で通した久利雄は、大正九年五月、海軍兵学校を受験した。海軍生徒採用規則は必要の都度改正され、年度によって採用人数や試験場等が異なる。受験者は三校（海軍兵学校、海軍機関学校、海軍経理学校）統一の様式「海軍　　學校生徒志願票」に、希望する学校名を記入して提出した。二〜三校の併願は出来なかった。

久利雄が受験した大正九年の場合、試験地は全国で四一か所、主として県庁所在地で行われている。四国の試験会場は、高松市、徳島市、高知市、松山市の四か所に設けられた。当時、鉄道（高徳線）は未だ東に伸びておらず、東讃から高松に出る手段としては、摂陽商船（大阪商船系）の汽船が一隻就航しているだけであった。高松までの片道船賃は四〇銭。久利雄は、まずは白鳥の艀《はしけ》から通船（伝馬船）で沖がかりまで移動し、船上の人となって高松を目指した。

海軍兵学校の入学試験は、数日間にわたって県庁の会議室で行われた。高松に知己のない久利雄は、市内の宿（旅館）に泊まって試験に臨んだ。白米一升が五五銭の時代である。高松往復の船賃や宿代は、荒吉・ヤス夫婦にとって決して楽な負担ではなかっただろう。香川県内では、師団のある善通寺が近く、連隊も置かれている丸亀中学からの受験者が多い。このとき大川中学から何名が受験したかは不明であるが、同窓生と試験の出来具合を語り合う、他校の受験生を羨ましくも思っただろう。あるいは、寡黙で自信のある久利雄にとっては、そんなことはどうでもいいことだったかもしれない。

五月一日・二日、学術試験に先立って、第一関門である身体検査が行われた。身体検査は五月一日から九日までの間に、全国の試験場で行われた。受験者数に応じて、検査日数を一日〜四日割り当てている。身体検査期間を九日確保しているのは、軍医の振り回しが苦しかったためであろう。全国で受験者（三校の合計人数）が多いのは、東京市五九一名、鹿児島市一五八名、廣島市一五二名である。四国では秋山好古・眞之兄弟の地元である、松山が七四名と断トツで多い。高松の試験場には県下中学校の俊秀三六名が身体検査に臨み、九名が涙をのんだ。一項目でも基準に満たない者は、学術（筆記）試験を受けることさえできない。この年の海軍三校合わせた全国の受験者数は二七五一名であり、内七二七名が不合格、受験者のおよそ四分の一が入口で弾かれた。

久利雄が受験した大正九年の合格基準は、身長五尺（一m五一㎝）、体重一二貫（四五㎏）、胸囲二尺五寸三分（七六・六㎝）（一七歳未満は二尺四寸八分）、肺活量二八〇〇立方センチメートル（ml）、視力一・〇、加えて識色力正常である。久利雄はこのとき一六歳九か月なので、一七歳未満の基準が適用された。海軍経理学校の視力基準は〇・四であったため、視力が足りなくて海軍を志す優秀な人材は、こぞって経理学校を志願した。兵学校受験者で身体検査不合格となった者には、試験場において経理学校への志願変更が許された。従って、三校のなかでもとりわけ経理学校には優秀な人材が集まった。『三高六十五年史』の「樋端久利雄大佐の戦死」の項には、「海軍兵学校入学の際身体検査で短身であったため、不合格になろうとしたとき再検査を要求し、その結果やっと合格したという逸話が残っている」とある。

五月一一日から一六日まで、身体検査の合格者を対象に、六日間をかけて筆記試験が行われた。試験科目は、初日が代数、二日目英文和訳と歴史、三日目幾何と物理、四日目化学と国語及び漢文、五日目和文英訳・英文法及び地理、最終日には作文と極めて盛りだくさんである。今日の受験生には想像もできないだろう。しかも「成績一科目タリトモ所定ノ規格ニ達セザル者ハ爾後試験ヲ継続セシメサルモノトス」である。毎日午後三時頃にその日の結果発表があり、不合格者は貼り出された受験者名簿に赤インクで消されていく。誠に冷酷かつ厳しい受験システムであった。東京には海軍三校受験の予備校的存在として、攻玉社や海城中学があったことも頷ける。不合格者は、悄然と帰路に着くことになる。

それにしても、全国に設けられた試験会場で、毎日どのようにして記述式の解答を採点したのか、誠に興味深い。海軍文官教授であった平賀春二著『元海軍教授の郷愁』によれば、昭和一二年の場合、試験官は持参した模範解答に照らしてあらかた採点し、成績がほぼ二割未満の者を振るい落とした。そして、全ての科目をクリアーした受験生の答案を書留郵便で海軍三校に発送、後日、各学校で専門の文官教官が改めて採点した。

六月中旬、久利雄は海軍教育本部から届いた、合格通知を握りしめた。海軍生徒採用試験委員長は、海軍教育本部長である。後日、「海軍兵学校採用予定者」として海軍公報で告知された。この「予定者」は、正式の採用通知ではないことを意味する。香川県からこの年に合格したのは、久利雄を含めて三名である。本人はもちろんのこと、両親や学校の先生は、久利雄の快挙に歓喜した。大川中学校は、明治三三（一九〇〇）年の創設以来、初めて海軍兵学校の合格者を出した。

久利雄が両親と兄に宛てた決意の書「告辞」

久利雄の海兵・海大恩賜（首席）はつとに有名だが、残念ながら兵学校の受験成績は残っていない。しかし、同期生の菅原六郎は『あの海あの空』に寄せて、「彼（筆者注：久利雄）の入試成績は九十数番だったが、一学期末には三百人中二十番となり、それ以後は卒業迄首席を続けた」と回想している。

海兵受験の理由を一雄は、「本人から直接聞いたわけではないが、おそらく経済的な理由だろう」と控えめに言う。親思いの久利雄は無論、家計を考慮したであろう。選択肢としては、陸軍士官学校、高等師範学校や高等商船学校もあった。筆者は何よりも、久利雄には中学四年生にして国際情勢を把握する能力があったと見る。現下の情勢を踏まえ、日本の将来を見据えて海軍を志した。それを裏付ける資料が現存している。海軍兵学校入学に際して、両親と兄に宛てた決意の書である。久利雄はこの決意書を「告辞」と題している。

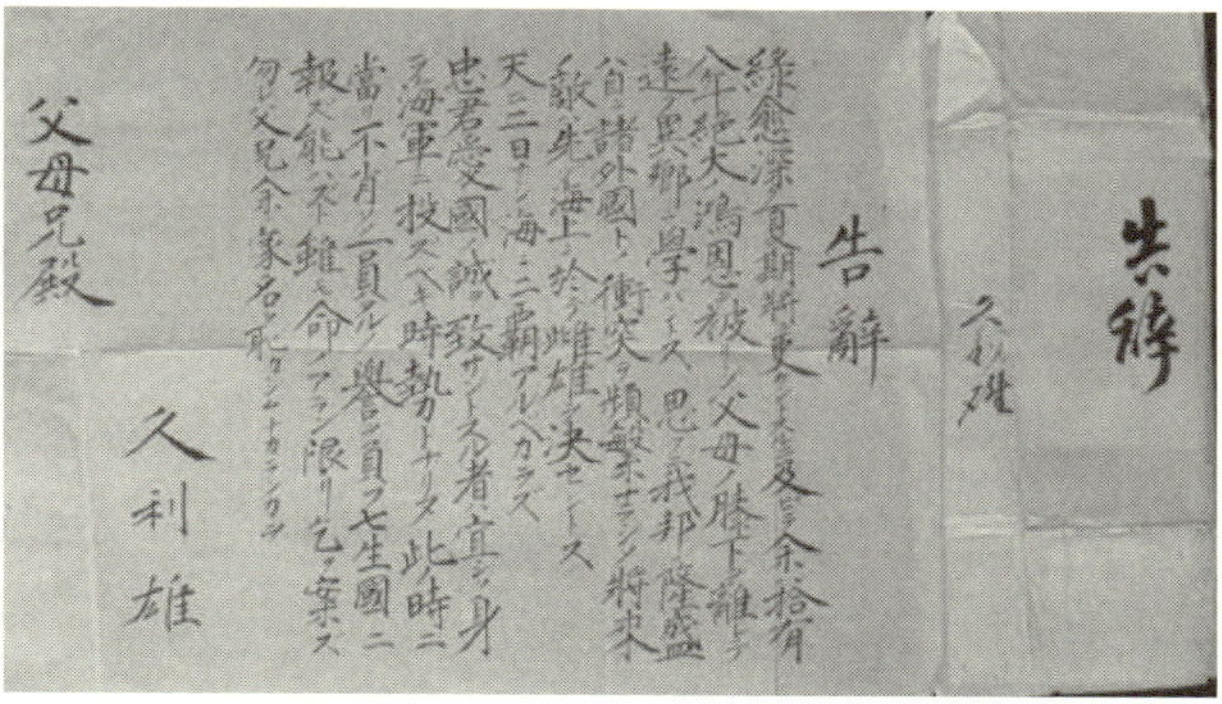

半紙一枚墨痕鮮やかに記されたこの一文は、当時の中学生に漢文の素養があるとはいえ、一六歳の少年が書いたものとは思えないほど格調の高い文章である。しかも達筆である。久利雄を知る貴重な史料であるので、写真を添えて全文を掲載する。久利雄の自筆で現存するのは、この「告辞」と娘の英子宛の手紙、そして戦死する直前に千代宛てに書いた手紙など数点である。

告辞

緑愈々深ク夏期將ニ更ケントスルニ及ビテ余ハ拾有八年絶大ノ鴻恩ヲ被リシ父母ハ膝下ヲ離レテ遠ク異郷ニ學バントス　思フニ我邦ノ隆盛ハ自ラ諸外國トノ衝突ヲ頻繁ナラシメ將来ノ敵ハ先ヅ海上ニ於テ雌雄ヲ決セントス
天ニ二日ナシ海ニ二覇アルベカラズ
忠君愛國ノ誠ヲ致サントスル者ハ宜シク身ヲ海軍ニ投ズベキ時勢トナリヌ此ノ時ニ當リ不肖ソノ一員タルノ譽ヲ負ウ七生國ニ報ズ能ハズト雖モ命ノアラン限リ乞フ案ズ勿レ父母余ノ家名ヲ恥ズカシムナカランカヲ

久利雄

父母兄殿

将来、太平洋において日米両雄相並び立たずと情勢判断した久利雄が、『禮記』曾子篇にある孔子の言葉「天無二日、土無二王（注：天に二つの太陽がないように、一国に二人の君主があるべきではない）」を引いたこの言葉は、けだし名文である。

「告辞」とはやや大げさなようにも聞こえるが、難関を突破して勇躍江田島に向かわんとする、少年の鼓動が聞こえるようである。注目すべきは国際情勢の的確な把握と、将来の太平洋における日米決戦を予言するくだりである。インターネットが発達した今日では、その気になれば小学生でも地球の裏側で起きていることを知り得るが、当時の情報源は新聞程度である。情報過疎の時代にあって、これだけ的を射た情勢判断ができるのは尋常ではない。中学四年生にして将来の日米海上決戦を予期した久利雄が、二〇年後ブーゲンビルに散るのは運命の皮肉か。

この「告辞」は江田島に行く前に書いて実家に残したとする説と、兵学校入学後に学校側が書かせて送ったという二説がある。手を尽くして調べてみたが、断定するには至らなかった。筆者は、郵送に使用した外封筒が見当たらないこと、兵学校入校直後の三号生徒（一年生）は疾風怒濤《しっぷうどとう》の日々であり、とてもこのような一文を認める心の余裕はなかったと思われること、兵学校から発出するに際しては内容のすべてに教官の検閲が入っていると考えられること、宛先に両親と兄を併記していることなどから、前者だと思っている。いずれにしても数日か長くても数か月の違いであり、何らその価値を減ずるものではない。

「告辞」を両親と兄に宛てているところが、まことに興味深い。現在の感覚からすれば、両親宛てで事足りそうである。明治人の家長（将来家長になる人を含む）に対する考え方や、長幼序列を垣間見ることができる。国家に殉ずる覚悟をした久利雄が、長兄に対し「両親や妹を宜しくお願いする」という意味も込められていただろう。

「告辞」は長男一雄が現在も大切に保管しているが、これには後日談があり後程詳しく述べる。

船を乗り継ぎ江田島へ

大正九年盆明けの八月下旬、海軍兵学校の招集に応じ、久利雄は生まれて初めて四国の外に出た。兵学校からは「極力軽装で登校するよう」事前に指示があった。兵学校で使用する衣類は、褌から靴下まで一切が支給されるので、着校時に着て行ったものは全て実家に送り届けるのである。江田島に向かう交通手段は、受験の時と同じく摂陽商船を利用した。今度は母校のある三本松の発着場から、伝馬船で沖合に投錨している本船に乗船した。当時、海軍兵学校に合格するということは、出身中学のみならず村の誉れでもあった。しかも久利雄は、大川中学校から江田島に行く最初の生徒である。発着場には両親、兄姉妹をはじめ中学校の先生や友人、そして村の有志が日の丸の小旗を振りつつ、久利雄の武運長久を祈って見送った。本人はもとより、両親もさぞや我が息子を誇らしく思ったであろう。実母モトも草葉の陰から、久利雄の出立を見送ったに違いない。一七歳になったばかりの久利雄であった。田舎の利発な少年は、白鳥伊座の久利雄から、日本の樋端久利雄になろうとしていた。

船は三時間の航程で高松に着き、真水を補給した後、広島に向けて舫《もや》いを放った。瀬戸内海の島々が過ぎ行き、その昔、海の戦士の根拠地であった塩飽諸島《しわくしょとう》を左舷（南）に見て航過した。一夜明けて早朝、呉の外港吉浦に着いた。当時、民間船が呉軍港に入ることは許されなかった。吉浦の船着き場で小舟（漁船）を雇い、江田島（小用）に向かった。漁夫が全国から参集する生徒予定者を、江田島に送り届けるのは年中行事であり、手慣れたものである。櫓をこぎながら、したり顔で江田島のことなどを話して聞かせた。およそ三十分で江田島の小用桟橋に着いた。期待と不安に胸を膨らませた、将来の海軍士官が船を下りるとき、漁夫はみな同じ言葉で激励した。「しっかり勉強しんさい」

一方、陸上便（鉄道）で来る者は呉駅で下車、徒歩で軍港内の桟橋まで行き、海軍が準備する江田島（小用）行の定期便（内火艇）を利用した。定期は海軍関係者（家族を含む）しか利用できなかった。民間人は、呉軍港の西一キロメートルほどの川原石と、江田島（小用）間を運航する和船（だるま船）を利用した。当時は内燃機関が少なく「だるま船」には機関が付いていないので、タグボート（曳船）がロープで曳航していた。

小用桟橋から兵学校まではは徒歩でおよそ三十分、緩やかな峠があり夏日には大汗をかく。現在はバスが運行している。

江田島に着いた入校予定者は、まずは校門に行って着校を届ける。すると数日間逗留するクラブを指定された。受験成績によって履修する語学と所属する分隊が決められており、分隊ごとの分宿であった。クラブは正式の宿屋ではなく、農家の離れや商店の裏部屋を借りたものである。クラブに宿泊して再度、精密な身体検査を受けた。合格通知の「採用予定」とは、このことを指す。

検査の結果、久利雄は「肺に異常」の結果が出て大層消沈したが、再検査で合格となった。村人の歓呼に送られて故郷を出立し、ここまで来て不合格では泣くにも泣けまい。先の『三高六十五年史』にある逸話は、このことから派生したのかもしれない。着校した二九四名のうち、三名が身体検査の結果不合格となり、帰郷を余儀なくされた。合格者には制服の採寸が行われた。

クラブには、将来配属になる分隊の伍長（最先任生徒）や、同県人の教官等が顔を出した。鹿児島、佐賀など九州勢は教官・上級生に知己も多く新入生も心強かったが、香川、しかも東讃の出である久利雄には、訪ねてくる者もなく寂しい思いをした。

全国から参集した生徒（予定者）の様子について、同期の中島忠行が『あの海あの空』に面白い記事を残している。

クラブに分宿した少年達は毎日呼び出されて身体検査などを受けるのですが、この集まる面々が弊衣破帽と云うのですか、凄いいでたちの連中が多く、頂上の抜けた麦わら帽子からいが栗頭がはみ出してる者あり、紺がすりに白縮緬の兵古帯をするものあり、小倉の袴の下から村長さんの履くような深ゴム靴が見える者あり、眼光慧々眉は栄養の足りた松毛虫の如く右肩を三十五度位上げて天晴れ憂国の志士の如きあり。……（中略）……この憂国の志士達は入校当日先ず花崗岩の大風呂に入れられて娑婆の垢を洗い落し、下は褌から上は帽子軍服靴に至るまで全部官給の服に着替えさせられました。服を着替えて見ると、坂本龍馬もセゴドン（筆者注：鹿児島の方言で西郷さん）もみんな可愛らしい生徒さんに豹変してしまったので是は二度びっくりでした。

海軍兵学校生徒館

同期の菅原六郎は、「フランス語班の我々は川尻別宅が宿舎で、入校前日までここに泊まった。朝は法華寺の太鼓で目を覚まし故郷を思い出した。入校時の身体検査で樋端は異常があるということで、翌日の再検査を言い渡されがっくりしていたが、幸い合格して共に第五分隊配属となった」と記している。

身体検査をクリアーした採用決定者は赤煉瓦の生徒館前に集合し、生徒隊監事から分隊編成の指示があった。分隊は入学試験の成績と、履修する語学によって分けられており、久利雄は仏語で一八個分隊のうちの五分隊になった。英語が一二個分隊、ドイツ語とフランス語がそれぞれ三個分隊の構成だった。分隊編成が終わると、それぞれの分隊監事から、白の作業服（事業服といった）、下着、靴下、下帯、タオル、洗面具等を受け取るよう指示された。これを受け取った新米生徒は、分隊付の教員（下士官）の案内で大浴場に連れて行かれた。ここまでは、故郷を出た時の出で立ちである。裸になったあと、今まで着ていたもの全て、帽子から褌まで、事前に渡されたズックの袋に入れた。これをそのまま故郷に送り返すのである。

大浴場に足を踏み込んだ、田舎者の生徒予定者はたまげた。花崗岩でできた浴場は、幅三メートル、長さ六メートルで、しかも深さは一・五メートルもあろうかという大浴場である。背の低い生徒は溺れかねない。大浴場には、この浴槽が四個あった。入浴を終え下着から作業服まで全て官給品を身に着けると、まさに湯気が出ているほやほやの生徒が誕生した。この入浴は、単に汗を流すということだけではなく、早々に娑婆っ気を抜くための一つの儀式であった。

この後、三号生徒（一年生）は各分隊の一号生徒（三年生）に引き渡され、一号が自習室、机、寝室、寝台などを説明した。あっという間に夕食の時間が来て、食堂に案内され、再度新入生は度肝を抜かれる。一〇〇〇人は収容できる大食堂で、上級生を含め分隊ごと席に着いた。食事は当直将校の「就け」「解《ひら》け」の号令で、全生徒が一斉に動く。

夕食後一号生徒から、自習の規定、毛布の畳み方、起床後のベッドの整頓要領等について、懇切丁寧に教えられた。

大正九年八月二六日午後二時、白亜の大講堂において第五一期生徒の入校式が挙行された。午前には在校生の始業式が行われている。鉄骨煉瓦石造の大講堂は、大正六年に兵学校生徒の入校式、卒業式等の儀式や精神教育の場として建造された。一説には、海軍兵学校を東京に移すべきとする議論があり、これを封じるために大講堂設立の必要性を具申したとの逸話も残っている。大講堂正面には玉座が設けられ、収容能力は二階の回廊を含め約二〇〇〇人。音響効果が考慮されており、現在も儀式等においてマイクやスピーカーを使用することはない。

久利雄は、漸く憧れの制服を纏《まと》った。この時の生徒の服装は、眞継不二夫の写真集『海軍兵学校』や映画に出て来るような、裾の短い端正なジャケットではなく、士官と同じ蛇腹《じゃばら》の詰襟だった。ただし、両襟には海軍生徒を示す錨《いかり》の記章があり、帽章も錨だった。大正九年一月の服装規則改正によって、従来の金の七つ釦《ぼたん》からフック付の長い上衣になった。新入生の中には、夢にまで見た七つ釦を着用すること叶わず落胆した者もいた。服装に頓着しない久利雄にとっては、何ほどの事でもなかっただろう。長ジャケットの制服は改正から一〇年を経て、やはり短ジャケットの方が若々しくて凛々しいとの理由により、再び短いジャケットに変更された。冬服は蛇腹の縁取り、夏服は七つ釦になった。

入校行事は式次第に則り、辞令書交付、誓約書提出、校長による勅諭奉読、訓示、新入生徒御写真奉拝の順に粛々と行われた。真新しい制服に身を包み短剣を佩《お》びた久利雄は、同期生二九〇名（本人を含む）とともに校長鈴木貫太郎少将（海兵一四期）から、晴れて海軍兵学校生徒を命ぜられた。残念ながら、鈴木校長の入校式訓示は残っていない。海軍生徒は準軍人の扱いであり、階級は与えられなかった。海軍部内における席次は、准士官の次席、下士官の上席であった。

海軍兵学校の教育

兵学校の学術教育科目は、大きくは軍事学として砲術、水雷術、運用術、航海術、戦術、軍政学、及び機関術があり、普通学として理科と文科があった。語学教育については、海軍兵学校の手本がイギリス海軍であったことから、従来英語だけであったが、大正八年から仏語と独語が加わった。各学年を縦割りで一八個分隊に分け、英語班が一二個分隊、仏語と独語がそれぞれ三個分隊であった。各分隊は一号生徒を中心に、生徒の自治によって運営された。

海軍兵学校が仏語、独語を採用した理由に関する資料は残っていないが、第一次世界大戦におけるフランスとドイツの軍事技術の革新にあると考えられる。フランスが航空機の第一級国になったことに応じて、旧制高校においても理科丙類が設けられ仏語を第一外国語とした。奇しくも久利雄は、仏語の専修を命ぜられた。翌年入学する高松宮も仏語である。

赤煉瓦生徒館は、海軍兵学校が東京築地から江田島に移転してから五年後の明治二六年に落成した。正面玄関は建物の中央に位置し、左右対称の造りである。この造りは、生徒館を艦に見立てていることによる。正面（練兵場側）から見て左側を奇数分隊、右側を偶数分隊とした。久利雄は第五分隊なので左側の分隊である。二号からは一二分隊なので、右の分隊になった。この編成は、生徒館を艦として右舷・左舷と見做《みな》したものである。艦ではすべて右舷が奇数、左舷が偶数である。兵学校では、しきたりや考え方のみならず、建物の構造までもが、すべからく艦の生活を想定して造られていた。

正面玄関に扉はない。玄関の床材には、明治四二年に除籍（廃艦）となった初代の軍艦「金剛」の甲板材（チーク材）が使われている。大東亜戦争で活躍した二代目の戦艦「金剛」ではない。軍艦「金剛」は、明治一一年一月にイギリスのアールス社で建造された鉄骨木皮のコルベット艦であり、日清・日露戦争に従軍している。

『海軍兵学校規則』には、「修業成績優等且品行善良ノ者ニハ優等章ヲ授与ス」とある。修業成績とは、即ち二学年及び三学年へ進級する時の成績である。三学年修業時の成績が卒業成績となる。大正一〇年七月一五日、樋端生徒は二学年（二号）に進級した。このとき優等賞を授与されたのは三人であり、そのなかに久利雄の名前はない。残念ながら資料が残ってないので、次点（四席）であったのかどうかを確認する術はない。年度によっては「〇〇期生徒　受賞者ナシ」との記録もあり、優等章の授与は厳格になされていた。

翌年（大正一一年）七月の、三学年への進級申し渡しにおける五一期の優等賞受賞者には六名が名を連ねており、久利雄は堂々の首席である。いよいよ本領発揮と言うところか。長男一雄によると、謙虚な久利雄が家人には「ちょっと勉強したら二〇番、それではと頑張ったら一番になっていた」と言っている。家族にだけ言える言葉であるが、二号で首席となり、その後首席を堅守した実績と自信が言わしめたものであろう。本人の言と前出菅原の回想を勘案すれば、三号生徒（一年生）通年の成績はヒトケタになっていたであろう。

中学時代には家業（農業）の手伝いに精を出し、ランプの油代を節約するため、勉強できる時間が限られていた。それを補うため、庭の木に登り精神を集中して勉強した。久利雄のように、食べるのにも不自由する生活をしてきた田舎の秀才にとって、十分な食事がついて生徒の本分（勉強と鍛錬）に集中できる兵学校は、厳しくはあっても楽しくもあった。久利雄には、いわゆる「伸びしろ」がいくらでもあったということだ。

再び菅原の回想によれば、「力学の山口教授の言葉《君たちのなかには点数が低いものが何人かいる。二〇点足して及第点にしておいた、樋端君には気の毒だ。一〇〇点以上の点をつけるわけにはいかないから》樋端のように頭のよい人間がよくぞいるものだと、当時私は思ったものだ」。久利雄の成績は常に天井にあるので、下駄をはかせることができなかった。

優等生徒は、左右襟の錨章の外側に金モール製の桜花、いわゆるチェリー・マークを着けた。しかし、久利雄はこのチェリーの着用を嫌がった。

規則には「修業成績又ハ卒業成績不良ノ者ト雖、尚卒業目途アルトキハ一学年ヲ延期修業セシムルコトヲ得　傷痍ヲ受ケ又ハ疾病ニ罹リ、進級又ハ卒業セシムルコト能ハザル者亦前項ニ同ジ」と定めている。これ即ち、落第（留年）について定めた規則である。この年（大正一〇年）の進級申し渡しでは、五〇期七名が五一期に、五一期六名が五二期に、それぞれ編入されている。

大正一一年は、第一次世界大戦後のワシントン軍縮条約が締結された年である。この条約によって米・英・日の主力艦保有比率が5・5・3となった。以後一〇年間は原則として主力艦の建造がなく、いわゆる「海軍の休日（Naval Holiday）」と言われる時代に入る。海軍の休日は海軍兵学校の生徒採用数にも及び、このため在校生の成績評価は従前よりも厳格になされた。及第点に届かない者や健康・体力に難のある者は、容赦なく留年を命ぜられた。

大正一一年二月七日付、海軍省告辞により、同年の生徒（五三期）採用数が五〇名に大きく減員となった。『海軍兵学校沿革』の同年八月三一日には、「軍縮整理ノ為本日解雇ノ雇員傭人多数アリ」と記されている。軍縮条約は帝國海軍の兵力整備のみならず、人事制度にも大きく影響を及ぼしたのである。夏季休暇を前にして、教頭兼監事長の長沢直太郎中佐（海兵二六期）から、「ワシントン条約締結に伴い海軍生徒減員のやむなきに至った。自発的に退校するか残留するか休暇中に熟慮し、父兄と相談の上意思決定せよ」との極めて厳しく、かつ理不尽な示達があった。幸いなことに、この示達は海軍省教育局長古川鈊三郎少将（海兵二一期）の「海軍として大きな損失になる」との大局的判断によって、現実のものとはならなかった。この的確な判断がなかったならば、その後の大東亜戦争にも大きく影響したであろう。

これとは逆に、終戦の間際、海軍兵学校は三〇〇〇人を超える生徒を採用した。最後のクラス七八期（予科）は、実に四〇三二人である。この人事政策は、当時の海軍大臣嶋田繁太郎大将（海兵三二期）の発案による。嶋田は、陸軍が本土決戦に備えて、根こそぎ青少年に大動員をかけることに危機感を抱いた。前途有為な少年を海軍が抱えるという検討を命ぜられた人事当局は、大臣案に難色を示した。いつの世にも事務方は、余分な仕事に否定的である。しかし、大臣がこれを押し切った。嶋田の英断で全国からかき集めた俊秀の少年達が、戦後の復興にどれほど貢献したか。その慧眼に驚く。戦後、嶋田は「東條の副官とか腰巾着」と非難されたが、それは一面だけを見ての評価である。

『海軍兵学校沿革』には、人事制度と生徒の成績に関して興味ある記述がある。大正一一年三月七日から八日にかけて、海軍教育本部長（野間口兼雄大将　海兵一三期）による臨時検閲が行われた。検閲評価のなかで「海軍生徒採用試験規定ノ一部ヲ変更シ、一昨年（大正九年）中学四年終了程度ニ改メラレシ以来、普通学ノ素養従来ノ者ニ及バズ」と記されている。この評価内容から判断して、臨時検閲は生徒採用制度の変更に伴う検閲であったと推察できる。中学校は一年生から五年生までのカリキュラムを組んでおり、けだし当然の結果と言えよう。

野間口大将は、大正一二年九月一日に生起した関東大震災において、横須賀鎮守府司令長官兼三浦横須賀地区戒厳司令官として、被災民の救済と被災地の復興に甚大なる貢献をした人物である。野間口長官は、鎮守府の建屋が崩壊したので、前庭にテントを張って指揮を執った。

兵学校の日常生活

兵学校の日課は、〇五三〇（冬季は〇六〇〇）起床ラッパの「ラスト・サウンド」で飛び起き、速やかに寝間着から事業服に着替えて寝具を整頓する。毛布は豆腐を切ったように角を揃えて重ね、シーツの皺を延ばす。その後用便と洗面を済ませ、一五分後には体操の位置に整列。体操後から朝食までの三〇分に、室内掃除、号令演習、モールス信号の練習など。

そして朝食。当直将校が入場して「着け」の令があり、雑談をしながら食事をとる。海軍では、食事も睡眠も仕事である。始業前には、白い帆布製の鞄（ベグと言った）を左小脇に抱え、各部（各学年とも語学で分けた三個分隊で編成）ごと所定の位置に整列し、分隊監事の定時点検（服装容儀点検）を受ける。点検前には玄関や廊下の踊り場に設置されている、大型の姿見鏡で各自が容儀を確認する。随所に置かれた鏡は、伊達に設置されているのではないのだ。

〇八〇〇「課業始め」の号令で、監事長兼教頭（大佐）又は生徒隊監事（中佐）の示達があった後、四列縦隊の隊伍を組み行進ラッパに合わせて講堂に向かった。午前の授業を終えて昼食を取り、昼休みに洗濯をした。洗濯物は夕方に取り込む。

一三〇〇に午後の課業始め、一六〇〇からは別課と称して柔道、剣道、とう漕、帆走、水泳などを各部ごとに行った。入浴と夕食を終えて、一九〇〇から温習（自習）。自習室の配置は、前から三号、二号、一号の順である。自習中に眠気を催すと、席に着いたまま右手を大きく挙げて、後方の伍長に「自分は眠くあります！」と断る。伍長の「よし顔を洗ってこい」、「外で深呼吸一〇回してこい」などで初めて席を立つことができる。

二一三〇、巡検ラッパが生徒館に響き渡って就寝となり、目が回るような一日が終わる。

椅子がないところでは、一切腰を下ろすことは許されない。階段の上り降りは、常に駆け足である。内務においては、一片のゴミや起居動作をも見逃さない、上級生の目が光っていた。下級生、特に三号生徒は、常に緊張を強いられる兵学校生活であった。

入校して幾日も経たないある日、久利雄はひとつの失敗をした。田舎出身の者には致し方ないことだが、朝食に出たパンを丸かじりしようとしたところ、同分隊の尾辻伍長補（一号生徒）に「樋端、パンはちぎって食うもんだ」と注意された。このように、起居動作の細部に至るまで、海軍士官としての在り方を叩きこまれた。

海軍兵学校は、ただ忙しくて体を鍛えるだけの空間ではなかった。戦争・戦闘に強い海軍士官を育てると同時に、世界の海軍に伍して恥ずかしくない、スマートな紳士を育てようとした。そして、静かなる誇りと矜持を育もうとした。ここに、江田島（海軍兵学校）教育の真骨頂があった。海軍を例えて「スマートで目先が利いて几帳面」と言うが、この場合のスマートは、単に制服と短剣姿が格好いいという意味ではない。物事に拘泥しない、ある種のすがすがしさである。そしてその伝統が、陸軍にはない空気であり弱点にもなった。

一学年の準備教育期間である一か月を除き、日曜日は休日であり朝食後外出が許可された。但し、特別の許可を得た生徒以外、外出範囲は島内に限られた。生徒の多くは、休日になるとクラブで寛いだ。クラブは島内の民家などを各部ごとに年間で契約し、休日には自由に使わせてもらった。学年を通じた県人会もクラブで行った。上着を脱いで将棋を指す者あり、本を読む者あり、ハーモニカを吹く者あり。とりわけ三号生徒にとっては、唯一の安らぎの時間であった。各学年とも外泊はない。クラブのおばさんは生徒の状況をよく心得ていて、食事や風呂を提供するなど多々便宜を図ってくれた。

クラブには、島内の商店が持ち込んだ、ラムネ、羊羹、食パン、飴などが置いてあり、生徒は木箱に代金を入れてセルフサービスで食した。箱に入れられた代金は、常に一銭の過不足もなく、クラブの大家や商店主から強く信頼されていた。クラブの借り上げ代は学校が負担したが、飲食代は生徒が各自で払った。生徒の飲酒は厳禁だった。

夕刻、クラブを引き上げる際には、借用した部屋を掃除し座布団などを片付けた。整理整頓はお手のものである。大家はみな生徒に空き部屋を提供することを誇りとし、名誉なことと思っていた。

毎年の夏と冬の休暇は、夏季が一か月、冬季は一九日間と比較的ゆったりとした休みであり、この間に帰省、旅行、外泊が許可された。

鈴木校長は在任中、兵学校の悪弊となっていた鉄拳制裁の一掃に努めた。『海軍兵学校の沿革』大正九年三月二日の項では、ある中佐教官の答申について記されており、そのなかには「校長鉄拳制裁ニ関シ生徒ニ対シ行ヒタル訓話……」「第三学年生徒某ノ鉄拳制裁ノ禁ヲ犯スアリテ前例ナキ処罰ハ……」とある。生徒に講話し、教官に答申までさせて取り組んだ鈴木校長の尽力にも拘わらず、江田島の鉄拳制裁は、厳しい戦時下の情勢に応じてか、何時の日にか復活した。久利雄たち五一期生は、鈴木の尽力で鉄拳の洗礼を受けることなく任官した。鈴木が着任する前に鉄拳を受けて大きくなった生徒の中には、校長の方針を不満に思う者もいた。

但し、鉄拳制裁には種類があり、鈴木が一掃したのは「ビンタ」である。同期の扇一登は自身のオーラルヒストリー（『扇一登（元海軍大佐）オーラルヒストリー』政策研究大学院大学）で、「ビンタは禁止、しかし張り倒すはやる。パーッと転がされる。これは何遍もやられた」と語っている。

鉄拳について面白い記事がある。その伝統は、東京の攻玉社に由来するというものである。攻玉社は海軍草創期から、多くの人材を兵学校に送り込んだ。明治二〇年前後は、実に生徒の八割がたが攻玉社の出身である。従って、攻玉社を調べると兵学校が解るとまで言われた。攻玉社出身の高橋三吉大将（海兵二九期）は、「攻玉社の生徒は嘘を言ったり、卑怯な振舞があるとお浜のご用と称して、運動場の隅に連れて行かれて、鉄拳制裁を喰わされたものだ。このような攻玉社の伝統は海軍兵学校にも移され、それが海軍の伝統の一部をなしていると私は思っている」と述べている。戦後の懐古談である。

校長鈴木貫太郎中将は、大正九年一二月二日付で第二艦隊司令長官に転出した。二年の校長勤務を鈴木は、大いに楽しみ平穏に過ごした。時々生徒を集めて訓示や講話を行う。日曜日には、いつも三〇～四〇人の生徒が入れ替わり立ち代わり校長官舎に押しかけた。鈴木はこの機会を教育の一環と捉えて、生徒にお汁粉や寿司を振る舞いつつ、いろいろな話をした。

俊秀の樋端生徒は、鈴木校長の薫陶を砂に水が浸み込むように吸収したであろう。鈴木にとっても、それは至福のひとときであった。同期の豊田隈雄は後年、『あの海あの空』に「鈴木貫太郎大将の思い出」と題する一文を寄せている。

私共海兵五一期が海兵入校当初の兵学校長に在任され半年そこその短期間ではあったがその御薫陶の下で海軍々人としての第一歩を踏み出したことは何とも幸な発足であったと思う。

折に触れ有難い訓示をいただいたが、その中で今日でもありありと私の脳裡に刻まれている一節がある。

それは「諸君の海軍における今後の研鑽努力の目標は連合艦隊長官であり軍令部総長であるべきで一文官の身分である海軍大臣であってはならない」であった。入校した許りの私共にはその真意が十分には理解し得なかったが、年月の経過に伴ってこれは軍人勅諭に陛下お諭しの「世論に迷わず政治にかかわらず」の訓であったことが解ってきた。

鈴木は回想の中で、生徒との語らいを通じて、当時の「中学校における歴史教育、特に日本史の知識の欠如」を指摘している。今日、鈴木が存命であったならば、入学試験対策に特化した教育の現状をどのように受け止めるであろうか。

生徒が休日に急襲したのは校長だけではない。多くの生徒が教官官舎を訪問して、先輩の話を聞いた。教官夫人はみな、食べ盛りの生徒のもてなしに追われた。遠洋航海から帰った候補生は、外国で購入した葉巻などを持参して罪滅ぼしとした。

鈴木の後任には、同期の千坂智次郎中将（海兵一四期）が着任した。

海軍兵学校は、お堅い軍人教育だけをしていたわけではない。最上級生を対象に、校長（千坂の後任谷口尚真中将、海兵一九期）自らテーブルマナーについて講話を行ったりもしている。校長の能力や性格にもよるが、兵学校教育の根底には「世界に通じる紳士の育成」があった。

大正一一年一〇月二九日、分隊対抗の弥山登山競技が行われ、久利雄は一級下の小木曽憲三生徒（五二期）と同着（二四分三二秒）で一位となり、一号生徒の意地を見せた。二位は伏見宮博信王殿下（五三期）の二四分四二秒である。皇族に与えられる一年間の準備期間を差し引いても、入校して二か月を経たばかりの三号生徒としては快挙である。宮島の弥山登山は、平地のクロスカントリーや持久走とは様相が大きく異なる。普通に走ることができる距離はほとんどなく、急峻な山道を一気に駆け上るのである。平地の持久走（マラソン）に強いものが、クロスカントリーでも勝つとは限らない。半分登れば、あとの半分は自分との闘いである。健脚と心肺能力は求められるが、最終的に勝負を決するのはその人の執念と粘りである。

小学校時代の恩師内永官太は、久利雄は頭が異常に大きいので、駆け足は得意ではなかったと述懐している。久利雄の精神力と頑張りが、どれほど強固なものであったか、容易に想像がつく。

競技終了後、下山して厳島神社を参拝、紅葉谷公園で野営による昼食を取った。例年、昼食はライスカレーか豚汁だった。大汗をかいた後の、野営の味は格別だった。

久利雄が在学中の、大正一一年二月フランス陸軍のジョッフル元帥、四月にはイギリス皇太子殿下プリンス・オブ・ウェールズ（後のウィンザー公）が来校するなど、来日する国賓が、世界三大海軍兵学校の一つと言われる江田島を訪問した。その理由としては、江田島に学ぶ皇族の存在が大きい。同年三月には、一泊三日（二四日〜二六日）の御予定で貞明皇后陛下が行啓され、高松宮殿下の授業を御参観された。兵学校名物のひとつである、カッター競技も御覧になられた。

久利雄が兵学校在学中、次の皇族王が江田島に学ばれた。

華頂宮博忠王（海兵四九期）
久邇宮朝融王（海兵四九期）
高松宮宣仁親王（海兵五二期）

伏見宮博信王（海兵五三期）
山階宮萩麿王（海兵五四期、予科）

とりわけ高松宮とは、同じ仏語班であり交流があった。二号生徒（二学年）のときには、しばしば宮と並んで歩いた。その場合には、当然のことながら向こうから来る上級生（一号生徒）が敬礼してくる。その状況に慣れていた久利雄は、あるとき一人で歩いていていることを失念していて一号生徒に欠礼し、鉄拳を食らった。久利雄にしては、微笑ましくもある失敗談である。高松宮が二号生徒のときには分隊伍長であり、後年、高松宮からカフスボタンを賜った。

首席で臨んだ海兵第五一期生卒業式

大正一二年七月一四日、御名代として軍事参議官であられた伏見宮博恭王殿下（海軍大将）の台臨を賜り、海軍大臣財部彪大将（海兵一五期）が列席して第五一期生の卒業式が厳粛に執り行われた。校長は、四月に着任したばかりの谷口尚真中将である。

博恭王殿下は卒業式に先立ち、七月一一日午後八時四〇分東京駅発、翌一二日午後六時五分呉駅に到着、卒業式当日まで呉の澤原邸に宿泊された。卒業式当日の一四日朝、呉軍港にて御召艦「天龍」に乗艦、八時一五分呉を出港して江田島に向かわれた。江田島湾口入港から同出港までが公式とされた。殿下は卒業式終了後、午前一一時三〇分に兵学校を出発され、御召艦で昼食を取られた。

皇族の御差遣については、事前に海軍省と宮内省間で調整が行われる。六月一八日付で財部海軍大臣から牧野伸顕宮内大臣宛て「皇族ノ御差遣ヲ仰ギ度件」とする照会を行い、六月二七日、宮内大臣から「本月十八日付官房第二二〇二號ヲ以テ海軍兵学校へ皇族御差遣ノ件照會之了承右ハ博恭王殿下ヲ同校へ被差遣旨御沙汰相成候　追テ殿下御臨場ノ御都合ハ貴大臣ヨリ申上相成度候」との回答があった。

この後、当局間で細部の調整がなされた。

殿下が宿泊された澤原邸は、呉駅から東に一三・五キロメートルほど離れた澤原別邸である。当時、呉には宮様にお泊りいただくような格式の高い宿はなかった。通常、宮様が兵学校の卒業式に御臨される場合には御召艦にお泊りになられるが、宮殿下が御高齢であることから、海軍が陸上のお宿を準備したものであろう。

澤原家は爵位こそないが、呉で一番の実業家かつ名家であった。現在、呉市内にある澤原家住宅は国の重要文化財に指定されている。

卒業式の正式名称は、「第五十一期生徒、第二期選修学生卒業式」である。選修学生とは、兵科・航空科の准士官（兵曹長）及び一等兵曹を尉官に準ずる勤務に登用する制度であり、いわば下士官兵から士官への登竜門であった。修業年限は一年である。この制度は大正九年七月に制定され、昭和一九年まで存続した。修業者のほとんどが、大東亜戦争に出撃した。

海軍兵學校卒業式次第書（大正十二年七月十四日）

第一　奉迎

當日午前十時御召艦入港ノ豫定

諸員指定ノ位置ニ整列奉迎（第一圖）

御差遣ノ○○（筆者注：空白）宮殿下御上陸校長御先導大講堂樓上ニ成ラセラル

第二　拜謁

一　海軍大臣、海軍兵學校長、親任官（親補官）、練習艦隊司令官、海軍兵學校勅任（同待遇）職員、參校勅任官（同待遇）以上、海軍兵學校教頭、練習艦艦長拜謁

二　本校職員（奏任官同待遇）ハ大講堂階上指定ノ位置ニ於テ列立拜謁

右畢テ校長卒業式ニ關スル書類ヲ奉呈ス

第三　生徒卒業證書授與式、學生卒業申渡式、御下賜品拜受式

諸員式場ニ參集（第三、第四圖）

校長御先導式場ニ成セラル

一　生徒卒業證書授與

二　學生卒業申渡

三　生徒卒業優等者　御下賜品拜受

四　學生卒業優等者　御下賜品拜受

右畢テ校長御先導御休憩室ニ成ラセラル

第四　奉送
諸員指定ノ位置ニ整列
校長御先導御發奉送
第五　茶菓
諸員茶菓室參集
（備考）親任官待遇以上ノ諸官ハ奉送及　殿下ノ式場御臨退ニ隨従の事

表桟橋から大講堂まで、生徒館側には高等官、准士官、偶数分隊の生徒、勅任官、奏任官、卒業生徒父兄の順に並び、練兵場側には軍楽隊、衛兵、選修学生、奇数分隊生徒、下士官兵、高等官夫人及び同家族、島内から招待された小学生と一般参観者が整列して殿下をお迎えした。桟橋に降りられた殿下を、校長が出迎えて先導する。その後方には、海軍大臣、呉鎮守府司令長官と続く。みな礼装を纏っている。海軍兵学校の卒業式はここ（表桟橋）から始まる。奉送（見送り）の整列順序は、大講堂から概ねこれと逆順に並ぶ。

表桟橋については説明を要する。海軍兵学校の玄関は、学校入口（陸側）の門ではない。勝海舟揮毫による「海軍兵學校」の門標が掲げられているが、これは裏門であり通用門である。海軍将校揺籃の地江田島の玄関は、海（江田内）に面する表桟橋である。門標はない。しかし、皇族をお迎えする場合、あるいは諸外国の高官が来校するときや、皇族生徒が休暇等で江田島を離れるような場合にも表桟橋を使用する。『海軍兵学校沿革』には、「大正十一年七月二十四

日　高松宮殿下夏季御休暇ノ為午後零時三十分表桟橋発御帰京遊バサル」とある。表桟橋で来賓を送迎するのが、兵学校では最高のもてなしであり敬意の表れであった。

殿下は大講堂階上の左端御休憩室に御入室された。その右室には御在学中の高松宮殿下御用室、更に右室には博信王殿下と萩麿王殿下が控えられる。

大講堂では、中央前側に卒業生徒が一分隊から一八分隊まで、分隊ごと横列に並んだ。列の右端には、校長から卒業証書を受領する各分隊の総代が位置した。生徒の後方には、卒業する選修学生が控える。卒業生の右側には在校生の奇数分隊、左側は偶数分隊、生徒・学生の前方両側には学校職員が整列した。講堂入口付近には、クラブのおばさんなど一般参観者が居並ぶ。階上には高等官夫人とその家族、村立小学校生徒、従道小学校生徒、新聞記者、そして卒業生徒の父兄や保証人が並んだ。父兄の中には、讃岐から駆け付けた父荒吉と母スエの姿があり、今かいまかと息子の晴れ姿を待ち構えていた。

従道小学校は、海軍兵学校が東京築地から江田島に移転して間もなくの明治二三年二月一日、教官等の子弟教育のために兵学校敷地内に開校された。校名は、ときの海軍大臣西郷従道の名前を冠した。三学級で構成（二学年ごとの複式学級）され、職員は校長を含めて四人。一学年が五～一〇名程度であったが、昭和二〇年一〇月三一日、廃校になるまで有為な人材を輩出した。冨岡定俊（海兵四五期）や正木正虎（五一期）も、従道小学校の卒業生である。終戦間際の兵学校各クラス名簿には、一〇名弱の卒業生が名を残している。

昭和二年～三年にかけて教員を務めた太田俊道は、『せんだん―従道小学校全史』に「従道小学校の想い出」と題して次のように記している。

家庭環境を初め、総ての点に於て優秀なる理想的な学園でした。純情で清潔で、朗らかで常識に富み、向上心豊かで、統率力あり、実に金の卵でした。

午前一〇時四〇分、階上前方の扉が厳かに開いて、校長に先導された伏見宮殿下が御臨場になり、菊の御紋がある正面の御座に着かれた。御座の右側には海軍大臣と校長、左側には御付武官、親任官以上が着席した。久利雄は一二分隊の総代として、谷口校長から卒業証書を受領した。

生徒の卒業証書授与と選修学生の卒業申し渡しが終わると、いよいよ久利雄一世一代の晴れ姿である。この日御下賜品拝受の栄に浴するのは、久利雄を入れて四名である。このうち三人が後年南の海に散る。軍楽隊が「誉れの曲」を奏でるなか、右の階段を上がって中央の御座前に進み、殿下に対して最敬礼、その後御付武官の前まで進んで恩賜の短剣を拝受した。校長を含め、制服武官は皆白手袋を着けるが、栄に浴する生徒は着用しない。御付武官の差し出す御下賜品（短剣）を両手で拝受し、右手を下げると同時に左手を直角まで曲げて短剣を目の高さに保持した。再度、御座前に進み出でて殿下に敬礼し、同じ階段を降りて元の位置についた。優等生の四名は卒業式が終わるまで微動だにせず、恩賜の短剣を目の高さに保持したままである。

三年前に入校したのは二九〇名だったが、この日、五一期生として卒業したのは二五五名である。二年（二号）及び三年（一号）進級時に、数名は成績や病気で五二期に編入され、また同じような理由で五〇期から五一期に編入された者もいるので、単純に二九〇名が二五五名になったということではない。栄に浴したなかでも、首席の久利雄は一番に短剣を拝受した。食い入るように久利雄を追う、荒吉とスエの目には光るものがあった。

久利雄の卒業成績（得点）は九一九八／一〇〇〇〇、百分率にして九二パーセントをたたき出した。しかも三年間の欠席日数はゼロである。故郷讃岐を後にして三星霜、久利雄は極めて充実した兵学校生活を送った。卒業生の平均身長は入校時とほとんど変らないが、体重は一・六七五貫（六・三kg）増である。江田島に肥満児がいるわけもなく、それだけ鍛え上げて筋肉が増えたということである。兵学校生活が如何に厳しく、かつ充実したものであったかを示している。

卒業式を終えて少尉候補生を命ぜられ、久利雄を含む五一期生は現役の軍人になった。海軍少尉候補生は官階であり、少尉の下位、准士官の上位に位置する。候補生の期間を便宜上二期に分けて、兵学校卒業から遠洋航海終了までを一期、遠洋航海後から少尉任官までを二期とした。候補生は、一期候補、二期候補と呼ばれた。

式典を終えた候補生は、直ちに生徒館に戻って真新しい候補生の制服制帽に着替えて奉送（伏見宮殿下の御見送り）の位置に整列した。殿下奉送の後、候補生は学校職員や父兄が待つ茶菓（午餐会）に臨んだ。そして、感激のなかに祝杯を挙げた。

大正八年の夏、生徒の増勢に鑑み赤煉瓦生徒館（第一生徒館）の裏に第二生徒館、両生徒館の間に食堂が増築されている。

直ちに遠洋航海に出発

大食堂で行われた茶菓が終わると、候補生は海軍大臣、校長、来賓、教官、在校生、そして家族が両側に居並ぶ中を、第一生徒館中央玄関から表桟橋まで、白手袋の挙手をもって敬礼しつつ二列で行進した。首席卒業で旗艦に乗り組む久利雄は、颯爽と先頭をゆく。祝杯を挙げて微醺を帯びた候補生はみな凛として美しく、在校生や見送る人々をして惚れ惚れとさせるものがあった。

生徒から候補生になると、変わるのは制服だけではない。生徒が集団で行動するときには先任者が号令をかけるが、候補生になった途端に号令がなくなって各個に動く。海軍士官が集団で他に動かされることはなく、自らが自らの意志で行動する。そのための躾《しつけ》である。無号令でありながら、その動きは整然と調和がとれている。

帝國海軍の遠洋練習航海は明治八年に開始、日清戦争等で実施しない年もあったが、連綿として継続されてきた。第四一回（大正九年）からは、海軍機関学校と海軍経理学校を卒業した候補生、いわゆる海軍三校のコレス（海軍三校の同期生に当たるクラス。コレスポンドを略してコレスと言った）が参加した。遠洋練習航海は大東亜戦争の足音とともに、昭和五年（第六一回）

を最後にその歴史に終止符を打った。国家の非常時ではあるが、大海軍が余裕を無くしたということである。

表桟橋まで行進すると、候補生は待ち受けるランチに分乗した。艇長の「おもて離せ！」の号令でランチが桟橋を離れ、軍楽隊が「去り行く燕（Late Swallows）」を演奏するなか数十メートルほど離れたところで、候補生は一斉に右手で帽子をとり、高々と「帽振れ」をする。桟橋の付け根に位置する海軍大臣、校長、職員も帽子を振る。見送る人々は、千切れるほどに手を振って候補生に応じた。荒吉とスヱは、自慢の息子が遂に親の手を離れ、お国のものになったと実感したであろう。

ランチが向かうのは、機関を待機させて候補生の乗艦を待ち構えている旗艦「磐手（九七七三トン）」、「八雲（九六九五トン）」「浅間（九七〇〇トン）」の三艦である。練習艦隊司令官は齋藤七五郎中将（海兵二〇期）、最先任候補生の久利雄が乗り組む旗艦「磐手」の艦長は、山本五十六とともに三国同盟締結に反対した、そして帝國海軍の最期を見届けた終戦時の海軍大臣、若かりし米内光政大佐（海兵二九期）であった。

海軍兵学校在学中の校長と遠洋航海の練習艦隊司令官は、多感な青少年時代の生徒・候補生にとって特別な存在である。クラス会誌には、折に触れて齋藤司令官のことが出て来る。

ランチが各艦に着くと、候補生は一気に舷梯を駆け上がって甲板に整列した。司令官が座乗する「磐手」のマストに、「出港用意」の旗流がスルスルと揚がった。各艦はこれと同じ信号を揚げて「了解」の意を表す。と同時に、旗艦の旗流がサァーと降りて「発動！」が命ぜられた。間髪を置かず、各艦長が「出港用意、錨上げ」を令すると、出港のラッパが鳴り響く。各艦は「正錨」を確認すると静かに航進を起こし、順番号順序、即ち「磐手」「八雲」「浅間」の順で港外に向かった。

在校生はカッターに教官を乗せ、父兄はランチに乗って候補生を見送った。候補生も別れを惜しむかのように、再度大きく帽振れを行う。海軍将校揺籃の地、白砂青松の江田島、厳しくもあり楽しくもあった三年間が去来する。各艦は順次取舵変針、津久茂瀬戸に向かった。久利雄は三年間の兵学校教育を経て、いよいよ海の男になろうとしていた。

練習艦隊の乗艦区分ごとに撮った、生徒の集合写真が現存する。同期生正木正虎の遺族が保管していた、貴重な一枚である。冬制服で兵学校生徒を示す錨の襟章が付いているので、学校当局が乗艦先を決めた時点で撮影したものであろう。撮影場所は、背景の石壁から判断して大講堂の側面である。他の成績優秀者は誇らしくチェリー・マークを襟に着けているが、久利雄の襟には見当たらない。久利雄はこの種の、外見上の表示を殊更嫌った。

首席の久利雄は、写真一枚目（「磐手」乗り組みの第一部）最前列の左端に位置する。久利雄に続いて、成績順に右へそして後方に並ぶ。海軍では、すべからくハンモック・ナンバー（席次）である。戦後、このハンモック・ナンバー重視の人事が海軍滅亡の元凶のように喧伝されたが、それは的を射ていない。将官に上った人たちの兵学校卒業時の席次を見れば、当然のことながら必ずしもその通りにはなっていない。人事上多分にそのきらいはあったが、ハンモックの主旨は戦闘部隊の指揮に関わるものである。洋上においては、何千人何万人の部隊であるうと、数人のグループであろうと、誰が指揮を執るかを明確にしなければならない。指揮官のいない組織は烏合《うごう》の衆と化す。即ち、部隊指揮官の欠落（戦死）を想定して、同期といえども指揮する順位を決めているのである。

生徒時代、しばしば浩然の気を養った標高三九二メートルの古鷹山に別れを告げ、幾度となくカッターで尻の皮を剥いた江田内を背にして艦隊は広島湾に出た。那沙美瀬戸をかわると、心臓破りの登山競技といわれる弥山（宮島）を右に見て南下。広島湾から瀬戸内海（伊予灘）に出るためには、狭水道を通過しなければならない。練習艦隊が通ったのは最も狭い諸島水道である。水道の可航幅はおよそ一五〇メートル。陸上の感覚ではかなりの距離だが、海の上では舷側から手を伸ばすと岸に届くほどに狭い。加えて、潮の流れが速い海上交通の要所である。海上経験の浅い候補生にとって最初の難所だ。無事水道を抜けて艦隊は、周防大島の安下庄湾に仮泊した。これは、候補生に身辺整理の時間を与えるとともに、錨を降ろした状態で艦に体を慣らせるための措置であり、いわば、静から動への導入（助走）である。

翌朝、朝靄煙る安下庄を出た艦隊は、伊予灘を南西航して周防灘・速吸瀬戸を航過し豊後水道に至る。豊後水道を抜けると、そこは近い将来、久利雄たち候補生が命を懸けて駆け巡るであろう、七つの海につながる太平洋である。

足摺岬西方に位置する土佐沖ノ島をかわると、旗艦「磐手」は大きく左に舵を取って艦首を東北東（東京湾入口）に向けた。土佐沖から東京湾口まではおよそ一五〇海里。候補生の慣熟訓練を実施しつつ二回の夜航海を経て、七月一七日、練習艦隊は横須賀に入港した。ここで、海軍機関学校と海軍経理学校のコレス（計一三六名）が合流した。

　将来を期待される候補生の横須賀は多忙である。諸物品の搭載を行いつつ、横須賀鎮守府司令長官野間口大将を訪問し、横須賀の主要な海軍施設を見学した。加えて、海軍大臣、軍令部総長の訓示と激励を賜った。諸行事を通じて、候補生たちは遠洋航海に思いをはせると同時に、自らの置かれた立場を堅固にした。

　練習航海は、近海航海と遠洋航海で構成される。この年の近海航海は、横須賀から日本列島を左回りに室蘭、大湊、新潟、舞鶴に寄港、そして八月八日、艦隊は出雲大社の門前町杵築沖に錨を降ろした。候補生は心を込めて大社を参拝、未だ見ぬ将来の佳き伴侶に思いを巡らせた。

　艦隊はその日のうちに錨を揚げ、日本海海戦における東郷艦隊の根拠地である鎮海に向かった。その後、仁川、京城を経て、八月二五日、東洋一の商港大連に入港した。大連では撫順の炭鉱を見学し、奉天に足を延ばした。その後、旅順を訪問して乃木将軍や廣瀬中佐を偲び、候補生は感無量の面持ちであった。八月二九日には風光明媚な青島に寄港した。

　九月一日、青島から佐世保に向けて出港した直後、関東大震災の報に接した。艦隊は直ちに訓練を中止して、最大戦速で佐世保に回航した。佐世保で石炭と真水を緊急補給するとともに、同時並行で救援物資を満載し東京湾に急航した。練習艦隊は、アメリカ海軍の亜細亜艦隊とともに、東京〜清水間の避難民と救援物資の輸送に任じた。往路は被災民を、復路は山ほどの救援物資を運んだ。任務を終える九月二一日までに練習艦隊が輸送した避難民は、一万一五〇〇人に上った。後年、ときの候補生が「震災候補生」と呼ばれる所以である。

事態が落ち着いて本来任務に復帰した練習艦隊は、東京湾から呉に回航した後、宮島沖に投錨した。候補生は、心臓破りで懐かしい弥山に登り、久し振りに瀬戸内海の空気を吸って浩然の気を養った。再び呉に回航して、諸物品の搭載等、遠洋航海の準備を行った。通常、最後の準備は横須賀で行うが、大被災地である横須賀にはとてもそのような余裕はなかった。

一〇月一八日、艦隊は久利雄の故郷である讃岐の多度津に寄港、候補生を含む乗員一同が金毘羅さんに詣で、海上の安全と平穏を祈願した。その後、鳥羽に錨を降ろして伊勢神宮を参拝、皇室の弥栄を祈った。

一〇月末日、未だ復興途上にある横須賀に再び入港し、諸搭載を行うなど遠洋航海の最終準備と確認を行った。未曽有の大震災に見舞われたが、我が海軍は計画に従って粛々と遠洋航海を行った。焦土千里のなか、候補生は賢所参拝を差許された。

豪州方面一万八〇〇〇海里の遠洋航海

大正一二年一一月七日、練習艦隊は鹿島立ちして、五か月に及ぶ豪州方面遠洋航海の壮途に就いた。横須賀出港時には、在泊艦艇が登舷礼で見送ってくれた。横須賀から上海～馬公～香港～マニラ～シンガポール～バタビア～フリマントル～メルボルン～シドニー～ウェリントン～オークランド～ロトロア～ヌーメア～ラボール（注：ラバウル）～トラック～パラオを経て、翌大正一三年四月五日、横須賀に帰投した。

大正一三年の元旦は、オーストラリアのフリマントルで迎えた。大晦日に石炭搭載を行い、白制服で元旦を祝った。熱い正月は候補生にとって初めての経験であり、感慨新たなるものがあった。夏の卒業なので日程上そうなるのは必定であるが、年末年始、とりわけ正月を一年の最大の節目として重視する我が国が、将来、日本の海上防衛を背負って立つ士官候補生を海外に出しているのは誠に興味深い。当時の海軍の余裕と、柔軟性を見ることができる。

香港、シンガポール、バタビア、シドニーでは、在留邦人と野球の試合を行って交流した。練習不足をものともせず気を吐いて、いずれの地においても候補生チームは奮闘勝利した。

久利雄をはじめ絶対多数の候補生にとって、本格的に外国を目にするのは初めての経験であった。久利雄はクラスヘッドとして、練習艦でも気を吐いた。石炭の積み込み作業では、率先して最も危険で苦しい石炭船の底の方で汗をかいた。時間に追われる洋上での訓練航海とは対照的に、各寄港地における受入国や在留邦人の歓待・歓迎は彼らの自尊心をくすぐり、候補生は海軍士官の仲間入りをすることに自負と誇りを感じた。数百名の候補生の先頭を走る久利雄の心中は、推し測って余りある。同時に、海軍兵学校入学時に認めた、「海上決戦」の決意を更に強固なものにした。この遠洋航海の海域が、数十年を経ずして彼らの決戦場となり、そして帝國海軍が矛を収める海域になろうとは、何人《なんにん》の候補生が予期したであろうか。

若き候補生が、後年、大東亜戦争の決戦場となる太平洋海域を航行した意味は大きい。単に慣海性を養うだけではなく、海軍士官の経験として戦う場を知っているのと知らないのでは、戦略・戦術を考える際に大きな差となる。遠洋練習航海が、海軍士官の教育、就中《なかんずく》その国の海軍に寄与するところは大なのである。

ソロモン群島の沖を航行する久利雄は、二〇年後、よもや自分が「ソロモンの露」になろうとは、夢にも思わなかったであろう。

久利雄が乗艦する「磐手」は、航海中に指導官付の尾辻清信少尉（海兵四九期）（兵学校に入校したばかりの久利雄に、パンの食べ方を教えた伍長補）が赤痢で死亡したため、サイパン寄港を取りやめ本隊より先に帰国した。

近海航海を含め総航程一万八〇〇〇海里の大航海であった。これをもって、八か月に及ぶ練習航海を終了した。震災の傷も癒えた横須賀港では、家族や知人がランチに乗って候補生を出迎えた。沖に投錨するのが常であった、当時の出迎え要領である。投錨後侍従武官が来艦して、その後の拝謁要領等について艦隊と調整を行った。

帰国後、司令官は候補生を帯同参内して無事の帰国を奏上、摂政宮殿下（後の昭和天皇）拝謁の栄に浴した。候補生はそれぞれの任地に散るのを前に、期生会（クラス会）を結成した。八か月にわたって候補生と艦上生活をともにした司令官齋藤中将は、五一期に因んで「五一会」と命名した。「五一会」には、齋藤司令官の「軍人勅諭の五箇條を貫くに一つの真心をもってする」という、熱い思いが込められていた。「五一会」は司令官の意志を尊び、戦後も長く継続する。五一会は、兵学校入校時の校長鈴木貫太郎大将の揮毫を頂いた。

クラス会は、現役会員の先任者である常置幹事（一名）を中心に運営することと規定されており、当然のことながら久利雄は戦死するまで、クラスの首席として「五一会」を牽引した。

先任者が海外に在るときには、次席が代理を務めた。例えば、久利雄がフランス駐在の時には、次席の山本祐二がその任にあたった。

「五一会」は、平成一六（二〇〇四）年、最後の同期生扇一登の永眠をもって消滅したが、その後も、同期生夫人の会である「鈴蘭会」と、子弟の親睦団体「青葉会」に引き継がれ今日に至っている。「五一会」は、戦後も毎年機関誌『五一』を発刊してきた。その意志は今日「青葉会」に引き継がれ、現在は「五一鈴蘭会」として年に一回東郷神社に集って慰霊祭を営んでいる。会報誌は毎年発行され、現在（平成二七年一二月）では第一二三号を数えている。戦前に発刊された『五一』には、当時の生の声が記されており、今日では貴重な歴史資料となっている。

鈴蘭会の詳細については、後程述べる。

海軍航空の魁ならんとした久利雄

横須賀に帰投した候補生は皇居参内等の諸行事を終え、大正一三年四月一二日、それぞれの任地に向かった。久利雄はクラスヘッドに相応しく、新鋭艦「長門」乗り組みを命ぜられた。横須賀に停泊している「長門」に着任し、実任務の第一歩を踏み出した。

海軍兵学校と遠洋航海を経験しているとはいえ、責任のない生徒や実習生と、固有の乗り組み士官として部下を持ち、実際の任務・勤務に就くのでは、立場も勝手も大きく異なる。如何に頭脳明晰とはいえ、久利雄の胸中には将来への大いなる展望とともに、海軍士官としての覚悟や、目の前の業務に対する若干の不安が交錯したであろう。

この年の秋、海軍大演習の部隊編成において、久利雄は空母「鳳翔」乗り組みとなる。人事当局に、何の意図があってこの人事が行われたのかは不明である。久利雄は生徒時代から航空志望を表明しているので、将来への伏線があったのかもしれない。しかし、人間の運命はほんの些細なことで、その後の生き方や行き先が決まることがある。この人事が、久利雄のその後を決定的なものにした。

久利雄は、兵学校に学んだ時、将来の専門分野（職域）を「水雷」に定めた。ときの校長、鈴木貫太郎中将の影響によるものである。一七〜一八歳の多感な生徒が、海軍の偉大な先輩を眩《まぶ》しく身近に見て、同じ道を進みたいと思うのは自然である。しかし、これまた先輩の分隊監事吉岡清（海兵三三期）から、将来の海上戦闘における航空の重要性を教えられるに及んで、久利雄には閃くものがあった。

「大艦巨砲」という言葉が象徴的に示すように、当時の、あるいはそれ以降も、敵艦を仕留める大砲という武器や硝煙の匂いは海軍の華であり、「砲術」は若年士官の憧れでもあった。従って、兵学校卒業の成績優秀者は、こぞって「砲術」や「水雷」を志望した。そのような空気の中にあって、久利雄は航空の重要性を予期し、自ら魁《さきがけ》になろうとした。その志を堅固にしたのが「鳳翔」であった。海軍兵学校首席卒業者で「航空」に名を連ねたのは、久利雄が第一号である。当時の航空分野は未だ発展途上にあり、技術的にもリスクを伴う職域であった。人事当局の意図や偶然があるかもしれないが、ここにも久利雄の先見性と使命感、そして強固な意志を見ることができる。

　規則ではないが、候補生が先輩とともに料亭に出入りし、芸者遊びをすることはなかった。候補生は上陸してもせいぜいカフェに行く程度であった。仮に料亭に行っても候補生のお相手はハーフ（半玉）だった。

「鳳翔」に乗り組んで三か月後の一二月一日、久利雄は晴れて海軍少尉に任官した。艦長を始め士官室の先輩が、料亭で昇任祝いをしてくれた。ときに二一歳。青雲の志を抱いて故郷讃岐を出てから、四年三か月の月日が流れていた。久利雄は海軍士官として、そして海軍航空の魁として大きく羽ばたこうとしていた。

　一二月二七日、正八位に叙せられた。

　翌大正一四年四月、久利雄は水雷学校に入校、引き続き七月には砲術学校に学んだ。当時、兵科将校は水雷学校と砲術学校の普通科（初級士官教育）を、いわばパックで履修した。海軍は技術集団であり、とりわけ下士官団はその道何十年のプロフェッショナルである。兵学校や遠洋航海で艦隊勤務の基本を習得しているとはいえ、それだけの知識と経験で大勢の部下を指揮するのは難しい。従って、初級士官には、攻撃の核となる「砲術」と「水雷」の初歩的な知識と技術を授ける必要があった。そして、これら経験の積み重ねが、将来、艦長や艦隊の参謀になったときに大いに生かされるのである。

　普通科学生の時に一緒であった同期の竹谷清は、後年、長男一雄宛ての書簡で「普通科学生の折、横須賀市雑賀屋デパートの横に入った所に山田屋という酒屋の二階に下宿して通学しておりました。試験の前など小生は一生懸命頑張ってゐても父上様は瞑しながら講談クラブの雑誌を読んで居られるのを隣部屋で見て全く秀才と云うものは大したものと感心してゐたことを想い出します」と書き送っている。

およそ七か月間の専門教育を経て、その年の暮「長門」に復帰した。

大正一五年の盆、久利雄は艦隊勤務を終えて霞ヶ浦に向かった。八月二〇日の夕刻土浦駅に着き、駅からは人力車で航空隊に着任するという、まだまだ鷹揚な時期であった。念願叶い第一五期飛行学生として、大空への第一歩を踏み出した。

同期の池上二男は学生時代の久利雄を、後年、クラス会誌『あの海あの空』で次のように述懐している。

樋端とともに、われわれ級友十五人が、飛行学生を命ぜられて霞ヶ浦航空隊に入隊したのは、大正十五年の夏であった。少尉の二年目である。そうして、飛行学生の宿舎では、彼と私は同室であった。

その頃すでに、彼に対して、稀にみる英才が海軍に出現したという評判が高かった。英才の誉が高かったばかりではなく、彼は飛行機の操縦においても抜群の適性を持っていた。当時の飛行学生は、単独飛行を許可されるまでに、概ね十五時間位は教官と同乗飛行をせねばならなかったが、彼は単独飛行までの所要時間が、九時間半という、海軍航空始まって以来の新記録であった。操縦適性の優秀さがしのばれるというわけである。

単独飛行を許可されて間もない十月初旬の日曜日のことであった。彼は夕刻学生舎に帰ってくるなり、真剣な顔をして、銀座の露店で買って来たという「独楽」をまわして遊びふけるのだった。その異様さに、気が触れたのではないかという心配が深まり、どうして、そんなに真面目くさって、子供みたいに独楽遊びに夢中になるのかと詰問した。彼は目をつり上げて、今の飛行術は地表面をみながら操縦する方式だから、雲の中や霧の中にはいると、上下左右の飛行機姿勢がわからなくなって飛行機は墜落するのだ。そこで、人工的に水平線を作ることができれば、雲中でも霧中でも、人工的な水平線によって、飛行機の姿勢を正常に保持することができるわけであり、墜落を防止できるというのであった。そうして、その人工的な水平線は、独楽の原理によって必ず実現し得るという確信をもっていた。

翌朝彼は、喜び勇んで飛行機に搭乗し、おもちゃの独楽をまわして、人工の水平線が無視界飛行に利用できるかどうかを実験した。

飛行場から帰って来た時の彼の眼の輝きは誠に異常であった。ニュートンが林檎が木から落ちるのをみて、重力を考えだした時の顔を連想した。

彼は直ちに人工的な水平儀の試作を上申した。当時は、まだ航空本部は設置されていなかった。この種計器の開発は、専ら横須賀（田浦）の航空実験部の管掌理するところであった。そういう事情もあってか、この人工水平儀の試作開発は遅々として進まなかった。

その根本原因は、樋端の発想した人工水平儀開発の意義が余りにも高遠であったために、当時の航空界には完全に理解し得られなかったためであったろう。航空本部が設置されても、この種計器の開発は積極的進展をみなかった。

人工水平儀が実用化されたのは、彼の発想から六年後の昭和七年であった。しかも日本ではなくて、アメリカによって先鞭をつけられた。

そうして今日の航空の驚異的な発展は、実にこの人工水平儀の原理の応用に依るものである。貴重な彼の発想がわが国で結実しなかったことは今でも残念でたまらない。それと同時に、若き日の樋端の着眼の斬新さ、卓抜さ、偉大さに改めて敬意を表せずにはいられない。

久利雄が銀座で購入したのは、大正十年頃から世に出た「地球ごま」という玩具《おもちゃ》である。回転軸にひもを巻きつけて強く引っ張ると、独楽は高速回転する。そして、高速であればあるほど、回転軸の向きを一定に保とうとする力が働く。これが今でいうジャイロ効果である。久利雄は、そこに水平儀のヒントを得たのである。

海軍当局の常識と発想、そして時代が久利雄の頭脳に追いつかなかったということだ。まだまだ、海軍航空は発展途上にあった。後年、幼稚園児の一雄は、父（久利雄）から銀座の独楽をプレゼントされた。かつて、父（久利雄）が熱狂した「こま」である。

飛行学生時代、久利雄がクラス会誌『五一』に寄せた一文が残っている。発刊は大正一五年一〇月二八日であり、久利雄二三歳の頃である。「偶感」と題して、自らの思索の経緯を綴っている。今日と句読点のつけ方が異なっており、やや読みづらいが、久利雄の哲学的思考を味わうことができる貴重な史料であるのでそのまま転載する。

偶感

樋端久利雄

小學校時代「兵隊になる」と云えば男の子はそれ位でなければ駄目だと云ふ。中學生になるともうそんな事は云はない小説を讀みたがる、讀みたい時は讀むがよい讀むなと云っても蔭で讀むから。中學の四年頃思ひ出した樣に海軍に行くと云ふと口ではそれもよからうなど云ってゐるが内心稍不安がる世間一般の親としての心が、勿論例外は幾等もあらう。理性の働く場合死でさえ何物でもなくなる場合がある。只人間としての本能は樂をして食ひたいにある。冷してはいけない食ひ過ぎてもいけないそんな大切な腹を悠然として切る鮮血がさっと迸る。然も彼の顏色は自若として少しも態度を亂さない微笑さえ含まれてゐる日本武士の最後はかくの如しと從容死につく翻って自分を顧みると考えた丈けでも腹の皮が縮む。

これでも一度軍人になると云ひ出した手前後引く事は出來ない「貴樣海軍に行くそうだな」と云はれると「うん行くんだ大丈夫だこんなに見えてもやる時はやるんだ」なんかと餘計の事迄云って了ふ。こんな事を云ふ奴は臆病な證據だ自信のある奴は決してそんな事は云はない貴様の様な奴軍人になって何が出來るものかと云はれても「そんなに見えるかハヽヽ」位で濟まして了ふガンガンに怒るのも随分多いがこれも稍自信のある方だ。

短劍に憧れて兵學校に來たとか海軍に行けばどんな間抜けでも俸給が貰えるそうな位で海軍に來るのは極く稀だ。

憧憬これは常に裏切られる「憧れと失望」毎日起つてゐる世の現象であるが自分がやつて見ぬと分らぬ人が多いそこで神経衰弱者も出來れば醫者も繁昌する。

兵學校當時軍縮騷ぎで軍人は少しももてないと云ってゐる人が多かった何とも思はない人もあつた大道を闊歩してゐる軍人もあれば小さくなつて歩いてゐる人もあつた。善かれ惡かれ腹の決つた者は偉い。何を云はれても平氣な人は確に尊敬すべき所である。

避暑登山海水浴随分健康に注意はしても他人の評に依つて動いてゐる人は悲觀する事もあり悶江る事もある閑人に自殺者が多いのも其の爲だ。その間毎日の様に田の草を取つて二百十日の暴風一過一年間の努力がふいになつても「お天道様のなさる事じや」で一向平氣な百姓もゐる。挺子でこねても動かぬ石部金吉の頑固野郎も仕方のないものだがその強固なる意志信條尊敬に値する。要するに人の云う事が耳に入らぬと身が樂だ。

軍人になれば次第に軍人臭くなる仲々臭の移らぬ人もあるし最初から全く臭いのもゐる臭くなるのを嫌がつても確かに臭くなる。

軍人は軍人臭さがよし一旦軍人になり乍ら新しがるのは流に向つて抜手を切るが如し勢力の浪費多くして結局は流れに引きづられる、一般に親爺と息子を比較すると親爺の方が頭が堅いその息子が親爺になると又頭が堅くなる。

次第に鍛えられて我等も強くなる一戦やつて見たくもある海軍に來る時は軍人と死を結び付けて考江たが馴れると一寸も感じない、死ぬときは痛いだらうと云う氣もしない。事實は其の場に及んで泣き出すかも知れないが考え丈は少し確かになつた。

兵學校時代Sプレイ（筆者注：芸者遊び）などは口にするのも穢らはしいと云つた連中が今頃は運動旗を揚げて後輩を誘導する。運動旗を使はないで單艦航海をやるものもある。やはり編隊の方がよい様だ只生徒の時に考えた事が嘘でもないし今やつてゐる事を攻撃したくもない要はこんな事を向ひになつて議論せざるにある。結論たるや議論すべく餘りに明瞭である。吾らはかゝる水掛論に終始すべからず議論すべきは一死奉公にあり區々たる末葉を論じて大道を語らざるを憾とする。

二人の人間の集まりで先ず一番仲のよいのは夫婦であろう、それでも時に喧嘩をする事がある意見が衝突するんだ。二百五十人が仲よくやるのは大變だ。お互にクラスの結束に對する理解が必要だ。併し見解の相違趣味の違ひを無視しての盲目的結束は必ず破綻の日がある。一から十まで纏まらうとしたつて駄目だ。吾等には何人にも共通な尊い使命がある性格の異つた大西郷と大久保利通も國家の將來を思ふ點に於て常に合致したるを聞く。これに向つて丈け絶對的強固な結束を必要とするんだ其他の事に就いてはなる可く個々の性格を尊重して氣に食はぬ奴としての攻撃はお互に戒めねばならぬ、何事も自分の思ふ様になると思ふと當が異ふやる丈けやればなる様になると思へば先づよいらしい。

貧乏學生艦隊の兄さん、在郷軍人、洋行中の練習艦隊乗員霞ヶ浦の亂暴者五一期會員到る所好評あり。好評何物ぞ只凡人の常耳に入りて惡い氣もせず
五一期の諸兄よ！
沈没せんとするや先づ杯を満して會員の健康の爲めに乾杯しようではないか。
沈没せざるものは最後に一杯無理する必要あり「サイダー」にてもよし愈々駄目なれば
酔覺めの水にてもよし只自分一人で悦に入るを戒む。

二〇歳そこそこにして、人生を達観したような書きぶりである。最後にクラス（同期）の団結を訴えているのは、クラスヘッドとしての意気込みと責任感が書かせたものであろう。

大正一五年一二月一日、久利雄は海軍中尉に昇進した。間もなく、一二月二五日、大正天皇がお隠れになり時代は昭和に移る。大正天皇の崩御に際し、艦隊は半旗で喪に服した。翌昭和二年二月、久利雄は「恩賜の銀時計（首席）」で飛行学生課程を修了した。総合成績は、百分比で九三・二四パーセントである。このとき拝受した銀時計（ロンジン）が、翌年、大きな役割を果たすことになる。そしてまた、久利雄の数少ない遺品の一つになった（口絵参照）。背面には「恩賜」と刻印されている。同期の豊田隈雄も偵察課程で下賜品を拝受している。

飛行課程修了と同時に横須賀海軍航空隊付となった久利雄は、追浜の航空隊において飛行技量の向上に余念がなかった。

九月一日付で空母「赤城」乗り組みとなる。「赤城」は当初巡洋艦として計画されたが、ワ

シントン軍縮条約のあおりを食って急きょ空母に変更されたものである。しかしながら、竣工したばかりの新鋭艦であり、新進気鋭の搭乗員の働き場所としては申し分なかった。残念ながら、「赤城」における久利雄の活躍ぶりを確認できる資料はない。後年、久利雄とともにブーゲンビルに散る山本五十六大佐が「赤城」艦長に就任するのは、久利雄が退艦してから後のことであり、直接山本の謦咳に接する機会はなかった。

郷里の白鳥神社で華燭の典

昭和三年一〇月一日付をもって、久利雄は霞ヶ浦海軍航空隊付を命ぜられた。これを機に、海軍大臣に「娶妻願」を申請した。この時代、海軍士官が身を固めるに際しては、大臣の許可が必要とされた。これは、当局によって、近い将来配偶者となる相手の身辺調査が行われたことを意味する。

見合いの相手は、同郷（讃岐）の先輩井上繁則の長女千代、仲介の労を取ったのは、同郷（讃岐出身）の先輩入船直三郎（海兵三九期）である。入船は、久利雄が兵学校生徒の時の教官兼監事であ

久利雄と千代

り、更に砲術学校でも教官として久利雄の為人を見ていた。同時に、千代についても幼い頃から聡明な少女として良く知っていた。高等女子教育の名門、東京府立第二高等女学校（現都立竹早高等学校）を卒業した才媛であり、花嫁修業中であった千代と、将来を嘱望されている青年士官の久利雄は、文句のつけようのない似合いのカップルであった。

入船は終戦まで軍務を全うし、海軍中将まで歩を進めた。久利雄戦死後の昭和一八年一一月から終戦まで、南東方面艦隊の参謀長を務めている。

久利雄の岳父となる井上繁則は、同期の山本五十六、嶋田繁太郎、吉田善吾、堀悌吉らとともに、第六戦隊所属の三等巡洋艦に乗艦して日本海海戦に従軍し初陣を飾っている。東京外語大学でドイツ語を学び、第一次世界大戦後に在スウェーデン公使館付武官を務めた。軍縮のあおりを受けて予備役となったが、同期の堀悌吉とも交流があった。予備役となった繁則は、海軍思想の普及活動に尽力しつつ、昭和一二年からは東郷神社の建設に没頭した。繁則は語学力に優れ、後年、孫の一雄（久利雄と千代の長男）に英語でギリシャ神話を教えた。数学にも強かった。そして、家ではワーグナーを聞いていた。この遺伝子は、娘と孫娘にも受け継がれる。

妻（千代の母）キヨも由緒ある出である。キヨの父は元高松藩士玉井幸太で、藩主松平頼寿の信任厚く、明治維新後は東京市収入役や本郷区長を務めている。キヨは士族の出であることを、終生の誇りとして生きた。

二人の見合いは、この年の夏、西荻窪（豊多摩郡井荻町上荻窪）の井上邸で行われた。格式ばった見合いではなく、後見人の入船と久利雄、そして将来の岳父である井上に、娘の千代が酒を運ぶ程度であった。それでも若い二人は、ちらちらとお互いの顔を盗み見た。

見合いをして数日後、千代に一通の手紙が届いた。送り主は「樋端久利雄」。手紙の内容は何と、海軍軍人の妻としての覚悟のほどを問うものであった。ご丁寧に「文書で提出せよ」とあった。負けん気の強い千代は、恩賜の短剣何するものぞ「軍人の娘として育てられ、一旦事ある場合の覚悟は出来ています」と応じた。この覚悟は後年、不幸にも現実のものとなるが、かかる思いがあればこそ、久利雄戦死後の苦難の道のりを乗り越えることができたのであろう。

千代の覚悟や良しとみた久利雄は、再度井上邸を訪問し、恩賜の銀時計を将来の伴侶に託した。それは、久利雄らしいプロポーズの形であった。明治の女にとって「恩賜」はとてつもなく重かったが、これから二人で時を刻む意味を噛みしめた。同時に、海軍士官に嫁ぐ覚悟を新たにした。

後年、久利雄の司令長官になる山本五十六は、真珠湾攻撃を前にして東京に帰宅した際、妻禮子に「これを置いてゆく」と恩賜の銀時計を手渡した。恩賜の銀時計は、いろいろな場で歴史に立ち会ったのである。

一〇月一二日、海軍大臣から「娶妻願」の認許が下りた。ほどなく一二月一〇日、久利雄は海軍大尉に昇進して、霞ヶ浦航空隊の教官になった。全てが順調に転がり始めた。時に、久利雄二五歳、千代は二〇《はたち》歳であった。

その年も押し迫った一二月三〇日、久利雄と千代は、郷里の白鳥《しろとり》神社で華燭の典を挙げた。年末に挙式を執り行ったのは、久利雄の正月休暇に当てたためである。郷里での挙式を強く望んだのは、新郎の久利雄である。花嫁側は東京（荻窪）を拠点にしており、久利雄の希望が叶ったのは、花嫁の両親が同じ讃岐の出身であったことが幸いした。

当時、地元の結婚式は自宅で行うのが習わしであった。大概の家には立派な仏壇があったので、いわゆる仏前結婚である。久利雄が故郷の、しかも白鳥神社での結婚式にこだわったのには理由がある。式場の選定については、当然のことながら父（荒吉）や長兄、あるいは岳父にも意見を求めたが、最終的には久利雄の強い意志が他を圧倒した。

白鳥神社の御祭神は日本武尊《やまとたけるのみこと》であり、かつて白鳥は西の金毘羅さんと並んで繁栄した。東征の帰途、伊勢で没した尊《みこと》の霊が白鳥（白鶴）と化して、大和の国琴弾原より河内の旧市《ふるいち》に翔け、讃岐の国に至って憩いの場を求めている時、一枚の羽根が地上に落ちて立った。現在の羽立峠《はりゅう》である。白鳥は東に飛んで或る海岸に突き出た岩上で憩い、飛び去った跡に羽毛一片を残した。この地が「鶴羽《つるわ》」になった。そして更に東に向かい白鳥の郷に止まった。久利雄の故郷「白鳥」の地名はここから来ている。鶴羽にも白鳥にも高徳線の駅がある。

仁徳天皇の御代に初めて神廟が造営された。その後、寛文四年に高松藩祖松平頼重が社殿修築に尽力した。代々讃岐高松藩主は、大鳥居や灯篭の建立に腐心し、本殿前の石大灯篭には葵の御紋が刻印されている。地元では古来、武運の神様として崇拝されてきた。

屋島の合戦に向かう源義経にも、同神社の霊験があったとされている。日露戦争中には神馬が汗をいっぱいかいていた。蹄の音を立てていた。あるいは戦争に行っていたのでその姿が見えなかった、という言い伝えが地元に残っている。神馬は寛文年間に、高松藩主松平頼重が寄進したものである。久利雄は武運拙く、結婚から十数年後、日本武尊の如く白鳥と化して故郷に還る。

明治一〇〜二〇年頃の資料によれば、馬場沿いには合計一〇〇軒近くの旅館や各種商店、医院などが軒を並べており、神社入り口には芸者検番が置かれていた。多くの旅館が、芸者衆を抱えて賑わった。社前には大鳥居があり、大鳥居から中馬場の鳥居を経て御旅までおよそ六〇〇メートル、馬場の両側には松並木があり神社の趣きを奏でる。かつて御旅所は、子供たちの格好の遊び場だった。

父をはじめとする親戚筋の長老も、青年士官久利雄から「武運長久」を持ち出されては、反対の言葉を持たなかった。久利雄と千代は、白鳥神社で結婚式を挙げた第一号になった。残念ながら、今日の白鳥神社には、久利雄と千代の挙式に関する資料は残っていない。猪熊兼年宮司は、戦後の混乱期、ＧＨＱの施策に鑑みて多くの資料が廃棄されたと残念がる。

白鳥神社は地域住民の精神的支柱であり、その後地元では、白鳥神社で結婚式を挙げるのが一つのステータスになった。同窓生のひとりである赤澤正一（相撲の元関脇神風、大中三五回生）も、戦後、白鳥神社で式を挙げている。

媒酌人は、もちろん入船夫妻である。現役士官では、クラスを代表して親友の池上が讃岐まで足を運んだ。花嫁一行を始め、県外からの参加者は、揃って神社前の旅籠「引田屋」に逗留した。「引田屋」は江戸時代に始めた旅籠で、各村の庄屋が寄合を行うなど、門前町でも格の高い旅館であった。造り酒屋が営んでおり、婚礼の酒には事欠かなかったが祝宴（披露宴）は実家で行った。

このときの模様を、池上は次のように自伝に記している。

……（略）……この祝宴が土地独特の風習にのっとって実施され、突飛ともいえる盛大さにただただ驚嘆するばかりだった。……（中略）……町の年寄りや青年男女が入れ代わり立ち代り訪れて、何時絶えることも知れなかった。……（中略）……私は何度か引き揚げようとするが、帽子と剣と靴を隠してあって戸外に出ることが出来ない。帽子や靴の所在を尋ねても、主賓は朝まで席を離れることが許されないのが祝儀の掟というのだ。……（中略）……旅館に着いて、翌朝まで二四時間牛のように寝たきりだった。

池上が言う「近所の人が入れ代わり立ち代り」は、近所の組に属する家から男女一人ずつが婚礼（祝宴）を手伝い、料理や酒の搬入、あるいは賄の手伝いや給仕などで頻繁に出入りしたことを指している。これが三日三晩続くのがこの地の習わしであった。何日にも分けて祝宴を行うのは、家が狭いため一堂に会することができなかったためである。初日は親戚筋、翌日はご近所というように、分割して実施せざるを得なかったのである。

池上にとっては、何とも気の毒なことではあるが、それが主賓に対するもてなしだと言われると、いやしくも帝國海軍士官としては受けざるを得なかった。

「五一会」は規定で、「会員の結婚に際して記念品を贈呈する」とし、クラス会から順次記念の指輪を贈った。五一期の妻の会名「鈴蘭会」をもじって「鈴蘭リング」と称した。大正一三年のことであり、スマート海軍の面目躍如である。鈴蘭の花をかたどった彫のある一八金製の指輪で、裏側には結婚順にナンバー（番号）が刻印された。より正確に会則を記すと、「会員初婚ノトキ賀辭及ビ記念品ヲ贈呈ス」とある。再婚の場合にはありませんよ、という意味である。鈴蘭リングを薬指にはめた夫人たちは、「五一」の妻であることを誇りとした。

指輪の製作は東京京橋の村松貴金属店、価格は昭和三年の場合およそ一三円だった。当時、公務員の初任給は七五円であり、現在でいえば三〜四万円程度か。この貴重な歴史の生き証人（指輪）の多くは、戦争中に貴金属供出の犠牲になった。戦災で亡失した者も多数いた。歴史に残すべき貴重な資料や物件が、ときの為政者の誤った判断によって消滅する。誠に残念なことである。戦後、希望者にはプラチナのリングを復刻した。『鈴蘭の栞』のリング・リストには、五六番目に久利雄の名前がある。一番は欠番となっている。意図的に欠番にしたとの話もある。関係者のほとんどが鬼籍に入っており、その理由を確かめる術はない。

「鈴蘭会」について、その由来を渓口泰麿の妻淑子が『あの海あの空』に残している。

五一が内地巡航で北海道を訪れたその時、若き候補生古橋才次郎様が荒野に偶々白い花を謙虚につけた鈴蘭の花を見られ「あ、これだ」「これこそ我我の妻となるもののお手本だ」と非常にこの姿に胸を打たれたことからいつの間にか「鈴蘭会」と言う名が生まれたそうである。今考えてもまことにふさわしいよい名前を付けていただいたとうれしく思う。

新郎新婦は、新婚旅行を兼ねて、新居の地、土浦に向けて出立した。順風満帆の船出と思われた新婚夫婦に、一大（珍）事件が起きた。高松の桟橋で岡山（宇野）行きの連絡船を待っているとき、突然、久利雄が刑事の職務質問を受けた。悪しくも県内で若い娘の誘拐事件があり、犯人の高飛びを阻止するため、当局は高松築港周辺に厳重警戒を敷いていた。二五歳と二〇歳の新婚さんは、誘拐犯と被害者に間違われたのである。新婚カップルにとっては降って湧いたような災難だが、久利雄の鋭い眼光が災いしたのは間違いない。

樋端大尉夫妻は、霞ヶ浦航空隊の官舎で仲睦まじい新婚生活をスタートした。『ブーゲンビリアの花』の著者衣川宏は、千代に対する取材の中で「当時の生活感覚を千代夫人に尋ねてみると、給与は航空手当九〇円を入れて二二三円とえらく正確な返事がなされたのでびっくりした」と記している。久利雄の頭脳明晰は周知の事実であるが、千代についても、夫に追随し得る知性を持っていたことが窺える逸話である。

久利雄が霞ヶ浦の教官時代、海軍はフランス空軍のジュランという大尉を一週間ほど横須賀に招聘した。全国の部隊から航空機搭乗員が集い、彼から魚雷の発射法等について学んだ。このとき、久利雄は通訳を務めた。久利雄がフランス語を勉強したのは兵学校の三年間だけだが、細部に亘る技術的なことも難なくこなした。同期で同じく仏語班、そして霞ヶ浦の教官仲間である豊田隈雄は、久利雄がどこでフランス語を磨いたのかと舌を巻いた。

久利雄は、専門の航空分野のみならず、海軍全般についてジュランと激論を交わした。帰国後ジュラン大尉は、「日本にはトイバナという凄い奴がいる」と周囲に語った。久利雄は間もなく、ジュランの母国フランスに単身乗り込むことになる。

第四章　活躍の場を軍政へ

在フランス大使館付駐在武官補佐官として活躍

昭和四年一一月三〇日付、久利雄はフランス駐在を命ぜられた。兵学校五一期では初の海外勤務である。同日付で海軍少佐冨岡定俊（海兵四五期）もフランス駐在を命ぜられている。冨岡は去る一一月二七日、海軍大学校を首席で出たばかりの新進気鋭である。一二月一二日付、海軍次官から久利雄宛て、「駐在任務ニ関スル訓令」が発出された。

貴官任地着ノ上ハ語学及「海軍軍事一般特ニ航空機」ニ関スル事項ノ研究調査ニ従事スベシ

貴官ノ任期ハ約二箇年ト心得ベシ

冨岡の場合には「特ニ航空機」がない。

久利雄と千代の新婚生活は、わずか一年足らずで中断を余儀なくされた。この時、千代の身体には新しい生命が宿っていた。当時の海軍には、駐在武官補佐官が家族を帯同する習慣はなかったので、千代も周囲も当然のことと受け止めた。

渡欧に先立ち、久利雄は海軍次官山梨勝之進中将（海兵二五期）宛てに「見學竝ニ帰省旅行ノ件願出」を提出している。毛筆の手書きである。一二月一四日から一八日まで名古屋の愛知時計電機株式会社、三菱電機株式会社名古屋製作所、神戸の川崎造船所、三菱造船株式会社神戸造船所を研修した。渡欧後、大使館付武官補佐官と併せて命ぜられる海軍艦政本部造兵監督官と海軍航空本部造兵監督官の事前勉強であった。冨岡も一八日と二〇日に、ほぼ同じ場所を研修している。

昭和四年十二月五日
佛國駐在海軍大尉樋端久利雄
海軍次官山梨勝之進殿
見學竝ニ帰省旅行ノ件願出
小官儀
今般佛國駐在被仰付候ニ就テハ赴任
前左記ノ通見學及帰省旅行致度候
條御認許相成度
記

「見學竝ニ帰省旅行ノ件願出」

この機会を捉えて久利雄は、二〇日から二四日まで伊座の実家に帰省した。想像もつかない異郷の地に息子を送り出す荒吉とスエは、最大のもてなしで息子の出立を祝った。四泊五日の親孝行を終えた久利雄は、霞ヶ浦にとんぼ返りをして慌ただしく出国準備を行った。

昭和四年も押し迫る大晦日の朝、久利雄は岳父と姑に家族を託し、単身神戸に向かった。当時、日本から欧州に渡る手段は船しかなかった。神戸で乗船するのは日本郵船の「伏見丸」である。排水量は一万九三六トンとそれなりであるが、現代の豪華客船には程遠い貨客船だった。二週間に一便の、横浜からロンドンに向かう欧州便である。始発港である横浜から乗れば東京からは最短だが、神戸を利用したのには理由がある。当時は、横浜を出ると四日市、大阪、神戸、そして門司に寄港した。その後、上海～香港～新嘉坡《シンガポール》～彼南《ペナン》（マレーシア）～古倫母《コロンボ》（スリランカ）～亜丁《アデン》～蘇子《スエズ》～坡西土《ポート・エイド》（エジプト）～ナポリ～マルセーユと、神戸からマルセーユまでの航程九七九五浬、およそ四〇日の航海である。マルセーユを出港してジブラルタル経由ロンドンに至るには五〇日を要した。年末の多忙な時間を有効に使うため、敢えて神戸の乗船とした。一月二日神戸を出港、三日に門司着、翌四日に門司を出港した。同一行動（渡仏）をする冨岡は、一月二日に東京発、翌三日門司で久利雄に合流した。「伏見丸」の渡欧航海では、冨岡と赴任後の大使館勤務や海軍全般について意見交換を行い、この海軍少佐男爵から得るものは多かったであろう。

欧州への船上にて
（後列右から二人目が樋端久利雄）

長期の船旅ではあったが、遠洋航海で先輩士官に追い回された経験を有する久利雄は、乗船客として気楽な航海を満喫した。翌昭和五年の二月上旬、マルセーユに上陸しパリ入りした久利雄は、次官訓令に従い、まずは語学学校で仏語に磨きをかけた。久利雄の仏語力はジュラン大尉の通訳で実証済みであったが、駐在武官補佐官の実任務に就くに際しては、半年間の語学研修が義務付けられていた。

元々フランス語に堪能な久利雄は、あっという間に所望の域に達した。久利雄がフランス語の専門家になってしまうことを恐れた海軍当局をして、語学研修はもう宜しいとまで言わせるほどであった。

語学研修中は煩雑な業務がないので、比較的行動に自由があった。久利雄は、同じく語学留学中の先輩松浦義大尉（海兵四九期）とともにオートバイを購入し、ツーリングでフランスの名所旧跡巡りを行った。文明の利器を利用して、任国情勢の把握に努めていた両人ではあったが、二人が交通事故を起こしたのを機に、オートバイに乗るのを止めた。同時の事故であったのか、別々の事故であったのかは判然としない。久利雄は帰国するまで事故のことを千代に伏せていたが、帰国後、久利雄の胸から腹にかけて、大きな傷跡があるのを認めて家族は大層驚いた。

久利雄が渡欧してから間もなく、昭和五年三月一八日、千代は待望の男児を出産した。父（久利雄）の一字をとって「一雄」と名付けた。

半年間の語学研修を終えた久利雄は、昭和五年九月一日、晴れて在フランス日本大使館付武官補佐官、兼ねて海軍艦政本部造兵監督官・海軍航空本部造兵監督官を命ぜられた。上司にあたる海軍武官は、三川軍一大佐（海兵三八期）だった。

当然のことながら、久利雄が武官補佐官として活躍した具体的な資料は残っていない。唯一、後輩の奥宮正武候補生（海兵五八期）が『水交』（平成五年五月号）に、昭和六年練習艦隊がマルセーユに寄港したときの所見を残している。

当時フランス駐在の海軍武官補佐官であった樋端大尉が旗艦八雲の後甲板に特設されたTELで、流暢なフランス語で各方面に連絡している姿が少尉候補生であった私には極めて印象的であった。

奥宮のみならず、多くの後輩候補生は久利雄のスマートな活躍振りを目にして、眩しく感じたであろう。

当時は、まだ国内外の情勢が比較的安定していた時期であり、休憩時間には武官室でブリッジをやった。土曜日の晩は、しばしば夜を徹してカードに興じた。京都の樋端家に、一枚のユニークな名刺が残っている。久利雄が武官補佐官時代に使っていたものである。この名刺の裏面が借用書になっている。「金七阡六百法（佛貨）　右金子拝借事也　昭和五年四月十日　〇〇〇　樋端様」とあり、〇〇〇には押印がある。おそらくは、ブリッジで負けが込んだときに、久利雄が融通したものであろう。久利雄は遂にこの貸金を回収できないまま散っているので、敢えて名前の特定はしない。

五一期のクラス会誌『五一』第五号（昭和六年三月）に、久利雄は「佛國雑感」と題する一文を寄せている。任国事情を的確かつ赤裸々に綴っており、大変興味深い。

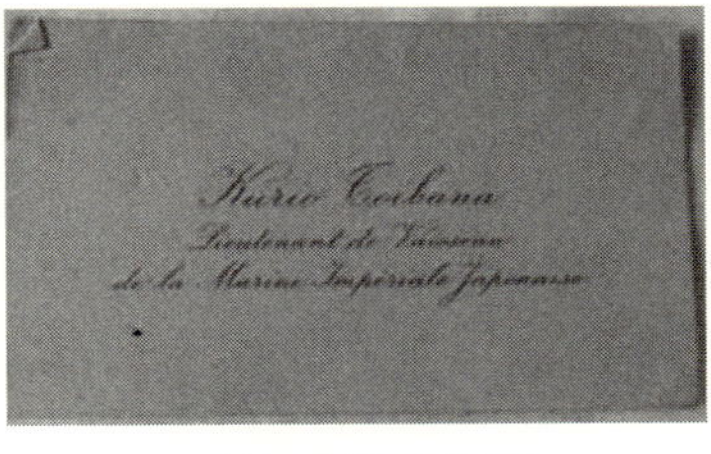

フランス語の名刺

二期の候補生の頃までは誰も彼も大抵同じ様な事をやってゐたが、その後は變った所に行く者が多くなって「五一」に其の記事が載ってゐると「ほほうやってゐるな」と思ふ。それ丈でも五一は發行の意義がある。

勿論其れが思ったよりは非常に面倒な事であり、其の衝に當るものゝ努力が大變な事である。「五一」にこんな與太を書いては善くないのではないかと思はれるが気のきいた事は何もない。只辛じて生きてゐると云ふ證據に出遭うつた事を順序なく書き送る。昭和五年九月一日からは武官補佐官と云ふのになつて、暗號を引いて間違つてみたり歐米出張者が来ると裸踊りに案内したりしてゐるから、雑務多忙で神経衰弱にならない用心をする位が積の山である。三代兄（筆者注：同期の三代辰吉）は國際連盟にゐて大分仕事に慣れてゐるので多方面に活躍する餘裕があるらしい。今から書く事は六ケ月餘り何もしないで遊んでゐた時代の事で。閑居して不善をなしてゐた記事だから信用の出来ない事許りである。

佛蘭西人は非常に頭の働きが鋭敏の様に思つてゐる。交通巡査が日本に比較して非常にだらしがない様だと云ふと、佛人は感がよくて運転手自身で處理して行くから交通巡査がど釜しく云わなくてもよい、事故も従つて非常に少ないと云って威張つてゐたが、その次に事故の統計を見ると一年に四千人死んで七萬人怪我したと書いてあつた。自分で偉いと思ひ込んでゐる奴は手が付けられない。

巴里は何處に行つても鏡がある。その代り時計がない。偶然時計を見付けると一向動いてゐない。時間の観念が薄くて御化粧が好きと云へやう。女の監獄で行状の悪い女囚人に對しては囚人室の鏡を撤去する由、食事を減じたるよりはきゝ目顕著なりとか。ＢＵ（筆者注：ブスの隠語）の特に浮ばれない國である。

大戦後男の數が非常に少くなつた上に生活上の保障から男子の結婚年齢が次第に増加する傾向があるので、持参金がなければ嫁には行けないといふ状況である。未婚の男子は其處につけ込んで持参金を要求する。一般的公定相場として海軍士官は二十五萬法、陸軍士官は十五萬法が普通である。我國にも輸入したい制度である。

併し一つ心配な事は、金持ちの女は非常に持てる事で既婚の夫人に對してもモーションを掛ける青年が多い。貞操観念が日本と違ふから親爺たるもの油斷が出来ない。此等の敏腕なる青年は遊んでゐて食ふのを目的としてゐる。併し俺には餘り関係のない社會現象なので興味を感じない。仏蘭西語の家庭教師で二十五六のお嬢さんにこの事に就いて聞いて見たら、一時間二十法の授業料収入の食ひ残りを貯金して持参金を造らうと云う遠大の希望を持つてゐるらしかつた。その願ひが成就する時に外の方が駄目になりはせぬかと思ふのだが、雨が降つても風が吹いても二十法を目標に通つて来るのを見ると、仏蘭西人にも色々あると感心した。

歐州戦争には餘程懲りたと見えて、誰に聞いても戦争は大嫌いと云ふが、さて國祭日などは軍隊の行列があると、やんやと云つて喜ぶ士官が軍服でカフエーや躍り場に出入りする。軍人崇拝熱は一般に高い。

自由平等博愛と云ふのが此の國のモットーと見えて方々に書いてある。一つ此れに就いて感心した事があった。佛陸軍ではアルゼリヤの土人を連れて来て兵隊にしてゐる。ガツールトと云う田舎町にゐた時、土人兵と佛蘭西人が喧嘩してゐるのを見た。気の早い佛人だつたと見えて早速土人の頬面を殴った。それを見て野次馬の佛人が非常に怒つて殴つた方の佛人に喰つて掛り、土人だと思つて馬鹿にしてはいけないと云ふので、コツキ廻してゐたが、佛人にも可成り感心な正義感を持つてゐるものがあるのを知つた。

仏蘭西人は数学が得意で、實生活に縁の遠い様な微分積分を云ふ様なものは必要以上にやる癖がある。日本海軍の技術士官で巴里の学校に入つてゐる人も數學の六つか敷いのに驚いておつた。人の真似が非常に嫌ひで自負心が強いから、お互に助け合つて組織的に全體の進歩を促進さすと云ふ方は出来ないらしいが、時々突飛な事や獨特の考案が生まれる。

飛行機関係の工場や航空隊を見に行つても成程と感心する様な所も随分あるが、全體としては一向真似をしたくない。獨立獨歩も結構だが、獨立獨歩に人真似も少し取り入れた方がよい。日本は人真似の點に於ては確かに仏蘭西より偉い。善悪の見分けさえ付けば真似は一向悪くない。語学の稽古で夏の間田舎に行つてゐた時の話し。「ロアール」河岸の砂濱になつてゐる所で水泳着に着換えてゐた所が變な年増の女がやつて来て、若い娘が見たら失禮に當るではないかといふ。若い娘なんか居る筈はなかつた。さては自分で見ておいてと思つたが、此方も威張れた義理でないので黙つてゐた。

毛唐の女は表面かくの如く淑女気取りで、蔭ではとてもひどいのだから笑はせる。此際国辱問題を引き起こした譯だが、都合の悪い時は何時も支那人だと云つておいたから、諸君が来る時には迷惑になるまい。日本人と名乗つて堂々と国威を發揚した事は一度もないので、此れ丈は汗顔の至りである。その外の行動は想像してくれ給え。遠く諸兄の健康を祈る。（終）

読みようによっては、ふざけているようにも見えるが、任国事情を的確にとらえている。市井の実情や国民性に関する情報は長期に亘って変化が少ないため、秘密に属する軍事情報と同じように重要で価値がある。

軍令部参謀となり、ジュネーブ軍縮会議全権委員随員に

武官補佐官として脂がのってきた昭和六年一一月、久利雄は欧州滞在のまま軍令部参謀となり、同時に、国際連盟陸海軍問題常設諮問委員会に於ける帝國海軍代表随員、国際連盟軍備縮小準備委員会に於ける帝國代表委員随員、並びに国際航空委員会に於ける帝國代表委員会随員を命ぜられた。

一二月には、ジュネーブ軍縮会議の全権委員随員を仰せつかった。いよいよ、海軍兵学校の歴史で三本の指に入ると謳われた頭脳が、活躍の場を軍政に移すときがきた。未だ海軍大学校も履修していない、弱冠二八歳の海軍大尉であった。国が大きく動こうとするときには、時の

勢が若い力を求める。

久利雄は、花のパリに別れを告げてスイス・ジュネーブに居を移した。ジュネーブ軍縮会議は国際連盟が主催して、非加盟国であるアメリカやソ連を含む、計六四か国が参加する大国際会議であった。ジュネーブ軍縮会議といえば、通常、昭和二(一九二七)年に開催された海軍の補助艦艇制限に関する会議をいうが、久利雄が随員として参加した会議は、陸軍を含む全般的な軍備制限に関する会議である。正式には「ジュネーブ一般軍縮会議」と称する。帝國代表の全権は、陸軍中将松井石根(陸士九期)と海軍中将永野修身(海兵二八期)、加えて大使級の外交官二名が名を連ねた。国連海軍代表の洪泰夫大佐(海兵三三期)、岡新中佐(海兵四〇期)、在フランス大使館からは、久利雄の同僚(武官補佐官)である冨岡少佐等、錚々たるメンバーが随員として顔を揃えている。

列国は既に軍備拡張に乗り出していたため、会議は難航し長期にわたった。久利雄にとって初めての大きな国際会議ではあったが、その頭脳と語学力、加えて大使館勤務(駐在武官補佐官)の経験を生かして大いに活躍した。日本代表部の編成では、大佐・中佐の先輩と肩を並べて海軍部の第二調査課に配置され、総務課の文書・庶務・電信班員を兼ねた。単なる下働きではなく、実際の業務にも携わったということである。

永野全権は、仏語に堪能な久利雄を重宝がり、その的確な判断を高く評価した。一海軍大尉として帝國代表の末席を占める久利雄ではあったが、会議を通じ永野の絶大な信頼を得た。この時の縁が、後年、軍令部総長(元帥)の荻窪における葬儀参列に繋がる。代表団の行動に関する電報で、軍縮代表部の小林仁大佐（海兵三八期）から在仏武官宛「樋端大尉ノミ馬耳塞（筆者注：マルセイユ）派遣ヲ乞ウ」とある。久利雄は、軍縮会議の事前準備に欠かせない人物であった。

一雄の手元に、軍縮会議参加を記念して作製した、紙巻煙草用の銀製小箱（18×12×6㎝、八八〇グラム、底面の縁に「銀製、玉屋製」の刻印）が残っている。表蓋には、次の六人の名前が欧字で刻まれている。

上段左　O. Nagano　（永野修身）全権
上段右　Toibana　（樋端久利雄）随員
中段左　T. Matsudaira　（松平恒雄）全権
中段右　S. Satoh　（佐藤尚武）全権
下段左　W. Komaki　（小槙和輔　海兵三三期）首席随員
下段右　Géneral Matsui　（松井石根　陸士九期）全権

S. Satoh のサインは長い間不詳であったが、筆者は次のように推察する。

一、かなり崩した欧字の署名であり、使い慣れた外務省員の可能性が大である。軍人はみな、律儀に読みやすい字体である。

二、「なおたけ」の場合には N. Satoh となるが、佐藤は自身を「しょうぶ」と読み S.S を

軍縮会議参加記念の銀製小箱

用いていた。

三、代表団で S.S の頭文字を有するのは、佐藤信太郎外交官補だけであるが、彼がここに署名するのは僭越である。

四、全権四人の署名入りと見るのが妥当である。

以上のことから、不詳の主は佐藤尚武と思われるのである。

このときの海軍随員は、首席の小槙と久利雄を含め総員で二八名の陣容である。刻銘が全権委員（四人）と首席随員、そして久利雄（随員）の六人であることから、随員の士官総員に個別の署名入り記念品が配布されたと推察できる。あるいは、軍縮会議における樋端大尉の貢献は全権総員が認めるところであり、永野の特別な計らいがあったかもしれない。

陸軍中将松井石根のサインが最下段にあるのは、松井の謙虚な人柄と懐の深さを想起させる。通常であれば、最上段に陸・海軍全権、中段に外交官全権、そして下段に首席随員と随員（久利雄）の絵柄になるだろう。最下段の松井は、ただひとり位階を冠して存在感を示している。人格識見兼ね備えた松井は、後年巣鴨の露と消えた。我が国は、誠に惜しい人を失ったものである。

随員としての多忙な勤務の傍ら、久利雄はスキー、スケート、乗馬、はたまた社交ダンスと、大いに浩然の気を養うとともに、社交にも磨きをかけた。千代との出会いが欧州滞在の後であったならば、婚約に際して「海軍軍人の妻としての覚悟のほどを述べよ」などと、無粋な手紙を出すこともなかっただろう。

昭和七年五月一五日、海軍省に激震が走った。海軍兵学校出身者を中心とする青年将校が、陸軍の士官候補生を抱き込み、国家の現状を憂えて決起した。世にいう五・一五事件である。緻密な計画のもとに実行されたものではなく、軍事作戦としてはお粗末なクーデターであった。「青年日本の歌（昭和維新の歌）」の作詞で知られる首謀者の三上卓（海兵五四期）や古賀清志（海兵五六期）は、兵学校の後輩である。年代（クラス）も近いことから、同期の中には首謀者に対して同情的な者もいた。この時代の空気もあっただろう。

横須賀航空隊分隊長として実務部隊に復帰

昭和七年七月五日付で帰朝を命ぜられた久利雄は、各委員会随員の職を解かれた。ただし、一般軍縮会議随員の任を解かれたのは一〇月に入ってからである。軍縮会議は継続中であり、任期中の業務の整理や申し継ぎの時間を取ったと思われる。二年半にわたる欧州滞在を終え、スイスから任国フランスを経由して帰国した。

物に執着しない久利雄がフランスから持ち帰ったのは、使い古した仏和辞典一冊だけだった。この仏和辞典は昭和四年四月五日第二五版の発行（白水社）なので、渡仏前に購入したものであろう。かなり使い込んだ様子で、表紙はボロボロに傷んでいるが、中身にアンダーラインなどの書き込みは一切ない。辞書も読めば頭に入ったのか。

お盆を直前に控えた八月六日、久利雄は二年八か月ぶりに千代が待ちわびる荻窪（千代の実家）に帰ってきた。玄関に出迎えたのは、千代と千代の両親、そして滞欧中に生まれた長男一雄である。久利雄は相好を崩し、靴を脱ぐのももどかしく二歳半になった一雄を抱き上げた。

八月二〇日付、久利雄は横須賀海軍航空隊付兼分隊長を命ぜられた。勤務地に近い逗子に借家を求め、本格的に家族としての生活が始まった。これを機に、讃岐白鳥本町の実家から分家独立し、名実ともに一国一城の主となった。

実動部隊に復帰すると、久利雄は再び装備の開発にかかった。しばらく休んでいた久利雄の理系脳がオンになり、フル回転を始めた。日本海軍が採用していた地上の静止目標をターゲットとする照準器は、洋上で機動力のある艦船の攻撃には問題があった。久利雄は、ドイツから輸入した爆撃照準器を改良することにより、動的照準器の実用化を目指した。帰宅後も難解な計算に挑み、千代にも計算尺を持たせた。聡明な千代にも、さすがに何のことだかさっぱり分からなかった。

その成果を奥宮正武は「当時、水平爆撃の照準器はドイツ製のゲルツ、フランス製のボイコー、それらを参考にしてわが海軍が作った九〇式などであった。そこへ九二式照準器が送られてきた。前三者は鏡式と呼ばれて、長い円筒形のもので、レンズを通して目標を照準することになっていた。が、後者はレンズを使用しない機構式とよばれるもので、目で直接に目標を捉えて照準するものであった。それを開発したのが樋端大尉であった」と『水交』（平成四年五月号）に残している。

昭和八年の春（五月）には長女英子が誕生し、逗子の借家において親子四人の穏やかな日々を過ごした。娘の名前は久利雄が付けた。女優入江たか子の本名（英子《ひでこ》）から取ったが、読みは「えいこ」とした。娘の誕生がよほど嬉しかったのであろう。久利雄が英子を愛する萌芽は、誕生の時からあったのだ。英子の父（久利雄）に関する記憶は、一にも二にも、とにかく父に愛されたことしかない。久利雄は英子を宝物のように扱った。その溺愛ぶりは、祖父母（千代の両親）が心配するほどであった。

この時期から、樋端家は女中を一人雇っている。社会の情況が現在とは大きく異なるが、航空手当が付けば「やっとこ大尉」にも、それだけの経済的余裕があったということだ。今日、自衛官でお手伝いさんを雇うことができるのは、途上国で勤務する防衛駐在官（大佐に相当）が、現地人を雇用するくらいのものである。

大尉として海上、若しくは航空勤務を一年すると、海軍大学校甲種学生の受験資格ができる。海大は将官への登竜門であり、受験回数が三回と限られていることから、多くの有資格者が、家族をも巻き込んで凌ぎを削った。しかし樋端家の家族は、久利雄が自宅で勉強する姿を見たことがない。試験では、当然のことながら海軍の現状や問題点、そして将来について問われるので、久利雄ほど装備の開発に熱意を持って勤務しておれば、更には駐在武官補佐官や国際会議に参加した経験をもってすれば、さほど難しいものではなかった。クラスヘッドの久利雄は、本来ならば五一期生が初めて受験資格を得る昭和七年に受験すべきところであり、また受験さえすれば楽々と合格したであろうが、前年からジュネーブ軍縮会議の全権委員随員を仰せつかっており、業務がそれを許さなかったのである。

久利雄が海軍大学校に入学する直前、昭和八年九月二七日付で海軍軍令部は単に「軍令部」、海軍軍令部長は「軍令部総長」と改称された。

海軍大学校に甲種学生として入校

昭和八年一一月一日、久利雄は海軍大学校に第三三期甲種学生として入校した。海軍大学校は、上大崎二丁目にあった。戦後は国立予防衛生研究所として使用され、現在は独立行政法人都市再生機構（UR）の集合住宅が建っている。良くも悪しくも、帝國海軍を牽引する多くの人材を輩出したのが海軍大学校だが、その名残を示すものは何もない。

学生数二四名、うち海兵同期（五一期）は一三名を占める大勢力であった。学生長は、フランスのオートバイ仲間だった松浦大尉である。海軍大学校への受験資格は三年間あったため、海大各期には兵学校の年次で概ね三〜五期の幅で合格者があり、学生は先輩・後輩混合で構成される。兵学校五一期の場合、卒業生二五五名のうち四七名、即ち約一八パーセントが海大甲種学生を履修した。この二割弱が将官候補となる。但し海軍では、海軍大学を卒業していないからといって、必ずしも将来の道が完全に閉ざされたわけではない。海軍はあくまでも実動部隊重視、即ち艦長から聯合艦隊司令長官まで、部隊の「指揮官をやってなんぼ」とする空気があった。鈴木貫太郎が、兵学校長のときに指摘したとおりである。

海軍大学校は、将来の帝國海軍を担う少壮士官に、二年をかけて幅広く戦略、戦術、軍政等を授け、将来の高級指揮官や幕僚に必要とされる資質を修得させる。ここでいう戦略は、今日の戦略よりはかなり範囲が狭く、現場のドンパチではない大規模の兵力（部隊）運用を指す。履修科目で特に重視されたのは、戦略と戦術である。とりわけ、図上演習と兵棋演習に多くの時間を割いた。

久利雄は教官小澤治三郎大佐（海兵三七期）の講義において、空母、就中航空機の集中運用、今でいう空母機動部隊構想を提案した。兵力の分散や小出しによる失敗例は戦史において数多く見ることができるが、戦艦中心の思想が大勢を占める当時、久利雄の提案は極めて斬新な発想であった。後に空母運用の第一人者と言われる小澤は、後年、「俺に航空戦術を教えてくれたのは、山岡三子夫（海兵四九期）、樋端久利雄と木田達彦（海兵五〇期）だった」と回想している。

時代は少し下るが、久利雄のほかにも同じ着想をする者が現れた。昭和一五年九月初旬、一年八か月にわたる在英駐在武官補佐官の任を終えて帰朝した源田實少佐は、人事当局から第一航空戦隊（航空）参謀の内示を得た。源田は発令までの二か月間を、次期配置の事前準備として、空母の集中と分散の問題に取り組んだ。この時の模様を『海軍航空隊始末記　戰鬪篇』に記している。

この考え（筆者注：空母の集中運用）が纏まり、兵理に照らして誤りが無いという自信がつくと、私としては將來に光明を得たつもりであり、決心でもあった。分散配備を立前とする當時の兵術常識では、私のこの考えが多くの人々の賛成を得る見込みは無かった。でも若干の味方は欲しいものである。自分に充分の確信があれば、何人か反對しても斷乎としてやれば言いものであるが、凡夫の淺ましさというか愚かさというか、自分が尊敬する人の一人でも自分を支持して呉れれば、他の反對を押切ってもやる勇氣が出るのであるが、全部が全部反對では、無理押しの元氣も出ないのが普通である。

こんな弱さに誘われたのであろう、私はこの着想を以って軍務局一課（筆者注：海軍省）の局員樋端久利雄中佐を訪ね、その意見を叩いた。

……（中略）……

樋端中佐は私の考えに對して賛意を表さなかった。矢張り攻撃を受けた場合に脆弱性が多いという意見であった。私が相談を持ちかけたいもう一人の先輩は大西さん（筆者注：大西瀧治郎　海兵四〇期）であったが、大西さんは中支方面に作戦中であったので、私として手の届く所になかった。樋端氏の賛成を得られなかったことは、若干の不安を残したけれども、とも角この方針でやって見ようと決心した。

尊敬する先輩のお墨付きを貰って、自らの考えに確信を持ちたかった源田の落胆ぶりが見えるようである。空母集中運用の発案者久利雄ではあったが、敵の奇襲攻撃を受けた場合のリスクを払拭《ふっしょく》できなかった。学生の時の自由な発想は尊重されるべきであるが、実際に作戦を遂行するとなると、机上では気づかなかった多くの問題が顕在化する。大きな作戦に先立って兵棋演習や図上演習を行うのは、単に勝敗を見積もるだけのものではない。駒を動かすことによって、未だ見えない問題点を摘出し、作戦計画見直しの資を得るのである。久利雄は常に斬新な発想を提示するが、現実を直視する冷静さを併せ持っていた。

いずれにせよ、この世界初の着想・発想が、後に空母機動部隊を誕生させるトリガーとなって真珠湾攻撃を成功に導き、一方でミッドウェー海戦では、久利雄が指摘するとおりその脆弱性が露呈して、日本海軍は大きな打撃を被ることになる。時を経て、この考え方が世界最強の米空母機動部隊に繋がるのである。

海軍大学校在学中の昭和九年八月一日付、久利雄は海兵同期の渓口泰麿、木阪義胤、渡邊安次、豊田隈雄らとともに、海軍大演習の審判官を命ぜられ全国の部隊に散った。久利雄は第四艦隊司令部で審判に当たった。審判官とは、艦隊の司令部等に乗り込んで、指揮官や幕僚あるいは艦長の情勢判断、戦術判断を評価する役目である。このように重要な役割を学生に担わせるのは、海軍挙げての大演習となると、客観的な評価ができる人材を全国からかき集めるのが困難なことに加え、部隊で任務に当たっている先輩の仕事を評価することによって、学生自身の教育に資するという意味もあった。

学生は俊秀揃いであり、学生らしく正論を吐いて、容赦なく先輩の欠点や不具合を指摘する。しかし現場の部隊指揮においては、必ずしも机上の理論通りにことが運ばないことが多い。従って、ときには審判官である学生と部隊指揮官の間で、「何を若造のくせに生意気な……」「司令官、お言葉ですが……」と議論が白熱することもある。海軍大尉の久利雄は、たとえ相手が将官であろうとも、臆することなく理路整然と評価の理由を述べたであろう。

海大学生中の昭和九年一一月一五日、久利雄は海軍少佐に昇進し、青年士官から少壮士官の仲間入りをした。

家族から得たやすらぎ

樋端一家は、久利雄の海軍大学校入校に合わせ、通学の利便性を考慮して居を逗子から奥澤に移した。その後、田園調布を経て、千代の実家（井上邸）の筋向いに借家を求めた。やんちゃな孫二人の来荻を、千代の両親はことのほか喜んだ。井上邸は西荻窪三丁目一二六番地（現西荻北二—二九）に在り、三〇〇坪の敷地を有する大邸宅である。西荻窪駅北口から一〇〇メートルほどの商店街を東に抜けると、省線（現ＪＲ中央線）を背にして直角に伸び、中島飛行機製作所に通じる直線道路がある。現在では、道路の両側は閑静な住宅街となっている。この道を北に向かってすぐの左手には、長男一雄と長女英子が通った、桃井第三国民学校（現杉並区立桃井第三小学校）がある。一雄はここの卒業生である。更に二五〇メートルほど北に下ると井上邸に至る。井上邸は現在、宗教法人の敷地になっている。

艦隊勤務等で留守がちな久利雄に代わって、一雄や英子の面倒を見たのは祖父（千代の父）の繁則である。繁則は退役後もドイツ語の勉強を欠かさなかった。娘の千代はもちろんのこと、一雄も英子も祖父の影響を大きく受けた。英子が外国語に親しみ、クラシックやオペラに造詣が深いのも繁則の影響であろう。

長男一雄は、昭和九年の春から幼稚園生になった。子供達は、父が自宅で勉強している姿を見た記憶がない。日曜日には、庭に掘った穴に本や書類を投げ込んで焚火をするのが常であった。久利雄が読む本と言えば、「キング」や「講談倶楽部」などの娯楽誌ばかり。書斎に陣取る大きな机の上は常にさっぱりしており、引き出しの中は空っぽだった。父（久利雄）は読んで覚えるタイプだった、と一雄は言う。少年時代には、庭の柿の木に登って本を読み、英語を諳んじた。

久利雄一家

一方で、欧州滞在中に覚えた、乗馬、スキー、スケートに興じた。当時、海軍大学の学生は陸軍大学の学生と一緒に、よく乗馬を楽しんだ。巷間、海軍と陸軍は犬猿の仲と言われるが、当時は上層部の指導によりこのような交流もあった。ある日、胸を押さえながら久利雄が帰宅した。落馬して、更に馬に踏まれたのだという。胸に湿布薬を張る久利雄は、やんちゃ坊主の風情であった。一雄は新宿伊勢丹にあったスケートリンクで、父と一緒に滑った。スケート靴は、マイシューズだった。早稲田大学の学生であった義弟令蔵や、早稲田のスキー部と共にスキーに興じた。欧州仕込みの久利雄は、大学生に引けを取らなかった。夜は学生たちと炉を囲んで語らい、佛國雑感を聞かせた。知識と情報に飢えている大学生は、目を輝かせて久利雄の話を聞いた。家族で遊園地にもよく行った。戦争が始まるまでは、銀座や新宿で食事を楽しんだ。

讃岐の言葉で「めっざしもん（新しいもの好き）」の久利雄は、デパートが売り出す新製品に目がなかった。特に、扇風機などの電化製品は直ちに買い求め、少し使うと屑屋に売ってしまう。当時では大層珍しかったアイスクリーム製造器も、ひと夏過ぎると知らぬ間に屑屋が持ち帰っており、家族を残念がらせた。家には麻雀牌が置いてあり、子供たちは小学校に上がると、父から麻雀の手ほどきを受けた。海軍大学校の学生時代は、樋端家の歴史において最も心休まる時間であった。

久利雄が海軍大学の学生になって間もなくのこと、千代の弟（久利雄の義弟）井上太一が結核を患って他界した。太一は本郷中学、慶応義塾を経て浦和高校を卒業し将来を嘱望されていたが、大学に進むこと叶わず療養生活を余儀なくされた。太一の没後、久利雄が『追悼録』に寄せた「病める日の太一君を偲ぶ」と題する一文は、久利雄の哲学的思考や死生観を見ることができる。

昭和八年秋の初め、麗らかな一日、日當りのよい南向きの縁側に太一君を訪れた事を思い出す。透き通るような青白き、整った顔立ち、縁無し眼鏡の底に光る静かな瞳、仰臥した、籐椅子から垂れた細々とした手足、何かしら天才的で脱俗的な義弟の豊かな天分が此の弱々しい肉体に包まれて亡んで行く日があるのではないか、という豫感に胸を締められて、「どうですか」と云った切り、私は黙って彼の前に立ってゐた。

天才児、近親者の死……等々之に會ひ、之を見る人の懐であろう色々な痛ましい眩想が次から次へ……頭の中を掠めて行った。

併し、義弟の返事や態度は極めて、自然的で死に対する何等の不安も、病躯に対する聊かの焦燥をも感じてゐないらしかった。何時来てもさうである。亡くなるまで迄殆どさうであるらしかった。何故であらうか。近親者を心配させない為に態々此の様な態度を装ふてゐるのであるか、醫者や周囲のものが病状を極秘に、していた為に知らずに落ち着いてゐたのであろうか。或いは又、自己の運命を達観し徒に煩悶せず、悠々自適し得る、或いは高僧の様な心境が天性に恵まれてゐて、何も彼も知り乍ら平気でゐたのではないか。

自分の病状を知らずに居たと云うことは、私としては一寸考へられない。あれ丈の教養があって、あれ丈その方面の病院にも入院し、自己の病状を自覚する以上、如何程周囲の者が隠くしても、子供に對しての様に、隠し了せるものではないと思う。

私は如何に考へて見ても、義弟の平素から持ってゐる一種犯す可からざる脱俗的な性格から、自己の運命を達観して、極めて自然的にその日を送ってゐたものとしか思へない。

凡そ修養を志す人の最も望み、且最も困難とする所の心境に、義弟は生まれ付き達してゐたのではなからうか。

義弟の死は近親者や友人に無上の悲観を与へたのみに止まらない、私が此處に言はんとする此の驚くべき天稟的性格が、其の夭折せる肉体に包まれて、遠く此の世を去ったこと

を、若し社會一般が認識するならば、社會も亦、大なる悲しみに閉ざされるであろう

この追悼文を読んで、筆者は、明治の時代に「巌頭之感」を残して華厳の滝に身を投じた、一高生藤村操を想起した。

またも首席で海軍大学校卒業

昭和一〇年一〇月三一日、久利雄は海軍兵学校に続いて二冠を達成した。恩賜の軍刀（首席）で海軍大学校を修了した。卒業式に臨むにあたり、千代の前で長剣を拝受する練習を繰り返した。そして、千代に「これでいいか」と何度も確かめた。さすがの久利雄も、陛下の足下で軍刀を拝受するのは緊張した。千代にとっても至福のひと時であった。帝國海軍の歴史において、二冠を達成（海兵・海大ともに首席卒業）したのは、久利雄と岡新（海兵四〇期）の二人だけである。

かつて東讃の地方紙に『東讃新報』という、個人経営の新聞があった。今でこそタウン誌はそこかしこで目にするが、当時としては希な存在である。高松から遠く離れて暮らす地域住民に情報を提供し、加えて村内の融和連帯や文化の向上を目的として、福栄村（白鳥町南の山間部）の村長渡瀬貞が設立した。創刊は昭和五年一月一五日、印刷所が高松にあったので、担当者は福栄と高松間を自転車で往復した。同紙は昭和一六年一二月の新聞事業令（一県一紙の統

制令）により、僅か一二年間で歴史を閉じた。徐々に物資が欠乏しつつあり、パルプの問題もあったが、貴重な情報源を消滅させて国民の目を閉じる愚策と言わざるを得ない。この施策はメディア（報道機関）側の要望であったとされるが、いずれにしても信じがたい暴挙である。

昭和一〇年一一月一〇日付同紙に、海軍大学校卒業式の記事が載せられている。発行日は一〇日と二五日だけだったので、必ずしもタイムリーな記事ではない。しかし、当時の状況や卒業式の在り様を知り得る、貴重な史料なのでそのまま写す。それにしても、片田舎の農民がこのような記事を、当たり前のように読んでいたとは恐れ入る。恥ずかしながら筆者は、辞書の手を借りなければ読めなかった。

天皇陛下の行幸を仰ぎ
　海軍大學校卒業式
　　軍刀御下賜の光榮に浴す
　　　本郡出身の優良學生

海軍大學校では（筆者注：一〇月）三十一日天皇陛下の行幸を仰ぎ晴れの第三十九回卒業式を擧行した、この日天皇陛下には海軍通常禮装を召され本庄武官長御陪乗湯淺宮相、鈴木侍從長以下供奉申し上げ略式自動車鹵簿（筆者注：天皇陛下の車列）にて午前九時半宮中御出門同五十分御着校、便殿に入御、御在學中の高松宮御先着の伏見軍令部總長宮朝香近衛師團長宮三殿下に御對面次いで大角海相、井上校長以下職員等に賜謁、井上校長より卒業式に關する書類を奉呈した後陛下には井上校長の御先導で三階の作業室に玉歩を運ばせられ井上校長の御説明により機關科學生の製作した製圖を天覧次いで四階の兵學科作業室に於て甲種學生一同の圖上演習を御興深げに御覧ぜられた後三階卒業式場に成らせられたかくて第三十三期甲種學生二十四第二十五期機關科學生十二名並に專科學生二名の卒業式を欟はせられ左の優等學生に對し平田侍從武官より恩賜品を傳達、陛下には便殿に入御、御小憩の後、職員奉送裡に同十一時四十分同校御出門海軍省に成らせられた

軍刀御下賜

香川縣大川郡白鳥本町大字伊座八四八番地ノ二

海軍少佐

樋端久利雄（三三）

久利雄の戦略、戦術、戦務、戦史、軍政の総合得点（成績）は九三・六パーセント、次席卒業の兵学校同期渓口泰麿に水をあけた。

渓口は数年後、在ドイツ大使館に海軍武官首席補佐官として赴任し、ドイツが敗戦するまで滞在した。在独中、ドイツに亡命していたインド独立の闘士チャンドラ・ボースの招日や伊号潜水艦のドイツ回航等に奔走する。渓口の活躍ぶりについては、吉村昭の『深海の使者』に詳しい。戦後、渓口は海上自衛隊に奉職し、横須賀地方総監を経て自衛艦隊司令（現自衛艦隊司令官）を務めた。自衛艦隊司令官は、海上自衛隊でナンバー2の配置である。

昭和一一年二月二六日、日本中を震撼させる二・二六事件が起きた。久利雄の事件に関する見解などは残っていない。陸軍青年将校の一部が主導する、改革路線とは無縁であった。

第五章　軍令から軍政へ

軍令部員となり、母校大川中で講演

海軍大学校卒業と同時に、久利雄は軍令部第一部第一課及び第二課勤務となった。軍令部は天皇陛下に直属し、国防の用兵を所掌する。第一部は海軍の作戦全般を担っていた。一課は作戦と編成を、二課は教育・演習を主任務とする。人事当局は、風雲急を告げる国際情勢下、海軍大学校首席の頭脳に海軍作戦の将来を託した。この人事には、講義中における「空母の集中運用」など、久利雄の斬新な発想が評価された。軍令部勤務中に、短期間特命検閲付や演習の審判官に任じているが、これは二課の業務である。

ワシントン・ロンドン軍縮会議は頓挫し、帝國海軍は「大和」「武蔵」の建造に向かう。もちろんこれは、飛行機屋である久利雄の発想であるわけもない。

昭和一一年三月四日、久利雄は多忙な軍令部勤務の合間を縫って母校大川中学校を訪問し、後輩に講演を行った。母校の『芳名録』に久利雄自筆の署名が残っている。海軍大学校恩賜卒業を知った校長が、卒業式を終えて学校が比

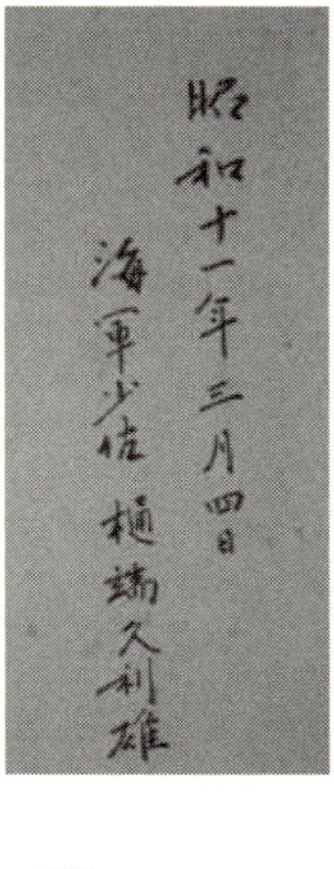

較的時間の余裕がある時期にと招聘したものである。両親や長兄に恩賜の軍刀を見せる絶好の機会でもあった。

既に卒業した三二回生（五一名）も講演を聴講した。在校生の中には陸軍士官学校や海軍兵学校を志す者もあり、英才の誉れ高い樋端先輩の登場を心躍らせて待った。一年生を終えたばかりの内永聖三郎（大中三六回生、久利雄の小学校時代の恩師内永官太の三男）は、久利雄の講演を聞いた在校生の一人であり、講演内容を記憶にとどめている貴重な人物である。久利雄の話を聞いた職員、生徒のほとんどは鬼籍に入った。九二歳になる聖三郎は当時のことを、明快に語ってくれた。

父官太の教え子であり、父からしばしば久利雄のことを聞いていた聖三郎は、興味津々で講演に臨んだ。

樋端さんがどんな話をするのかと期待して待っていたが、講演は短時間で実にあっさりしたものだった。しかも、壇上に立った先輩は、短剣を吊るすでもなく平服だった。時局に関するものや、成功者・勝ち組にありがちな自慢話、先輩面して「あ〜やれ、こ〜せい」といった話は一切なかった。要は、自分で考えてやれ。やるべきことは、しっかりせないかん（やらなければいけない）だった。颯爽と講演会場を後にする久利雄を見て、ものごとに頓着しない悟った人、上背はないがとてつもなく大きな人物だと感じた。

大川中学校での講演後。中央が久利雄

講演の後、校長、恩師をはじめ地元の名士や配属将校、学校職員と撮った一枚の写真が母校の資料室に展示されている。中央に久利雄、久利雄の左隣（向かって右）が恩賜の軍刀を手にした恩師（久利雄が在学時の校長：小林岩助）、右隣は現職の校長安永邦弘である。

内永聖三郎が記憶するとおり、久利雄は何故か三つ揃いの背広姿である。長男一雄は、その理由を明快に教えてくれた。「父は外に出るときには何時もプレーン（平服）でした。海軍省勤務の時も、プレーンで通勤です。軍服を着るのを好まなかったのです」。

海軍士官の制服を着ておれば、すれ違う人々が羨望と尊敬の念を持って振り返る時代である。久利雄は、自分の地位や能力に対して実に控えめであり、またシャイな性格でもあった。「自分が今日あるは、母校の先生方や郷里の皆さんたちの御放訓の然らしめるところです」と挨拶して、終始謙遜の姿勢を崩さず周りの人たちをいたく感動させた。両親は、我が子をどれほど誇らしく思ったであろう。久利雄が両親と長兄宛に「告辞」を書き残して、江田島に出立してから一六年の歳月が流れていた。

昭和一一年八月二五日付、前出の『東讃新報』が海軍省（軍令部）で久利雄に取材した記事を掲載している。春の母校訪問・講演時に、記者が東京での取材を打診し実現したものである。同郷の記者が書いたものであり褒め言葉に終始するが、書かれていることは全て事実である。久利雄の人柄を的確に掴《つか》んでいる。

海軍の雋秀
　海軍々令部出仕
　　樋端久利雄少佐
　　　白鳥本町出身者

戒厳令下の海軍省に軍令部出仕の樋端少佐を訪ふ。受付子に案内されて二階に上る。既に樋端少佐は室外に立って記者の來るのを待ってゐた。

こんどは少佐の案内で二階を下りて一階應接に落付く。

軍人と言へば堂々たる体格の持主であるものと考へてゐた處が、今樋端少佐に面接すると案外体格が小柄に見え、軍人としては聊か物足なさを感ぜしめるものがある。然し小粒でも辛いと云うが少佐と對談してよく其の人となりを伺ふと寡言の裡に潜む偉大なる底力が電光石火の如く其眉宇に脈打つを見る尋常の人にあらず、非凡の異才を深く藏し他日を期するものゝ如くにも感ぜらる。

氏は大川郡白鳥本町の出身家は農を業とし、幼少より田園の間に育ち然も栴檀の香は二葉より香ばしく、性怜悧明敏學業に精進して能く今日あるの片鱗をうかゞはしむ。

かくて大川中學に學び常に優秀の成績を持續す。大正十年海軍兵學校を見事パスし、その頭腦のよいのと不斷の勤勉に何人も吃驚せざるものはなかった。やがて海軍兵學校も拔群の成績で卒業し、光榮にも恩賜の短劍を拜授したほどである。

爾来氏は艦上任務に就いたこともあらうが、その大部分は追濱、霞ヶ關（筆者注：霞ヶ浦の誤り）兩飛行場の航空指揮並びに教官として氏の全身全力を航空研究に餘念なく傾倒せられて居った。

近年海軍省は有爲の將校をどしどし航空方面に差向ける方針だそうである如何に今後の軍備に航空が重視されて居るかゞ窺ふことが出來る。日進月歩は一日とも苟安を許さざる時代である、樋端氏も常にこゝに着眼して研鑽倦むところを知らざる熱心さである更に海軍大學に學び愈々航空の蘊奥を極むること數年に及ぶ。昭和十年四月學成つて目出度首席で大學を卒業し、再び恩賜の長劍を拜授する榮譽を荷つたのである。縣人の誇りとして吾人は大に祝意を捧ぐるものである。海軍大學を出でては海軍省軍令部出仕となつて現在に至つて居るが、非常時日本の重要なる海軍の樞機に參畫して國家の爲め日夜盡瘁されて居ることは誠に感謝に堪えざるところである。

氏は温和で而も至つて寡黙で一見田舎人のやうに思はれるが、その謙譲の美徳は海軍省内に於ても、知人の間に於ても尊崇の的となつて居る。

氏はまだ三十五歳の若さである。之れからが働き盛りである。邦家の爲自愛せられんことを衷心より祈るものである。

四月一日、久利雄は陸軍参謀部員と共に、身分を隠してタイ、マレー半島、香港、マカオ、及び広東方面を旅した。近い将来の南方作戦に備えた、事前準備としての情報収集であった。現地では、対象国の尾行がついた。出発に先立ち、家族とともに新宿のデパートに出かけ、酷暑に備えて防暑帽（サファリヘルメット）を求めた。また、「めっざしもん」の本領を発揮して、情報収集用のライカを家族に自慢した。持ち帰った写真三〇〇枚は、およそ風景写真とは言い難い海岸やジャングルばかりだった。

盧溝橋事件勃発、上海へ飛ぶ

久利雄が南方の情報収集を終えて帰国した直後の七月七日、あたかも予測したかのように、盧溝橋において我が国の支那駐屯軍と中国国民革命軍の間に武力衝突が生起した。いわゆる盧溝橋事件である。爾後、両軍の停戦合意にも拘わらず日中間の軍事衝突は相次ぎ、事件は支那

南方方面視察（右から二人目が久利雄）

事変から全面戦争へと拡大する。久利雄は、軍令部参謀としてその渦中にあり、事態の対応に追われた。

事変の勃発に応じて、四日後の七月一一日付、木更津航空隊と鹿屋航空隊をもって第一聯合航空隊が急きょ編成され、初代司令官には戸塚道太郎（海兵三八期）が大佐のまま抜擢された。鹿屋の九六式陸攻一八機が台北へ前進、木更津航空隊は大村に進出待機した。後年、海軍省軍務局員の久利雄は戸塚と論争することになる。

八月九日には上海の非武装地帯に展開していた海軍特別陸戦隊の大山勇夫中尉（海兵六〇期）が中国軍の銃撃を受け、悲惨な形で殺害された。大山事件である。この大山事件をきっかけに、第二次上海事変が始まった。両国軍が戦力を集中するなか、八月一三日、中国国民党軍は上海日本人租界区域の特別陸戦隊に攻撃を開始した。これに対して、上海に展開していた第三艦隊司令長官長谷川清中将（海兵三一期）は、第一聯合航空隊に攻撃準備を下令した。

一四日、長谷川長官は、隷下航空部隊に敵航空機の撃滅と敵航空基地の攻撃を命じた。八月一五日から一六日にかけて、鹿屋航空隊所属の九六式陸攻が、展開基地である台南の新竹基地から、木更津航空隊所属の同じく九六式陸攻が大村基地を発進して、荒天の中、杭州、広徳、南京、蘇州を襲撃した。編隊を組んで東シナ海を横断する、世界初の長距離爆撃は「渡洋爆撃」という名で大々的に報道された。一六日付大手新聞各紙には、「長驅　南京・南昌を急襲　敵空軍の主力粉砕　勇猛・無比・我が海軍機」の文字が舞った。南昌は中国空軍の重要基地である。

敵の後方重要拠点を攻撃する戦略爆撃は、相手国民を精神的に動揺させると同時に物的にも大打撃を与えたが、我が軍の被害も大きかった。第一聯合航空隊は陸攻九機を失い、更に十数機が大破した。搭乗員も六五名が帰らなかった。更に、多くの機が被弾した。

八月二五日、久利雄は軍令部担当参謀として、また自らが体系化した爆撃機による攻撃法（大編隊をもってする強襲）の成果を確認するため上海に飛んだ。帰国した久利雄は上司への諸報告を終え、海軍省で待ち構える記者をまき、家族へのお土産として買ったアイスクリームを手にして悠々自宅に帰った。そのつもりだった。しかし自宅前には、戦況を聴こうと多数の記者が先回りをして待ち構えていた。観念した久利雄は、苦笑しつつ記者を臨時の記者会見場、即ち一〇〇坪の芝生の庭がある千代の実家に招じた。千代と子供たち、千代の両親は縁側に座って、記者の矢継ぎ早の質問に応じる久利雄を眩しく見守った。取材が終わり記者連中が一気に駆け出して行ったあと、嵐が過ぎ去った静寂の中で、子供たちは芝生の上に残された多数のストロボ球を眺めながら、やっとお土産のアイスクリームを口にすることができた。

支那方面艦隊兼第三艦隊参謀としてパネー号事件収拾に尽力

昭和一二年一〇月二〇日、海軍は事変の拡大と駐留部隊の増強に対応するため、既設の第三艦隊を基幹部隊とする、支那方面艦隊を新たに編成した。初代司令長官には、第三艦隊司令長官の長谷川清中将が就いた。

一〇月二五日付、久利雄は支那方面艦隊参謀兼第三艦隊参謀を命ぜられた。極めて重要な局面であることを考慮し、参謀長は杉山六蔵少将（海兵三八期）、参謀副長草鹿龍之介少将（海兵四一期）、先任参謀に高田利種大佐（海兵四六期）を配する等、錚々たるメンバーである。

この陣容を待っていたかのように、一二月一二日揚子江上において、米国との外交問題に発展する重大事件が生起した。世にパネー（パナイ）号事件として知られる、日本海軍機による米艦「パネー」の誤爆事案である。日本軍が南京攻略作戦を開始する前日の出来事であった。当事者である奥宮正武は、久利雄の対応を含め、事の詳細を次のように記している（『水交』平成四年五月号）。

私が樋端少佐に初めて接したのは、昭和十二年十二月十三日、上海にいた第三艦隊の旗艦出雲の艦上であった。

その前日の十二日、すなわちわが陸海軍部隊が中国の首都南京を占領する直前、南京の東方約七十海里の常州飛行場に進出していた第二連合航空隊の飛行機隊が、陸軍司令部からの要請をうけて、南京とウーフー（蕪湖）の中間の揚子江上で、中国の艦船群を攻撃して、その全部を撃沈破した。それに参加した十二空の艦爆隊の小牧一郎（筆者注：海兵五七期）、艦戦隊の潮田良平（筆者注：海兵五七期）、十三空の艦攻隊の村田重治（筆者注：海兵五八期）、それに同航空隊の艦爆隊の私の四人の指揮官は攻撃の成果に満足していた。

ところがその夜、常州にいたわれわれに艦隊司令部から、「本日、揚子江上の艦船攻撃に参加した飛行隊指揮官は、明日、出雲に来たれ」との命令があった。そこで四人は、翌朝上海に飛んで、意気揚々と出雲の舷梯を上がっていった。舷門でわれわれを待っていたのが艦隊の航空参謀樋端少佐であった。

そして、同参謀から、昨日われわれが攻撃したのは米砲艦パネー号とスタンダード汽船所属の船であると知らされた。われわれは事の意外にたがいに顔を見合わせるばかりであった。そして、攻撃時の模様を具体的に報告した。

それを受けて、樋端参謀は、江上の外国艦船の行動を航空部隊によく知らせなかったのは私の落ち度であった、と静かな口調で語ったのみで、われわれを責めようとはしなかった。ごく常識的に考えても、われわれが陸軍の情報を過信して、目標の確認を怠ったことは事実であったので、きびしく叱られても当然であった。

それにもかかわらず、樋端参謀は事を荒立てず、首席参謀の高田利種中佐（筆者注：大佐の誤り）、参謀長の杉山六蔵少将などとはかって、巧みに事後の処理をしてくれた。率直にいって、われわれは樋端参謀に救われた、といっても過言ではなかった。

奥宮が言う陸軍情報は、「中国兵が南京から大挙脱出、商船に分乗して揚子江を上流に向かって逃走中」である。そして、陸軍からこれらに対する攻撃依頼があった。しかし、久利雄は失敗の原因を陸軍になすりつけるようなことはしない。現場の指揮官に押し付けることもしない。不本意な結果を、決して他人のせいにしなかった。

ことの重大性に鑑み、海軍は迅速に動いた。長谷川司令長官は、状況報告のため急きょ高田を上京させた。高田の報告を受けた海軍省の山本五十六次官（中将）は、高田参謀と陸軍省の柴山兼四郎大佐を帯同して米大使館を訪問、グルー大使に陳謝した。日本側は関係者を処罰するとともに、翌昭和一三年四月、日本が三二一万四〇〇〇ドルの賠償金を払って事件は一応落着し、大事には至らなかった。しかしながら、米国民の感情からすれば、以後の支那作戦の推移と相俟って、日米間の溝を深める一因にはなったであろう。

実質的に事態の収拾に汗をかいたのは、当然といえば当然であるが高田と久利雄である。高田は戦後、パネー号事件について「攻撃の際には、一旦降下して国籍を確認したのち、再び攻撃態勢に入る。着任して間もない航空参謀（久利雄）はこれを怠った」と語っている。しかし高田はこの事件を通じて、久利雄の人物と能力を高く評価したのである。この縁が三年後、極めて重要なポストである軍務局第一課長と軍務局員の上下関係に繋がる。

パネー号事件が決着した後も、久利雄の苦難は続く。七月三一日、支那方面艦隊所属の飛行艇一機が事故により不時着、他の一機が墜落して、搭乗していた四名の同期生が戦殉死した。久利雄は事故の様子を、クラス会誌『五一』第八号（昭和一五年七月）に「旧友四名の戦死」と題して寄せ、同期生への報告に代えている。


中野、中村、近藤、諸岡一日にして戦死す。然も九江から南京に歸る二機の飛行艇が其の日に限って二機共不時着し、英才徒に長江の華と散った。痛恨之に過ぐるものはない。

幾度か死闘を重ねた九江攻略戦を終わって愈々漢口攻略開始の準備を始めた時である。前途には機雷・頑敵・暑さと悪疫がある。陸軍の兵隊も馬も痛々しい程疲れてゐる。馬は皆尻が尖って肋骨が高く隆起してゐるし、兵隊は青い顔をして髭が伸び、毀れた支那家屋の蔭で百二十度の炎天に曝され乍ら、死んだ様になって眠てゐる。此れで漢口が取れるかと思った。十月の中旬になれば長江の減水期になるのでどうしても夫れ迄に作戰を終わらなければいけない。

當時中野は海陸協同作戰、中村は情報の主務があり、終始作戰の進捗に頭を悩ましてゐた。作戰促進の意味もあり、両兄は海陸軍司令部の首脳者数名と共に南京より九江に飛び、最前線部隊の作戰協定をやりに行った。其の日の協定は意外に順調に進み攻略戰も大丈夫という見込みがついたので、非常に喜び報告の爲即日南京に歸る途中、糊口の沖合で遂に長江の濁流に呑まれて了った。最後の時まで鞄に入れて持ってゐた協定は實行せられて、漢口は遂に我が軍の手に帰したが、勝利の感激を味ふべきもなく、我軍苦難の最中に護国の鬼となって了った。

……（中略）……

近藤、諸岡の乗った飛行艇は安慶の南西三〇浬附近を低空で南京に向ふ途中、どうした事か大きな樹木に觸れて墜落、搭乗員九名の中、即死四名、重傷四名、軽傷一名を出した。附近部落民の厚意で負傷者丈を揚子江岸まで運び出すと云う事に話が決ったところへ、四〇名余りの地方雑軍の様な奴が来て遂に殺されて了った。村民は銀色の飛行艇機體を沼の中に引き込み上から枯草を掛けて上空から見えぬ様にし、遺骸は割合に丁寧に附近に埋葬した。

宣教師の努力によって遺骸が紅岸まで運び出されたので飛行艇の分隊長と二人、遺骸の検視の爲に急行した。

黒い支那棺の中に眠る戰友の遺骸を調べ揚子江岸に火葬に附した。残忍飽くなき支那人、眼前に拡がる長江の濁流、飛行艇整備の欠陥、漢口攻略戦の困難等次から次えと色々な事を思ひ浮べ、忿怒・後悔・悲嘆の中に飛行艇に遺骨を乗せて南京迄持って帰った。

時間が経ってからの寄稿ではあるが、艦隊の担当参謀として、またクラスヘッドとしての久利雄の苦悩を見ることができる。

この頃、英子は幼稚園生になっていた。英子の通う井草幼稚園が、第三艦隊に慰問袋を贈った。当時は、在校生や園児の父親が所属する部隊に、慰問品を贈っていた。英子も懸命に手紙を書いた。この時、久利雄が園長に宛てた礼状を英子が大切に保管している。久利雄の戦死後、当時の園長が「貴女が持ってなさい」と言って手渡してくれたものである。

拝復
酷暑の折柄　皆様益々御元気の由何よ里に御座候　私儀　樋端淑恵の父にて昨年十月以来上海南京方面に出征　微力乍ら活動致し居り候
此度幼稚園母の會よ里多数の慰問品御丁重なる慰問文を戴き　子供等の書いた繪などを拝見　感慨無量に有之候
征戦既に一年余り　私の参りましてよ里にても約十一ケ月にてその間各方面の戦斗の跡を顧みると感慨更に深きものあ里　其の間　方々よ里慰問袋等種々頂戴致したること有之候も　自分の子供の関係から頂戴致すは又一しほにて色々と家の事子供の顔等思ひ出され候
征戦到る處敵を撃破し頑敵屈服の日も近きにありと兵士一同大いに意気昂揚致し居り今の苦労は凱旋後の楽しき語り草として持ち歸りたきものと考え居る次第に有之候
只今南京方面にあ里内地との文書の往復等多少不便にして御禮等差し上ぐるも思ふに任せず延び〳〵に相成り御免被下度く

第一線は大丈夫　銃後の皆々様も何卒御安神被下度
尚皆様に何卒宜敷く御伝声被下度く
乱筆乍ら御禮まで

敬具

支那方面艦隊参謀
樋端　久利雄

母の會
鈴木文子　様

律儀な久利雄の性格が窺えると同時に、幼い娘を思う父の心情にあふれている。戦前の文章・文面では、基本的に句読点は使用しない。また、一字空ける、あるいは改行する際には、相手を尊敬する若しくは自分を謙遜している場合が多い。いわゆる「闕字《けつじ》」である。久利雄の文章や手紙には、この手法が多く用いられている。

聯合艦隊参謀として司令長官を補佐

昭和一三年一二月一日付、久利雄は聯合艦隊参謀兼第一艦隊参謀を命ぜられ、勇躍、旗艦「陸奥」に着任した。旗艦は、その後「陸奥」から「長門」に移る。「長門」は遠洋航海を終えて、初めて実任務として乗り組んだ思い出の艦である。

司令長官は吉田善吾中将（海兵三二期）で、戦務（今でいう作戦要務）には殊の外うるさいと評判の長官であった。参謀が起案する文書は、赤鉛筆で真っ赤になるのが常であった。しかし、ただひとり航空参謀が起案する文書はほとんど手が入らなかった。参謀が起案するものは、全て作戦に関わる文書である。従って、簡潔で要点を押さえた表現が求められる。華麗な文体や難解な語彙は、むしろ害になる。司令長官の命令を受けた隷下の指揮官や幕僚が、面舵か取舵か、自分は何処に行くべきなのかを迷うような命令では作戦を誤る。久利雄は、「やかましオヤジ・小言甚兵衛」と評される司令長官の意図を的確に汲み取り、戦務においてもそつがなかった。

昭和一四年の正月、久利雄は外地勤務での安否を気遣う両親を安心させるため、そして無事の帰国を報告するために帰省した。一月三日、思い立って母校（大中）を訪問したが、校長をはじめ多くの職員は休暇中で不在だった。当日の宿直日誌には、「海軍少佐樋端久利雄氏午前八時（来校）。校長宅に小使を赴かしめしも不在のため親戚に立寄るとて愴惶として帰らる」とある。

久利雄はその足で、町長をしている小学校時代の恩師内永官太を訪ねた。内外の動きに関心がある内永は、教え子に直截に訊ねた。「樋端はん、アメリカとの戦争の噂はどうなるん？」。久利雄は、対米戦争の有無や可否には言及することなく「やれば負けます」と応えた。内永が「では、なぜ負ける戦争をやるのか？」と聞いたが、久利雄は「それは言えません」。特高の眼が光っており、山本海軍次官の命が狙われていた時代のことである。教え子の口から出た「負けます」に、内永は腰を抜かさんばかりに驚いた。

よほど強く印象に残ったのであろう、後年、内永は何度もこの話を家族や周りの者に語っている。

「長門」が横須賀に在泊する機会に、家族を艦に招待する企画があった。久利雄は千代と子供たちを「長門」に招いた。兄妹は舷門の衛兵がピシッと敬礼してくれるのにびっくりした。久利雄は家族に自分の部屋も見せた。兵員はハンモックで寝ているが、父の部屋には専用のベッドが置かれていた。

八月三〇日、吉田が海軍大臣に栄進して後任の司令長官には、いよいよ待望の山本五十六中将が就いた。艦隊の最高指揮官である司令長官が、食事中の話題も仕事中心の実直な吉田から明るい性格の山本に代わり、聯合艦隊の雰囲気がガラッと変わった。久利雄は、初めて身近で山本の謦咳《けいがい》に接することになった。

いわゆる、山本の開戦チームが徐々に形成されるなか、久利雄は昭和一四年一一月一日付で第三聯合航空隊司令部付となる。真珠湾攻撃構想を胸に秘めた山本が、この重要な時期になぜ久利雄を手放したのか。単に人事当局の求めに応じただけなのか、あるいは他に思惑があったのか定かではない。久利雄は山本の同期生を岳父に持ち、人物・識見ともに群を抜く、海軍航空の星である。前者ではないだろう。

いずれにせよ、久利雄にとって、指揮官として前線に出る覚悟と思いは格別なものがあった。

斬新な戦法「樋端ターン」―第一五航空隊飛行長

昭和一四年一一月一五日、支那方面艦隊の隷下に第一四航空隊と第一五航空隊をもって第三聯合航空隊が編成された。第三聯合航空隊の担当は南支方面、司令官には寺岡謹平少将（海兵四〇期）が補された。同日付、久利雄は晴れて海軍中佐に昇進し、新編の第一五航空隊飛行長を命ぜられた。司令は山本親雄大佐（海兵四六期）、海大恩賜（首席）の司令と飛行長をいただく第一五航空隊の士気は、いやがうえにも高まった。

第一五航空隊で久利雄の部下となり、分隊長を務めた中村友男大尉（神戸高等商船学校航海科一四期）は、後年、「自分としても中攻搭乗中を通じて最高の練度と自信を持てた時代」、「この時期ほど充実し、しかも実戦場裡における戦の仕方が身についた時期はなかった。実戦における人の扱い方は山本司令に、綿密な戦の仕方は樋端飛行長に学んだ」と『海鷲の航跡』に記している。

第一五航空隊は昭和一五年一一月一五日をもって解隊となるので、当時、海軍航空の知恵袋と言われていた久利雄は、まるまる一年間山本に仕えることになる。

郷土の長老には、久利雄が「出征の際に、飛行機で実家の上まで飛んできて何度も旋回した。その時、家族に宛てた手紙を筒に入れて投下した」との伝聞がある。当時の海軍がそのようなことを許容したとは思えず、噂の域を出ない。美子（久利雄の甥忠重の妻）は、この話を一笑に付す。もし実際にあった話であれば、この頃（飛行長に赴任）のことであろう。もちろん、投下されたとする手紙は、実家には残っていない。上海からの帰途、実家に立ち寄った時には、ポーカーで稼いだ札束を鞄に一杯持っていた、との伝聞もある。当時、地元では「飛ぶ鳥落とす勢い」と言われた久利雄であり、地元民の実家（両親）に対する羨望などが、そのような作り話を醸したと思われる。

着任して日も浅い一二月中旬から翌一五年一月にかけて、久利雄は桂林、柳州、芷江等の強襲を指揮した。夜間爆撃も決行して大きな戦果を挙げた。この間、敵戦闘機の攻撃に曝されつつも、中国軍最大の補給路である滇越線を反復攻撃して同鉄道を寸断した。

昭和一五年一月一〇日、久利雄は桂林飛行場の爆撃作戦において、自ら発案した斬新な戦法「樋端ターン」を披露した。高速偵察機と渡洋爆撃にも使用された九六陸攻が協同、即ち両機種の利点を有機的に組み合わせて運用する戦術である。後年、山本（親雄）は講演の中で次のように述懐している。

十五空は、三聯空（司令官寺岡謹平少将）に属し、海南島に展開していた。十五空の任務は南支方面の航空撃滅戦、輸送遮断作戦、陸軍協力が主作戦であったが、重点は航空撃滅戦であった。当時中国空軍の主力は戦闘機であったが、比較的低速の中攻隊で優速度の戦闘機と空中戦闘で戦うことは極めて不利であった。そこで十五空飛行長の樋端久利雄中佐が新戦法を案出した。それは中攻隊に配属してあった高速偵察機、九八式陸偵三機を活用して協同する戦法であった。即ち偵察機の二乃至三機が中攻隊に先発して敵基地の情況を後から来る中攻隊に知らせる。敵の戦闘機は十数機以上は中攻隊の到着時刻を見計らって離陸して上空で待機する。中攻隊は偵察機の報告により敵戦配備の状況を知りつつ敵飛行場に向うが、中攻隊は敵基地の外周五十浬くらいの処に達すると直進せず待機する。戦闘機は航続力が短いから一時間半近くすると燃料補給のため着陸せざるを得ない。味方偵察機から敵戦闘機着陸開始の報告を得て中攻隊は敵基地に向って進撃し燃料補給中の戦闘機を爆撃するという方法である。

十五年一月十日桂林飛行場に戦闘機が集中したとの情報により、初めて樋端戦法をもって中攻二七、戦闘機二六、陸偵二をもって桂林飛行場を急襲し空戦により一六機を撃墜、爆撃により九機を爆砕する戦果を挙げた。

山本が従軍記者に「樋端中佐は爆撃の神様だ」と言うのが聞こえて、久利雄は顔を赤らめた。飛行長として、彼我の能力を的確に把握している久利雄であればこそ、発想できる戦術であった。

四月二七日天長節の日、支那方面艦隊司令長官及川古志郎中将（海兵三一期）は、桂林攻撃等の戦果を讃え第三聯合航空隊等に感状を授与した。

【感状】　第三聯合航空隊

昭和一四年中旬以降敵が南寧奪回を企図し中央軍十数箇師団を南下せしむると共に四川空軍の主力を前線に進出せしむるや　第三聯合航空隊は有隊と協同し機を逸せず機先を制して屡々長駆敵空軍基地を攻撃し　特に一二月三〇　三一日の両日抑州攻撃および一月一〇日の桂林攻撃においては友隊と協同見事なる戦闘を実施せり　此間累計敵機四九機を撃墜し又地上の敵機一八機を確実に爆砕して偉大なる戦果を収め以て南下敵空軍の大部を殲滅せり

又二月上旬賓容作戦の終局に至る迄約二ヶ月に亘り常に戦場の制空権を確保し連日不休幾多の困難を排除し友軍の作戦に協力して敵に多大の損害を与えたり

右は孰れも作戦に寄与せしこと甚大にして武勲顕著なり仍て茲に感状を授与す

昭和一五年四月二七日

支那方面艦隊司令長官　及川古志郎

【感状】　南支航空部隊指揮官の指揮せる

第一五航空隊　高雄海軍航空隊

昭和一四年一二月末より一五年二月中旬に至る期間　敵軍需品の最大補給路たる滇越鉄道遮断を企図し　十数回に亘り堅忍不抜克く長駆天候を冒し　山嶽重畳の嶮を突破し且つ屡々敵戦闘機の攻撃に曝露しつつ　困難なる鉄橋攻撃を敢行して数次これが遮断に成功したる武勲顕著なり　仍て茲に感状を授与す

昭和一五年四月二七日

支那方面艦隊司令長官　及川古志郎

戦略爆撃のさきがけとなった重慶爆撃に参加

陸海軍中央は、事変の早期収拾を企図し蔣政権に対する軍事的圧力を強化するため、蔣政府が逃げ込んだ四川省重慶を攻撃することに合意、この作戦名を「百一號（一〇一）作戦」とした。一〇一号作戦は陸海軍航空部隊の協同作戦であった。次の部隊をもって聯合空襲部隊が編成された。

第一聯合航空隊
　鹿屋航空隊（中攻常用一八機　補用六機）
　高雄航空隊（中攻常用一八機　補用六機）
第二聯合航空隊
　第一三航空隊（中攻常用二八機　補用一五機　陸偵四機）
　第一五航空隊（中攻常用二七機　補用一五機　陸偵二機）
　第一二航空隊（艦戰常用二七機　補用九機　貸与六機）
　　（艦爆常用九機　補用三機）
　　（艦攻常用九機　補用三機）

第一四航空隊中支派遣隊（艦戰九機　補用三機）

聯合空襲部隊の主任務は、四川省方面の敵空軍の撃滅、同方面における敵主要軍事施設と政治機関の撃破にあった。及川長官から職務を引き継いだ嶋田長官は、聯合空襲部隊の指揮を、将来の聯合艦隊司令長官と目される闘将山口多門少将（海兵四〇期）に委ねた。

昭和一四年末から一五年初頭にかけて輝かしい戦果を挙げた第一五航空隊は、五月一九日、一〇一号作戦に応じるため海南島の海口基地から漢口北西の孝感飛行場に進出し、第二聯合航空隊司令官大西瀧治郎少将の指揮下に入った。二二日、第一三航空隊とともに行った重慶（白市駅飛行場）爆撃では、再び樋端戦法を用いて地上の敵戦闘機一二機を爆破炎上させた。二三日には地上の戦闘機六機に命中炎上させた。作戦期間中、第一五航空隊は計四〇回出撃して獅子奮迅の働きをした。

連日、聯合空襲部隊の全可動機を重慶攻撃に指向した一〇一号作戦は、九月五日まで継続した。同作戦は市街を東からA、B、C、……地区に区分して地区別に爆撃する、いわゆる絨毯《じゅうたん》爆撃を企図したものであり、その後の戦略爆撃の先駆けとなった。

零戦が初めて戦線に進出したのは、七月二一日のことである。二個中隊一五機が漢口に駐屯する第一二航空隊の配属になった。八月一九日、重慶に向けて初めて出撃したが上空に敵影なく成果は得られなかった。しかし、一〇一号作戦終了後の九月一三日、重慶上空で中国軍機二七機を撃墜するという驚異的な戦果を挙げた。以後、零戦は破竹の勢いで戦果を拡大する。

嶋田長官は、聯合空襲部隊の功績に対して感状を授与した。

【感状】　聯合空襲部隊指揮官の指揮せし
第一聯合航空隊　第二聯合航空隊
第一五航空隊　第一四航空隊戦闘機隊の一部

昭和一五年五月中旬より九月上旬に至る四ヶ月の長期に亘り一〇一号作戦に参加し共に雄大なる攻撃力を集中して大挙長駆四川省の奥地攻撃を敢行すること四〇回に及び絶大なる戦果を収めたり

此の間攻撃部隊は天象地象の障害を克服し陸上偵察機隊の巧妙なる協力に依り敵第一線空軍兵力の大部を撃滅し又重慶の軍事政治重要機関を攻撃して概ね之を廃墟となし以て殆んど首都たる機能の大部を喪失せしめたり　之が為敵は物心両面に甚大なる打撃を蒙り重慶政府は将に潰滅に陥らんとするに至れり

本作戦は帝國戦史空前の壮挙にして武勲極めて顕著なり

仍て茲に感状を授与す

昭和一五年九月二一日

支那方面艦隊司令長官　嶋田繁太郎

久利雄の卓越した戦術眼が評価された大戦果

九月二三日、日本軍は英米の援蔣ルートを遮断するため、北部仏印に進駐した。この進駐に応じて、第一五航空隊を含む第三聯合航空隊はハノイに展開した。援蔣ルートとは米英等が中華民国（蔣政権）に物資を供給する補給路であり、香港ルート、仏印ルート、緬甸《ビルマ》ルートなどがあった。日本軍はこの補給路を遮断して、持久戦の構えを見せる蔣介石の兵糧攻めを企図したのである。援蔣ルートのなかでも、緬甸ルートは中華民国の生命線であった。久利雄が指揮する第一五航空隊は、この緬甸ルート、即ちビルマのラシオから雲南省昆明に至る滇緬路の遮断に任じた。

一〇月一三日、樋端飛行長は陸偵一機、零戦二機、陸攻二七機と艦爆九機を率いて、雲南省昆明の兵器工場を爆破した。ビルマから昆明に通じる自動車道は標高一〇〇〇メートルから、高いところは三〇〇〇メートルにも及ぶ。山頂には中国軍の高射砲が睨みを利かせており、渓谷に架かる吊り橋の攻撃は容易ではなかった。困難な状況ではあったが、一八日と二五日の両日、全陸攻をもってメコン河上流に架かっている援蔣ルートの要所、功果橋を破壊した。二六日にはビルマ国境沿いにあり中国軍が最後と頼むロイウキン飛行機工場（製作所）を爆破、二八日から二九日にかけてサルウィン河上流の恵通橋を爆砕して援蔣ルートを遮断した。

海軍次官・軍令部次長連名の祝電が、支那方面艦隊司令長官宛てに届いた。

祝ス南支航空部隊ガ長駆（アイウイン）飛行機工場を空襲シ之ニ潰滅的損害ヲ與ヘラレタル功ヲ慶祝ス

九月三〇日から一〇月二九日の間に、第一五航空隊は功果、恵通二橋の完全切断、ロイウヰン飛行工場の半壊、昆明主要軍事施設及び錫採練所を潰滅するという大戦果を挙げた。しかしながら、聯合航空隊の戦闘詳報（綜合戦果並ニ所見）には次のように記してあり、山本司令と久利雄の戦闘に対する姿勢、卓越した戦術眼を見ることができる。

滇緬路ハ「メコン」「サルウィン」ニ大河ニ懸レル功果、恵通兩大吊橋ヲ切断尠クトモ二、三月ハ使用不可能ノ損害ヲ與ヘシモノト認ムルモ敵ノ修理能力意外ニ大ナルコトモ予想セラルヽヲ以テ今後之ガ使用ヲ許サザル為ニハ連綿不断中攻隊（必ズシモ大兵力ヲ要セズ）ヲ以テ攻撃續行ノ要アリ

「ローイン」（筆者注：ロィウヰン）飛行機工場ハ概ネ潰滅セシモ尚一回程度ノ攻撃ヲ加ヘ得ラルレバ徹底的ナリ

昆明ハ其ノ主要軍事施設ヲ潰滅セシモ尚附近ニ多数ノ倉庫及ビ工場アリ之ガ潰滅ニハ中攻延三〇〇機程度ヲ要スルモノト認ム

果たせるかな、赫々たる戦果を挙げた第一五航空隊は一一月一五日付で解隊となり、機材と

人員は新たに編成される元山航空隊に引き継がれたのである。

飛行長として活躍する久利雄は、ある日占領後の南京に義弟（千代の弟）井上令蔵陸軍兵長（衛生）を訪ねた。陸軍であれば連隊長クラスの突然の出現に、営門の兵隊や令蔵の同僚は大層驚き緊張した。久利雄は令蔵の慰労を兼ねて、料亭で一献傾けた。このとき、令蔵が撮った写真が残っている。久利雄は少しはにかんでいるように見える。エリートコースを走り続ける久利雄の、人間的な一面を示す貴重な一枚である。少壮の海軍士官でしかも恩賜の軍刀組、フランス語が堪能でダンスもできるとなれば、宴席でもてないはずがない。欲を言えばもう少し上背が欲しいが、それも愛嬌である。こちこちの軍人ではなかったという事だ。「義兄は結構遊び慣れた風情でした」は、衣川の取材に応じた令蔵の懐古談である。

南京の料亭前で

常に余裕のある久利雄は、ただ目を吊り上げて戦闘に参加していただけではない。中国出征中の余暇には、上海のダンスホールで浩然の気を養った。内地に帰る前夜には、これも最後と徹夜で踊り明かした。付き合わされて疲れ切ったダンサーが、翌日は仕事を休んだとの後日談もある。

海軍省軍務局員として軍政の中枢に

海軍省は東京市麹町區霞ヶ關（現霞ヶ関二丁目）にあった。この一帯は、明治初期には陸軍の練兵場だった。海軍省は、東京駅なども手掛けたイギリス人建築家ジョサイア・コンドルの設計により、明治二七年に完成している。赤煉瓦造りの趣きある建物である。海軍士官は海軍省・軍令部を「赤煉瓦」と呼んだ。皇居側から南に、司法省、大審院、海軍省と赤煉瓦の建造物が並んでいた。海軍省と道路を挟んで向かい（西側）には外務省がある。海軍省の一階部は半地下で薄暗く、部外者の応接室や海軍省記者（黒潮会）室などがあった。記者室は玄関を入って左側に位置し、四〇～五〇人程度の収容能力があった。二階を海軍省が使用し、三階に軍令部があった。軍令と軍政の中枢が同じ建屋にあるのは素晴らしい。海軍省は戦後第二復員省となって、復員業務のみならず東京裁判の対策を講じる場としても使用された。その後、徐々に取り壊され、現在、跡地には中央合同庁舎が建っている。現存すれば、江田島の赤煉瓦生徒館同様、貴重な歴史建造物になっているだろう。歴史を破壊するのはいとも簡単だが、失ったものは二度と還ってこない。誠に残念なことである。司法省の赤煉瓦棟は生き残って国の重要文化財に指定され、法務関係資料の展示を行っている。

海軍省・軍令部跡には、中曽根康弘内閣総理大臣（元海軍主計少佐・短期現役士官六期）揮毫による石碑が建立されている。昭和六〇年一一月、財団法人海軍歴史保存会が建立した。碑は日比谷公園霞門の筋交い、中央合同庁舎第五号館（厚生労働省・環境省）の傍らにひっそりと佇む。「海軍省跡　軍令部跡　内閣総理大臣　中曽根康弘」と彫られている。背面には、海軍省と軍令部の略史を極めて簡潔に記す。略史の最後は、「同（筆者注：昭和）二十年十一月　海軍省廃止　海軍大臣　米内光政」で締められている。良くも悪しくも、我が国の海上防衛はこの地を中心に行われたのである。よくぞ碑を建立してくれたとの思いを抱く。

中国戦線において赫々たる戦果を挙げた久利雄は、昭和一五年一一月一五日付で海軍省軍務局第一課員に補された。かつて、軍令部員として参加した軍縮会議のときは一大尉の随員であり、如何に優秀であっても諸先輩を前にして、会議の主導権を握るのは難しかったが、いよいよ働き盛りの中佐参謀として軍政の中枢に登場した。

当時の海軍省は、大臣官房、軍務局、人事局、教育局、軍需局、医務局、経理局、建築局、法務局の八局の他、海軍文庫・調査及び電信の二課、海軍軍事普及部等で構成されていた。軍務局は海軍省の最も重要な一局で、海軍軍政に関する一般事項を所掌した。なかでも第一課は、主務とする海軍の制度や編成のみならず、海軍省各局が掌理する殆どの事柄に関与した。

軍務局長は岡敬純少将（海兵三九期）、直属の上司である第一課長はパネー号事件で世話になった高田利種大佐だった。久利雄は高田の下で一課のA局員に指定された。A局員は高田も過去に経験している、エリート中のエリートが就く配置である。正確を期すると、A局員は二名（AとÁ）配置されており、まずはÁに指定されて海軍の軍備全般を担当した。先任のA局員は、兵学校二期先輩の鹿岡円平中佐（海兵四九期）だった。翌一六年一〇月一五日付、鹿岡の転出に伴ってA局員となり海軍の制度を担った。Áの配置は、一期先輩の吉田英三（海兵五〇期）が襲った。吉田は戦後海上自衛隊に奉職し、初代の横須賀地方総監、初代の自衛艦隊司令（現自衛艦隊司令官）を務めた。

久利雄と同日付で第一課長になった高田は課長就任に際し、第一課長の命題としていわゆる海軍の機関科問題、即ち兵科将校と機関科士官の統合問題を決着させると自分自身に課していた。昭和一六年の春、高田は軍務局長の許可を得て一週間ほど熱海の水交荘に籠り、この問題に取り組んだ。席を空ける高田は、印鑑を部下の久利雄に預けて熱海に向かった。高田は課長の決裁権を委任するほど、久利雄を高く評価し信頼していたのである。パネー号事件における失敗の功名であった。

少壮士官のエースである久利雄は、海軍省の筆頭局・筆頭課・筆頭課員として、陸海軍航空委員会、海軍服制研究調査会、防備関係調査研究委員会、軍艦「高雄」事故査問会などなど、多数の委員会に幹事又は委員として名を連ねている。しかしこれらは、いわば片手間の仕事である。久利雄が汗をかいた、記録や成果物は残っていない。軍務局とはそういう部局であり、故に終戦時大量の資料が煙と化した。

昭和一五年一二月一二日付、海軍大臣の決裁を得て霞ヶ関（海軍中央）に「海軍国防政策委員会（略称政策員会）」が設置された。軍政と軍令が国防政策を横断して見る中枢機関であり、当時としては稀なタスク・フォースであった。委員長は軍務局長の岡敬純少将、委員には海軍省軍務局、兵備局と軍令部の課長以上が充てられた。委員が課長以上であることから、久利雄がこの委員会に関わったことを証明する資料はない。しかし、一一月一日付で軍令部出仕兼海軍省出仕を命ぜられていることから、久利雄がこの委員会と無縁であったとは思えない。何らかの形で、あるいは全面的に、委員の一員である高田課長の補佐役を担ったであろう。

第二課長は石川信吾大佐（海兵四二期）である。対米強硬派の石川は山口県の出身で政治家と陸軍に通じている、海軍では稀な、いわゆる政治将校だった。伊藤整一人事局長（少将、海兵三九期）は石川の二課長は危ないと渋ったが、陸軍との調整・連携を理由に石川を推す岡軍務局長が押し切った。果たせるかな戦後、この委員会が我が国を対米戦争に導いたとする言質を陸軍に与えることになる。もちろん実態はそうではない。帝國海軍に下克上はなかった。

昭和一六年一〇月二八日付、久利雄は「大本営に在る海軍大臣の常時随員」を命ぜられ大臣の懐刀となった。海軍大臣は、着任したばかりの嶋田繁太郎大将である。

西荻窪の自宅から海軍省への通勤には、省線（現JR中央線）を利用した。西荻窪で乗車し四谷で下車、四谷からはおよそ三キロメートルを歩いた。現在では、紀尾井町をはじめ歴史散策のコースになっている。天気が悪い日には、四谷見附から桜田門まで市電に乗った。現在は地下鉄丸ノ内線で二駅でしかないが、地下鉄が霞ヶ関から四谷に延びるのは戦後のことである。当時、系統11の市電は新宿〜築地をつないでおり、久利雄が乗ったのは四谷見附〜半蔵門〜三宅坂〜櫻田門である。櫻田門を降りると海軍省は目と鼻の先、司法省、大審院の向こう徒歩で五〜六分の距離である。

省線は国鉄（現在のJR）の前身であり、当時、鉄道省が管理していたので通称「省線」と呼んだ。東京市が経営する市電は、昭和一八年七月一日の都制施行に伴い「都電」になった。

徒歩の場合には、四谷駅を麹町方面に降り、上智大学のキャンパスを左に見て緩やかに五〇メートルほど下ると、紀尾井町の伏見宮邸が見えてくる。喰違見附跡から伏見宮邸を右に見て紀尾井坂を下ると弁慶橋（赤坂見附）に至る。赤坂見附から閑院宮邸を右に見て三宅坂方面に坂を上った後、平河町五丁目からは南東方へ直進。そして、四年前に完成した国会議事堂と陸軍省・参謀本部の間を抜けると、外務省越しに赤煉瓦の海軍省が見える。後ほど出て来る、同期生大井篤との議論はこの道すがらなされた。

ゆっくり歩くと三〇分ほど要するが、下り坂が多く、草鞋の中学校時代に比べれば楽なものである。見附、即ち江戸城の外堀見張り所を随時通過する通勤は、毎日が東京・江戸の歴史散歩である。しかも郷里と違って、道路周辺には豪奢な建物が並ぶ。陛下の御膝元で、海軍軍政の中枢に居られる喜びもあったであろう。

現在、伏見宮邸跡地にはホテル・ニューオータニ、閑院宮邸跡には参議院議長公邸がある。

久利雄は軍服を纏って通勤するのが大嫌いで、常に背広を着用した。中折れ帽をあみだにかぶり、フランス帰りのアイデンティティを示した。背広の襟元には海軍省入門時の身分証明となる、錨マーク入りの青色バッジが光っている。シャイで階級や権威を笠に着るのが殊更嫌いな久利雄は、電車の中で目ざとい学生がバッジを見つけて、「あれは高等官だ。海軍士官に違いない」と小声で話すのが聞こえ、不愉快だったと述懐している。

少壮軍務局員の情勢認識

日本は中国大陸という泥沼に足を踏み入れて、その対応にもがいていた。そして、米国との関係は益々悪化していた。久利雄が少壮の軍務局員として、実際にどのような仕事をしていたのか、久利雄に与えられた任務・業務は何だったのか。「樋端久利雄」の名前がある現存資料は、久利雄が主務者として汗をかいた、数件の勅令改正だけである。海大首席の久利雄の任務が、官吏がやるような規則の改正であろうはずもない。決して世に出ない（出すことができない）、しかも一人で行う任務があったはずである。

三期後輩の中島親孝（海兵五四期）は『聯合艦隊作戦室から見た太平洋戦争』に、「樋端参謀は一見風采のあがらない人であったが、前後クラスに類をみないという秀才で、軍政方面でも軍令方面でもゆくところ可なるざるはないといわれていた」と記している。

同じ時期に海軍省勤務（調査課員）をしていた、同期生大井のメモが残っている。四ツ谷から海軍省に至る道すがら、時局について意見交換したものである。

（昭和一六年）July 15　火　曇　涼シ（朝22℃）

朝、四谷カラ樋端ト。

蘇ニ対シ陸ハ仕掛カケルダラウ。戦争ハ不可避ダラウ。米ハ来ナイカモ知レヌ。来タラ大変ダガ負ケテモ明治維新頃。逆戻リノ程度ダラウ。樋端ノ意見ダ。

僕ハ蘇トヤッタカラ米ガ直グ来ルカ否カハ固ヨリ場合ニヨリケリダ。米ガモット欧州ニ深入リシタ后ナラ極東ニ来ル公算ガ少イ。併シ蘇ガ元気デ而モ米ガ独ト余リトリ組ミ合ハヌ中ニハ日本ハ手出シヲスルト米ト組ム事ニナル。米トノ戦争ハ長期戦ダ。長期戦ト云ッテモ日本ノ国力ハ蘇米ニ対シテハ二三年シカ持ツマイ。夫迄ニ米ヲ負カスコトハ出来マイ。南方共栄圏モ Asset トハナルマイ。経済力ガナクナルト思想的ニ混乱スル。混乱スルト内部崩壊ニナル。若シ米ガ日本ニ条件ヲ強イル事態トナルナラバ天皇政治ガ問題ニサレル。ソレハ明治維新前ニ逆戻リダ。楽観ハ出来ヌ。

これは大井の日記なので、当然のことながら大井自身の見解が大部を占める。久利雄の意見として記されているのは冒頭部分だけである。しかし、久利雄も大井の見方に同意であっただろう。もし久利雄が大井に反対意見を述べたならば、その旨の記述があるはずである。また、故郷の恩師や同窓生が残した久利雄の発言からしても、久利雄の対米見積もりは大井の記録に重なる。

結果を知っている後世の我々が、米国に対する見積もりが甘い、と批判するのはいとも簡単であるが、両者の情勢認識や見積もりは的確であり、海軍の知性を髣髴とさせる。同期生の両者に共通しているのは、対米戦争は不可避としながらも、「米国とはやりたくない」そして「やれば負ける」の情勢判断である。

残念ながら、彼らの見積もりは数年後に的中する。

大川中学校の後輩田中香苗は、『白鳥町史』に次のように記している。

昭和一六年一二月八日、日本海軍はハワイを空襲した。思いもよらぬ奇襲作戦の成功であった。この年の秋、対米戦争開始の日が密かに論議されていた。ハワイ空襲の数日前、赤澤新（大中一五回生で、帝國製薬会社社長）、樋端大佐（著者注：当時は中佐）と小生で一席新橋の料亭で呑んだことがある。そのとき樋端大佐は「でっか～いことがあるさ」と言ったものである。一二月八日の朝、これだったのか、と思い出した。日本海軍が航空母艦重点主義に向かった新方針を作り上げたのは、海軍恩賜の短剣の樋端大佐だった。そして山本長官とともに戦死した。その直後軍令部の課長連、即ち大佐連中と話したとき、同期生の一人は「山本聯合艦隊司令長官の代りはある。樋端の代りはないのだ」といった言葉が、耳に残っている。

真珠湾奇襲、そのとき久利雄は……

昭和一六年一二月八日午前六時、大本営陸海軍部は「帝國陸海軍は今八日未明西太平洋において米英軍と戦闘状態に入れり」と発表した。引き続き午後一時、大本営海軍部は「帝國海軍は本八日未明ハワイ方面の米國艦隊並に航空兵力に対し決死的大空襲を敢行せり」と発表し、日本中が歓喜と興奮の渦に飲みこまれた。帝國海軍の機動部隊がパールハーバーを奇襲攻撃し、我が国は本格的な対米戦争に突入した。

明くる一九日の朝日新聞は、「長期戦もとより覺悟　戰時経濟に不安なし」の大見出しで国民を煽った。

二日後の一二月一〇日、海軍航空隊はマレー沖において、シンガポールから出撃した英東洋艦隊の新鋭戦艦「プリンス・オブ・ウェールズ」と巡洋戦艦「レパルス」を撃沈した。航空機が航行中の戦艦を沈めた、海戦史上初の快挙であった。

久利雄は自宅で、でんぐり返しをして「やった〜!」と叫んだ。久利雄が歓喜したのは、海戦の勝利そのものに加え、このときハノイから出撃した攻撃部隊、即ち元山航空隊は、久利雄が飛行長時代に徹底的に鍛え上げた、第一五航空隊を母体とする部隊であったからだ。

久利雄がでんぐり返しをしていた頃、真珠湾攻撃の最前線（南雲機動艦隊の航海参謀）にいた同期の雀部利三郎は、戦後、クラス会誌『あの海あの空』に当時の模様を記している。


一一月二六日千島の単冠湾を出航して以来私の毎日は変化極まりない北太平洋の冬季天候や海潮流と取組んで三十数隻の大艦隊である機動部隊を如何にして隠密に且予定の時期にハワイ北方二〇〇〇浬の地点に持って行くかということに全精力と全神経が結集されて居た。出航以来勿論着のみ着のままである寝食も艦橋直下の作戦室。まあいえば十数年に亘り自分の習得した全知識と経験と現在出し得る能力の総てをこの行動にかけているという感じだった。……（中略）……今日（筆者注：真珠湾攻撃の前日）は各艦とも乏しい水を使って風呂を沸かし総員交代に入浴し休養し心身共に明日の戦斗に備える様計画されてゐる。私も入浴をすませて他の者と同じ様に下帯から下着軍服全部所持のものの中から一番上等な一番清潔なものに着替えた。これは古来日本武士の嗜みと云われて居るがこれは決して伊達ではなく戦傷の際の化膿を防ぎ又死恥をさらさぬ為である。着衣後爪を切り髪の毛を一はさみし一緒に半紙に遺髪として引出しに納めた。明日艦橋至近に一発の爆弾でも中れば私の身体は粉々に飛んでしまうだろう、これだけが此の世に残るかも知れぬ等思いながら。

武士道健在なりである。

一二月二六日、支那事変の生存者論功行賞（海軍第八回）が海軍省と内閣賞勲局から発表され、大手新聞は受賞者を一斉に報じた。功績特に抜群とする優秀賞（殊勲甲）一九人のなかに、「功三級金鵄勲章・勲三等旭日中授賞」の栄に浴する、久利雄の名前があった。朝日新聞は「ビルマ・ルート爆撃に威名を馳せた樋端久利雄中佐」と報じ、海鷲部隊長草鹿龍之介大佐（海兵四一期）、陸戦隊の猛雄續木禎弌中佐（海兵四六期）とともに、「いづれも武功抜群者として輝いてゐる」と讃えた。

功三旭三　中佐　樋端久利雄　香川

海軍奥地攻撃部隊の一部隊長として十四年十月、最初の成都夜間大空襲に参加、壮烈な空中戰の後、太平寺飛行場に巨彈の雨を降らせた上十五万の傳單を散布した　その後も引續き重慶防衛の重要飛行基地を次々と爆撃支那空軍再建の夢を打破して偉勲を樹てた

実際に受賞したのは昭和一五年四月二九日であり、併せてご下賜金六三〇〇円を賜った。上記は、海軍の第八回論功行賞として、内閣賞勲局・海軍省が公表したものである。

同日付、朝日新聞の一面トップは「大英帝國の一角崩る」の見出しで、前日の香港島イギリス防備隊の降伏を誇らしく伝えている。

この栄誉がよほど嬉しかったのであろう。いつもは軍服を嫌がる久利雄が、この夜は軍服の上に外套を羽織って帰宅し、「ホラ！」と両手でマントを開いて見せた。胸には受章した二つの勲章が燦然と輝いていた。千代と子供たちは、夫・父を眩しく見つめた。

数日後の休日、久利雄は風呂敷包みを抱えて、新宿伊勢丹の写真室に向かった。軍服に着替えて金鵄勲章を佩びた久利雄が撮影室に入ると、写真技師（カメラマン）は大層驚いて「ご殊勲ですね」と相好を崩した。当時のことである。カメラマンにとっても、大変誇らしく名誉なことであった。

この写真は、晴れ姿を郷里の両親に見せるために撮ったものである。現存する写真では、最も晴れがましい写

真であり、母校大川中学校（現三本松高校）の資料館には、等身大の同じ写真が掲げられている。親孝行のために撮った写真が、まさか遺影になろうとは、そのとき久利雄も家族も夢にも思わなかった。

勲章は、中央にある喉元の上が功三級金鵄勲章、その下が勲三等旭日中授章、そして胸の中心から右へ勲四等瑞宝章、大礼記念章、事変従軍記章、紀元二千六百年祝賀記念章、支那事変従軍記章、大満州国建国功労章と続き、一番右端が日本赤十字社特別社員章である。記念章、従軍記章は賜った順に内から外へ装着する。満州建国と赤十字は国家の記章ではないので、末尾となっている。

勲四等瑞宝章（昭和一三年一〇月受章）の前に勲五等瑞宝章を受賞（昭和九年四月）しているが、等級が累進した場合には、以前の勲章は返納することとされており、したがって勲五等瑞宝章は佩用していない。大礼記念章は昭和三年一一月一六日に授与されており、昭和天皇即位礼の記念によるものである。

長男一雄は、功三級を受章した時に父が「これは論功行賞の一部だ。まだ功績の対象は残っている」と言ったのを記憶している。海軍省で論功行賞にも関わり、その細部に知悉している久利雄には、今回の受賞が全てではないことが解っていた。一雄はまた、自宅で勲記は見た記憶がないという。書類の保存に拘泥しない久利雄ゆえ、庭の焚火で煙になったのかもしれない。

久利雄と同時期、海軍省に勤務した東大卒の書記官杉田主馬の回想を、衣川宏『ブーゲンビリアの花』は次のように記している。

私は学生時代、軍人というのは馬鹿と石頭の集団と考えていたし、海軍省に入ってからも海軍士官の秀才なんて大したことはないと日頃思っていたが、樋端さんには驚いた。彼の所属する軍務一課から起案してくる文書は完璧で、修正を要することは全然なく、他課のように安易に訂正したり妥協することはしなかった。また何か疑問点があって彼に質問し説明を求めると正に理路整然として一部の隙もなかった。懇切丁寧に軍事の専門事項も解説し、その態度も謙虚で驕り高ぶるところは無かった。これが本当の海軍の秀才かと頭が下がるおもいであった。

対米戦争、久利雄の本心

戦争が始まって数日後、久利雄は娘の英子に「この戦争は直ぐに終わるよ」と言った。これが、妻（千代）や岳父に言ったのであれば、それはまた違った意味がある。しかし、日米開戦の意味さえもよくは理解できない幼子に語った言葉だけに、久利雄の本心と本音が出ている。早く戦争が終わって欲しい、という願望だけではなかったはずだ。しかし同時に、娘のために平穏な日々を願う気持ちも交錯する。

真珠湾攻撃を指揮した山本五十六は、攻撃決行に先立ち、及川海軍大臣宛「勝敗は第一日において決するの覚悟が必要」と書き送った。中学四年の時に、日米海上決戦不可避と見た久利雄の頭には、山本と同じように「事態の早期収拾」があり、そしてそれは可能だという確信があったのではないか。しかし、山本や久利雄の意図とは裏腹に、その後の事態は混迷を極めていく。

第一一聯合航空隊の参謀であった同期の安延多計夫は、司令官戸塚道太郎少将の意を受けて度々海軍省を訪れ久利雄と議論した。安延、即ち戸塚と久利雄の間で、どのような議論がなされたのか、具体的な資料は残っていない。以下は筆者の推察である。

戸塚は昭和一六年四月一〇日付で、第一航空戦隊司令官（少将）から第一一聯合航空隊司令官（中将職）に昇進したが、階級は少将のままだった。戸塚は職階に応じて中将旗を揚げさせろと海軍省に要求した。これに対し久利雄は「それはできません」と応じた。戸塚が中将に昇進するのは、昭和一六年一〇月一五日である。戸塚は、支那事変に応じて聯合航空隊が新編されたときにも大佐のまま司令官に補されており、その時の思いなどがあったのかもしれない。人事上いろいろ事情はあるが、下位階級のまま上位の職を占めるということは、その人の能力が一階級高く評価されているということでもあり、管理事項について云々するのは当を得ていない。

久利雄は相手が将官であろうと、正論を曲げることはなかった。安延もまた久利雄に理があると思っており、「今日本が危機に直面している際、司令官の旗の問題など、どうでもいいではないかと思った」と苦しい胸の内を吐露している。

ある朝、大きな旅行鞄を持って宮城前を歩いていた時、憲兵に「おい、待て」と呼び止められて職務質問を受けた。海軍省軍務局員の名刺を出すと、尚更怪しまれてしまった。埒が明かず憲兵と押し問答をしているときに、たまたま軍服を着た軍務局員が通りかかり「樋端、どうしたんだ?」と救出してくれた。新婚時の、高松築港桟橋事件に次ぐ珍事であった。よほど官憲好みの目つきだったのだろう。

特に会合等がない限り、九時前後には帰宅した。西荻窪駅前の商店街に、一軒の今川焼屋があった。冬の寒い夜は、よくその店に立ち寄って今川焼を五個求め、自宅まで一〇分程度の道すがらに二個を食べ、残り三個を千代と子供たちのお土産にした。父が「はい、お土産だよ」とオーバーのポケットから出してくれる、紙袋に入った今川焼の温もりと美味しさは、幼い子供たちにとって格別であった。

ときに軍服姿で店の前を通ると、店主は久利雄の顔を覚えていて時候の挨拶をした。商売人は、官憲よりも人を見る目が肥えている。

子供たちは、厳格な父の姿を見たことがない。勉強のことや躾に関して、叱責された記憶はない。優等生だった親にありがちな、「勉強しろ。一番になれ」などと言われたことは一度もない。フランスに滞在し、フランス人から仏語を習った経験からも、褒めて育てる欧米流の育て方を体感していた。子供たちは、父の言動や振る舞いから、ひとの生き方やことの善悪を自然に学んだ。

久利雄がどれほど娘の英子を愛おしく思っていたか。ある日二人が縁側で日向ぼっこをしているとき、父は娘に「淑恵ちゃんは勉強などしなくていいんだよ。お父さんが立派なお婿さんを探してあげるからね。淑恵ちゃんは縁側で座っているだけでいい」と言った。

休日は家族総員で朝寝をするのが、樋端家の慣例であった。義母が所用で訪ねてきて、「あらあら」と笑った。久利雄は布団の中で、よく「酋長の娘」を口ずさんだ。南方での勤務を懐かしく思い出していたのであろう。英子が久利雄の布団に潜り込むと、父はフランス語を教えた。

雨が降っていない休日には、子供たちと焚火をするのが日課だった。焚火をカモフラージュにして、機密書類を処分するという話ではない。庭を掘って、とにかく手当たり次第に燃やす。紙屑はもちろんのこと、購入した本や手紙、貴重な資料も全て煙と化した。従って、自筆の手紙やノート類はほとんど残っていない。家族が大切に保管していたものや、讃岐の実家に預けたものだけが、辛うじて生き残った。常人には考えられないことだが、読んだものは全て脳みそにインプットされるのだ。

その頃、樋端家は井上邸から北に二〇〇メートルほど下った、善福寺川畔の文化住宅に移っていた。二階建ての鉄筋に四家族が住んでいた。水洗トイレがついており、今風にいえば高級マンションである。善福寺川は、幅一〇メートルほどの小川である。その頃は武蔵野の面影を残す雑木林が点在しており、川には魚、林には多数の昆虫が生息していた。現在は高級住宅街になっている。やんちゃで何にでも興味を抱く子供たちにとっては、天国のような世界だった。

休日には子供たちと周辺を散策し、父と息子は土手の上で立小便をした。父は息子に「これが放物線だ」と教えた。知的な家庭では、小便も勉強の機会なのだ。理数系に強い久利雄らしい、自然の中での教育であった。

省線で一駅の井之頭公園や豊島遊園へは、家族そろって歩いて行った。英子はいつも父の背中にいた。それが、父と娘の最大の楽しみだった。週末には決まって銀座か新宿に出かけ、映画を鑑賞して外食をした。タカノ・フルーツパーラーでケーキを食べるのが、子供たちの楽しみだった。久利雄の好物は、新宿中村屋のインドカリーだった。中村屋では「お代りの客」で有名になり、そのうち注文しなくても大盛りカレーが出てくるようになった。

千代はしばしば琴を奏でた。これに合わせるべく、久利雄は尺八に挑戦した。井上邸には千代が使ったピアノがあり、英子も五～六歳の頃から、母の手ほどきを受けた。ことピアノに関しては、千代はことのほか厳しかった。英子はピアノを始め、モダンバレエ、長唄など、各種の習い事を求められた。三味線も買ってくれた。「毎日がおけいこだった」と英子は回想する。

そこには、士族の出であることを誇りとする、祖母（キヨ）の意向があった。

何事にも他の追随を許さない久利雄ではあったが、尺八の技量は大したことなかったと子供たちは笑う。

軍務局員は、土曜から日曜にかけて、しばしば箱根、熱海、伊東方面で秘密会議を持った。多少は時局を論じたであろうが、過激な中央勤務を癒す羽伸ばしである。久利雄は逗留した温泉宿が気に入れば、家族のために次の休日を予約して帰った。それが温泉のお土産だった。久利雄の心遣いを、義母と千代、そして子供たちは有難く受け止め、しばしば温泉と美味しい食事を楽しんだ。心優しい、家族思いの軍人であり海軍士官であった。

フランス仕込みの社交ダンスは周囲の追随を許さず、自宅でも子供たちの前でステップを踏んで見せた。宴会では、「ダンスの上手な士官さん」で芸者衆に大層もてた。

戦争の足音が徐々に近づいているなかではあったが、千代や子供たちにとっては至福のひと時であった。先を見通すことができる久利雄は、つかの間の家族孝行に精を出した。久利雄にとっても家族にとっても、人生で最も安らぎのある幸せな時間であった。

そのかけがえのない時間は長くは続かず、真珠湾攻撃、これに続くマレー沖海戦の後は状況が一変し、海軍省に泊まり込む日が多くなった。

久利雄が海軍省勤務をしている最中の昭和一六年、岳父の井上予備役大佐に輸送船の監督官として招集がかかった。義理の息子である久利雄は、岳父に軍刀一振りを謹呈した。従軍した井上は、フィリピン攻略作戦で顔面を負傷して高雄（台湾）の海軍病院に入院、翌一七年、久利雄が聯合艦隊に出る前に帰還（復員）した。

第六章　ソロモンに散った俊秀

「負け戦の後始末」――二回目の聯合艦隊参謀

昭和一六年一二月八日の真珠湾攻撃、これに続く二日後のマレー沖海戦の戦果によって日本中を歓喜させた帝國海軍ではあったが、半年も経たない昭和一七年四月一八日には米B25爆撃機による帝都空襲を許し、六月五日にはミッドウェー海戦において大敗を喫した。この大打撃を境に、帝國海軍は苦境から敗戦へと負のスパイラルに陥っていく。

帝國海軍が米豪分断という戦略目標を達成するためには、ソロモン諸島における制空権の拡大が必須の要件であった。このため、前進航空基地としてガダルカナル島に飛行場を建設すべく、六月から海軍陸戦隊約二五〇名と二個設営隊計二五〇〇名をガ島に送った。日本軍の飛行場建設が終わるのを待っていたかのように、八月七日、米軍はガダルカナル島に上陸を開始した。以後、大本営がガダルカナル島の放棄を決定する一二月三一日まで、帝國陸海軍と連合軍は熾烈なソロモンの死闘を繰り返したのである。

ガダルカナル作戦の末期、帝國海軍、就中《なかんずく》我が国が存亡の危機に直面している最中の昭和一七年一一月一三日、久利雄は聯合艦隊司令部付、一一月二〇日に最後の配置となる聯合艦隊参謀（航空甲参謀）を命ぜられた。二回目の聯合艦隊参謀である。聯合艦隊の舵取りが困難になりつつあるとき、これを救援すべくエースが登場した。当時、人事局でこの人事に関わった一期後輩の猪口力平（海兵五二期）は、久利雄を「天才的頭脳の持ち主であり、航空出身で山本好みのキャリアだが、既に独立独歩の風格あり、将来の海軍を背負って立つ逸材とされていた」と極めて高く評価している。

久利雄の聯合艦隊参謀人事には、山本長官の強い引きがあったと見る。そうでなければ、過去にこなした配置、しかも自分よりも後任者の後を襲うことはない。いわゆる「余人を以って代えがたし」の人事である。戦局は益々厳しく、帝國海軍が崖っ渕に立たされているこの時に、少壮のエースを登板させた山本の意図は那辺にあったか。現在の困難な局面を打開するために、例えば「い」号作戦のために航空のエースを欲したのか。あるいは近い将来の敗戦を見越して、いわば「海軍（聯合艦隊）の後始末」のために久利雄を呼んだのか。それは「本人のみぞ知る」である。しかし、指名された久利雄は、負け戦の「しまい（後始末）」と覚悟を決めていたであろう。

最前線に出るのを心配する義母キヨに久利雄は、「前のように飛行機に乗るのではなく、今度は大きな艦《ふね》です。安心ですよ」と不安の払拭に努めた。

一一月一九日、久利雄はトラック泊地に停泊している聯合艦隊旗艦「大和」に乗艦、久利雄と同じように山本の信任厚かった作戦参謀三和義勇大佐（海兵四八期）と入れ替わりに着任した。義母に説明したとおり「大きな艦《ふね》」であった。着任を申告する久利雄に山本長官は、海軍省での激務を労《ねぎら》うとともに、厳しい情勢下における久利雄への期待のほどを示した。その夜、前任者である同期の佐々木彰中佐から、簡単な申し継ぎを受けた。気心が知れた仲であり、「貴様」「俺」で話が通じた。中央で現下の情勢を把握している久利雄ではあったが、改めて現地（最前線）の厳しい状況を確認した。

翌二〇日の朝、司令部参謀・職員への披露と挨拶を終えた久利雄は、航空甲参謀としてエンジンを全開にした。

久利雄が着任して間もなくの一一月二七日、新着任者の歓迎会を兼ねた宴会が「小松」で行われた。聯合艦隊参謀長宇垣纏少将（海兵四〇期）が残した貴重な手記、『戦藻録』一一月二七日の項には、「下幕僚大分以前より宴会を望みありしが作戦の情況暇を与えず、荏再延期中の処大分苦労しあり副官に命じ本夜トラックの新設小松亭にて一宴を張らしむ」とある。

料亭「小松」は明治一八年、横須賀で創業し帝國海軍と共に歩んできた。「小松」を知らない海軍士官はもぐりであり、歴史的にも価値ある料亭である。平成二七年八月には、地元の小泉純一郎元総理をはじめ多数の来賓を迎えて、創業一三〇周年記念行事が大々的に行われた。残念ながら平成二八年の五月一六日、火災に遭い歴史に残る建屋と貴重な資料が煙になった。海軍料亭「小松」の一日も早い再建を熱望するものである。

昭和一七年二月一五日のシンガポール陥落を機に、海軍の要請に応じて、聯合艦隊の前進根拠地であるトラック諸島の夏島に支店を置いた。通称「トラック・パイン（松）」と呼んだ。風雲急を告げる状況下ではあったが、建築資材や畳建具などは海軍籍の徴用船で運び、純日本風の「料亭小松」が誕生した。最盛時には、五〇～六〇人の芸子を擁し現地人も雇用した。横須賀本店の芸子を連れて行くわけにはいかないので、横浜・東京から募り横須賀本店で一ヶ月教育した後、夏島支店に送り込んだ。慰労会や壮行会、クラス会はもちろんのこと、しばしば会議でも使用した。

正月一三日には航空関係者一〇名が参加して、「小松」で幕僚会議を行った。会議の後は宴会である。この時には、若女将（小松直枝）が「浅間丸」に乗船し、はるばる横須賀からトラックに出向いていた。若女将にとっては初めての来島である。久利雄や航空乙参謀の室井捨治少佐（海兵五四期）をはじめ、参会者は女将の心意気に感激したものである。

トラック・パインは、昭和一九年二月一七日から一八日の米軍による大空襲で崩壊、従業員にも被害（爆死）が出たことから、これを機に店をたたんだ。

他の参謀連中が口角泡を飛ばして激論を戦わしているとき、久利雄はいつもの眠ったような格好で他の発言を聞きながら、最後にはビシッと所信と結論を示した。周囲からは、「さすが」と一目置かれる存在であった。

久利雄が聯合艦隊司令部で勤務したのは、昭和一七年一一月二〇日から戦死する一八年四月一八日までのおよそ五か月間であり、この間に久利雄がどう動いたのかを示す資料はほとんどない。唯一の手がかりは、『戦藻録』と『高松宮日記』である。

『戦藻録』一二月一三日には「ラボール（筆者注：ラバウル）出張中の樋端参謀、本朝帰艦す報告の中に陸軍司偵に依る空中写真より判ずるに、ガ島には六個の飛行場あり。彼の施設は日を遂ふてコリ岬より東方に完成しつつあるを見る」とある。

『高松宮日記』一二月一〇日に「昨日聯合艦隊先任参謀、コサ（傍線筆者）打合ニ来部、午前状況判断等説明アリ」とあり、編者は脚注で「コサ」を「航空甲参謀樋端久利雄」と説明しているが、航海参謀の誤りである。『戦藻録』一二月一六日に、「先任参謀航海参謀（傍線筆者）東京より、渡邊参謀ラボールより帰艦」とある。航海参謀をコサ、航空参謀はコクサと呼んだ。高松宮の記載誤りではない。

久利雄にとって最後の正月になる昭和一八年の元旦を、トラック泊地の「大和」で迎えた。新春を寿ぎ、航空乙参謀室井中佐と下士官を従えて撮った写真が残っている。これが久利雄最期の写真になった。

昭和18年正月

左手に保持している軍刀は、薩摩藩の刀鍛冶波平《なみのひら》行安《ゆきやす》の作である。行安は波平第六三代の名匠で、久利雄自慢の軍刀であった。最後の一式陸攻に乗り組む際にもこの軍刀を保持しており、貴重な遺品の一つになった。現物が他の遺品と共に、焼損した生々しい姿で母校（三本松高校）資料館に展示されている。

当時の聯合艦隊の動きを知り得る貴重な記録『戦藻録』は、昭和一八年一月一日から四月二日までの第六巻が欠落している。即ち、久利雄が聯合艦隊参謀として勤務した期間の大部が抜けている。この間には、久利雄の動きを確認できる記載もあったであろう。『戦藻録』は先任参謀黒島亀人大佐（海兵四四期）が、極東軍事裁判の証人として出廷するに際に宇垣の遺族から借り出し、電車内において紛失したとされる。この一級資料は、どこに消えたのか。真偽のほどは現在も明らかになっていない。電車で紛失したという、子供だましの言い訳が世間一般に通じるわけもない。帝國海軍の闇の部分かもしれない。

紀元節の二月一一日、山本は指揮官旗（将旗）を「武蔵」に移し、聯合艦隊司令部は、より通信能力に優れる最新鋭艦に移乗した。「武蔵」は聯合艦隊司令部が乗艦する、最後の戦艦になった。

当時、海軍省人事局員であった寺井義守中佐（海兵五四期）は、『ある駐米海軍武官の回想』で次のように記している。

> 中でも配員上最も困難な母艦搭乗員の補充に苦心したのだが、昭和十八年の二、三月頃、連合艦隊の参謀が上京して、母艦機をソロモン方面の基地に派遣し、基地航空作戦に従事させるということで、私の了解を求めた。これは軍令部も承知済みだという。私は「母艦搭乗員の養成は長く時間が掛かるので、基地で消耗することはどうか」と言ったが、「連合艦隊側は長官以下承知のこと」というので私も仕方なく同意した。

上京して調整にあたったのは、航空乙参謀の室井中佐である。『室井日記』には、三月一〇日の項に「軍務局、人事局、航本（筆者注：航空本部）と連絡す」とある。聯合艦隊は「い」号作戦に先立って、人事局にも仁義を切った訳である。

慈愛に満ちた家族への手紙

英子が可愛くて仕方のない久利雄は、三月三日のひな祭りに添えて葉書を書いた。内容は慈愛に満ちているが、漢字がふんだんに使われている。国民学校（小学校）三年生の英子は、この程度の漢字が読めたということだ。英子にとってこの一葉は宝物であり、今も大切に保管している。

英子あての葉書

「武蔵」から家族に宛てた手紙がある。日を置いて二回にわたって認《したた》めたものであり、一回目の日付は三月二四日、二回目の日付はない。「い」号作戦の準備が終わって、一息ついたときに書いたものであろう。封筒のあて名は「樋端清恵様」となっている。これは宛てる人物をカモフラージュしたものではなく、先述のとおり家族を別名で呼んでいたことによる。封筒表の左上に赤字で「軍事郵便」とあり、同じく赤字の「検閲済」の下には担当者（福崎）の押印がある。軍事郵便なので切手や消印はない。封筒裏には「横須賀郵便局気付　軍艦武蔵司令部　樋端久利雄」とある。便箋四枚に万年筆で書かれた、遺族にとって貴重な自筆の手紙である。千代が、長男一雄の左足骨折等について認めた手紙への返書であった。この手紙が、絶筆になった。手紙は千代の没後、一雄が遺品を整理していて、柳行李の一番下に大切に保管してあるのを発見した。

二月　廿二附手紙受領
秀興（筆者注：一雄の別称）足を折ったとの報に少々悲観したが致し方なし
大いに出来る丈の事はやって呉れ　各部の人には色々世話になってゐるらしいが山屋さん（筆者注：西荻窪駅前の食糧店主）と梶野さん（出入りの知人）の方へは小生よりも御禮を出して置く
この手紙も軍事郵便とすると相當閑がかゝると思ふ
當方は相変らず元気でゐる
「ビオカルク」（筆者注：栄養剤）田中金一君から又々大きな包を艦隊司令部まで送って呉た　「ビオカルク」は全く處理の仕様なし
往生してゐる
小生　艦隊司令部でうまいものを食ってゐるので次第に肥えて来た　暑さの際は　痩せるのを普通としてゐるがよくよくの事と思ふ　其方の方はピーピーして少し細くなってゐると思ふ

非常時だ　頑張れ
秀興に　元気でやる様に云って貰ひ度　足は癒り始めると全然痛くないから退屈してゐると思ふ

二伸

手紙を書いて出さうかと思って机の上に置いてあった所三月中頃に書いたてがみ来たので又々少し書き足すことにした
秀興君も次第に快方に向きつゝあると書いてあるので少々安心してゐる　外傷だから大丈夫だ
田舎の姉さん（筆者注：兄武一郎の妻）が病気をしたとか　これにも少々驚いた
色々と変な病気になるので　全く　豫想がつかない　最近小生　身体検査があったので目方を測ったら十六貫目になってゐた　内地を出るときより　丁度一貫目位肥えたらしい
自分でも少々肥ったと感ずる程だ
これで戦争に来てゐるのかと思ふ
處で　手紙に依ると　最近に到り　子供を産んでもよいと云う風に　心境の変化を来たしつゝある由
國家の為にも吾輩の為にも　眞に慶賀の至りに堪えない　更に一層　心境の変化せんこと

を希ってゐる
所で内密の話しだが少々吾輩もお前に会い度くなってゐる　戦時下已むを得ぬが
自然の要求で仕方がない　賢察され度い

彼方此方と手紙を出す所が増えたので書かう書かうと考えて居るのだが　さて何を書いて
よいのやら　出鱈目も書けないし思案してゐる間に　つい　いやになって書くのを止して
了ふので一向進捗しない
その中に元気を出して書いて見やうと思ふ

久利雄

この手紙には、英子宛の手紙が同封されていた。

淑恵ちゃん　お正月に書いた手紙を二三日前にもらひました　全く長くかかると思ひます
手紙を見ると色々なことを覺（オボ）えたやうですね
毎日毎日かしこくなつて行くと思つてゐます
時々お兄さんと喧嘩してゐるでせう
今年はお父さんは全く寒さ知らずでした
毎日暑い所で元気にやつてゐます

時々御手紙を下さい　色々と面白いことを書いて下さいよ　お父さんからは別に云つてやることはないので残念です　戰地に居ると淑恵ちやんの分る様（ヤウ）な話の種が非常に少いためです
南洋に來ると今でも西瓜や瓜があります　暖いからです
それから殆（ホト）んど毎日夕立もあります
お父さんは大きな軍艦に乗つてゐますが顔の色は土人のやうに黒くなつては居ません
元気よく學校に行きなさい

三月七日

久利雄

淑恵ちやん

家族愛とともに、非常時にあっても自分自身を見失わない久利雄の面目躍如である。手紙の内容からは読み取れないが、内地（家族）宛ての手紙が遅れ遅れになったのは、「い」号作戦計画の策定に中心的な役割を果たしていたため、家族に手紙を出す気にはならなかったのだろう。

千代は『ブーゲンビリアの花』の著者衣川宏の取材に全面的に協力したが、この手紙だけは見せなかった。千代にとってこの手紙は、それほどに大切なものだったのである。一雄が言う「母がどこで泣いていたのか分からない」の答えは、この手紙にあるのではないか。

「検閲済」の下に「福崎」の押印がある。印の主は副官の福崎昇中佐（海兵五〇期）である。副官が参謀の手紙を検閲するわけもなく、「検閲」は形式にすぎなかった。福崎副官の検閲印は、山本長官が投函する私信にも捺してある。

「い」号作戦の中心的役割を担う

海軍甲事件に入る前に、その序章となる「い」号作戦の概要を見ておきたい。

三月二五日、軍令部総長は「大東亜戰争第三段作戰帝國海軍作戰方針」（大海指第二百九号）を聯合艦隊司令長官に示した。作戦方針の大綱は、第一に「航空戦ニ於テ先ヅ速カニ必勝態勢ヲ確立期ス」として、航空重視を鮮明に打ち出した。大艦巨砲から航空機への、海軍戦略の大転換である。海軍上層部がやっと久利雄の先見に追いついた。

加えて、軍令部は「陸海軍中央協定」（大海指二一三号）をもって、その後の聯合艦隊の主作戦を先ず「ニューギニア方面」に指向させた。しかし、我が基地航空部隊の現状は、搭乗員の練度が低下し、機材の減耗も激しくなりつつあった。最早、基地航空部隊には、独力で大規模の攻勢作戦を遂行する力はなかった。対する連合軍は、大航空兵力を投入して航空攻撃を激化し、ニュージョージア島以南及びダンピール海峡以南の制空権を確保していた。そして、我が基地及び輸送艦船に対し頻繁に来襲し、日本軍は甚大な被害を被っていた。

このような情勢下、聯合艦隊は内地において整備を終え進出してきた艦載機を、暫定的に陸上基地（ラバウル）に集め、陸上航空機と同時に運用（作戦）して劣勢を補おうとした。その作戦目的は、ソロモン及びニューギニア方面の敵船団・艦艇・航空兵力に総攻撃をかけ、敵の攻撃企図を撃砕する。加えて、我の補給輸送を促進して、第一線の戦力を充実するとともに、現地部隊の作戦指導を強化・扼起することにあった。本作戦に関し中央（軍令部）の指導や介入はなく、聯合艦隊が独自に計画立案・実施したものである。但し、聯合艦隊が中央を無視して計画を立て、勝手に作戦を遂行したということではない。当然のことながら、聯合艦隊と軍令部間の幕僚調整はなされている。

その主たる作戦兵力が航空機であることから、また山本から全幅の信頼を得ていた久利雄は、計画段階から中心的な役割を果たしたであろう。

聯合艦隊司令部が旗艦「武蔵」を降りてラバウルに出っ張った（進出した）理由を、宇垣参謀長は海軍甲事件の後、海軍次官宛てに提出した「山本聯合艦隊司令長官作戦指導ノ為ラボール進出及ビショートランド方面實視ニ至ル経緯竝ニ所見」で次のように述べている。

い號作戦ハ基地航空部隊及３Ｆ（筆者注：第三艦隊）ノ航空兵力ヲ同時使用スルモノニシテ之ガ基本計畫ハＧＦ（筆者注：聯合艦隊）司令部ニ於テ策定スルヲ要シ従テ兩艦隊（筆者注：南東方面艦隊と第三艦隊）司令部ヲ併セ指揮スル必要上ＧＦ司令部亦「ラボール（筆者注：ラバウル）」ニ進出スルヲ必要トセルモノニシテ本件ハ亦前掲各項ノ如キＧＦ長官前線進出ヲ可トスル情勢ニ合致シ之ガ實現ノ好機ト認メタリ

聯合艦隊司令部のラバウル進出の理由は、この純作戦上の要求そのものの他に、日本人に特有の心情があった。山本は日頃から、前線部隊が苦戦しているとき、トラック泊地に居続けることに内心忸怩《じくじ》たるものを感じていた。宇垣は参謀長として、この山本の心中を斟酌《しんしゃく》した。宇垣自身もケ号作戦（ガダルカナル撤退作戦）直後から、前線将兵を激励するためソロモン方面への出張を熱望していた。

第三艦隊司令長官の小澤治三郎は、艦載機を陸上で運用することに反対の立場であった。艦載機のパイロットには、通常の飛行能力や戦闘能力に加えて、母艦を発着艦する技量が求められ、その技能は短時間では習得できない。人事局の試算では、搭乗員は既に所要数の三割程度しか残っていなかった。長時間かけて養成した虎の子を、その技能を必要としないところで使う。小澤は機動部隊を預かる最高指揮官として、特殊技能者（艦載機パイロット）の更なる減耗を憂慮した。果たして、小澤の予感と洞察は的中することになる。

更に、「い」号作戦の指揮を誰に執らせるかという問題があった。指揮官候補は、基地航空部隊に艦載機を提供する第三艦隊司令長官小澤治三郎中将と、これを作戦運用する同期の南東方面艦隊（兼ねて第一一航空艦隊）司令長官草鹿任一中将（海兵三七期）である。両者は今でいうところの、フォース・プロバイダー（兵力の提供側）とフォース・ユーザー（兵力の運用側）の関係になる。艦載機を陸上で運用するという問題は横に置いても、この場合、実際に部隊・航空機を運用する草鹿が指揮官に指名されることに疑問の余地は全くない。海軍が重視する両者の序列を見ても、先任である草鹿が指揮を執るのが至当である。

ところがここに、艦載機の指揮を基地航空部隊に委ねていいのか、という第三艦隊の思惑が絡んだ。そもそも艦隊側は、母艦機を陸上基地で使用し消耗することには、基本的に反対の立場である。航空機運用の第一人者と言われていた、小澤の誇りもあっただろう。小澤と草鹿は同期であり、「貴様」と「俺」はやりやすい面もあるが、一方で逆の場合もある。聯合艦隊と第三艦隊、第一一航空艦隊の三者間で、幕僚調整がなされた。その結果山本は、艦載機の派出とこの問題を小澤に呑ませる見返りに、あるいは妥協案として、山本自身が全体の指揮を執ることに落ち着いた。作戦上の合理性よりも縄張り争いを重視した、極めて日本的な決着の仕方であった。日本という国が崖っぷちに立たされているこの期に及んで、海軍部内でさえこのような情けない状況であった。

ラバウルに進出する前、山本は「ほんとうをいうと、俺がラバウルに行くのは感心しないことだ」ともらしている。山本は自身（聯合艦隊司令部）のラバウル進出に、作戦上の必要性や妥当性もないことを分かっていた。吉田俊雄（海兵五九期）は『栄光と悲劇・連合艦隊』で、「山本長官らしい心配り」と評価する。しかし結果的に、その心配りが悲劇を生むことになる。

山本に仕えた部下は、万人がその人柄に心酔する。久利雄もそのうちの一人であっただろう。山本を慕う三和は若い頃、在米駐在武官として出国する山本に座右の銘を乞うた。これに応えて山本は、「自處嚴　他處寛」の言葉を贈った。山本は国際情勢を的確に把握して国家戦略を思考する。海軍作戦における航空機の重要性を看破したように、戦術眼も素晴らしい。加えて、懐が深く非の打ち所がない人物であった。真珠湾攻撃の成功によって、山本の名声は愈々高くなった。

山本の指揮官としての唯一の欠点は、人事に非情でなかったことである。

小澤自身か小澤の参謀長が、あるいはせめて先任参謀が南東方面艦隊司令部の作戦室に詰めて、草鹿を補佐することも考えられる。しかし、そのような記録はない。「い」号作戦を純粋に軍事作戦として見れば、総大将（聯合艦隊司令長官）が指揮する規模の作戦ではない。真珠湾攻撃や、ミッドウェー作戦に比べれば一目瞭然である。ここにも、情に流される日本民族の特性と、帝國海軍の思考の硬直化を垣間見ることができる。

山本長官陣頭指揮による「い」号作戦

四月二日、山本のラバウル進出に先立ち、小澤は第一航空戦隊（瑞鶴、翔鶴、瑞鳳）・第二航空戦隊（隼鷹、飛鷹）の航空機一八四機を率いてラバウルに進出、指揮官旗（中将旗）を陸上に移揚した。

一方で、参謀長の宇垣は『戦藻録』四月三日に、「今回の南下直接作戦指導に當るに關しては聯合艦隊司令部としては大なる決意を有す。若し夫れ此の擧に於て満足なる成果を得ざるに於ては、當方面の今後到底勝算無かるべし」と記し、自身の立場（聯合艦隊参謀長）を日露戦争における満州軍総参謀長児玉源太郎に重ねた。

手詰まり状態にあった聯合艦隊の、大番頭としての決意のほどはひしひしと感じられるが、作戦実施上の軍事的合理性を追求する姿勢は見えてこない。もちろん、最高責任者である山本長官も合意の上での将旗の移揚（司令部の移転）であり、ひとり参謀長を責めるものではない。歴史に「もしも」はないが、ここで釦《ぼたん》の掛け違えがなかったならば、山本も久利雄も戦死しなかったかもしれない。後年、山本が死に場所を求めたと言われる所以である。

四月三日〇八〇〇、山本長官以下主要参謀は数日後に迫った「い」号作戦の陣頭指揮を執るため、飛行艇二機に分乗してトラック泊地を離れた。一三四〇、ラバウルに着いた山本は、将旗を南東方面艦隊司令部庁舎に移揚した。第八艦隊司令長官の三川軍一中将（海兵三八期）もラバウル（陸上司令部）に指揮官旗を掲げていた。ラバウル基地には、大将旗と三つの中将旗がへんぽんと翻った。見てくれは壮観だがいかにも頭でっかちであり、作戦司令部としては異常な状態である。

久利雄と同期の通信参謀今中薫中佐は先行して、山本長官の受け入れ準備を行った。司令部移転に要する体力や、陸上司令部と「武蔵」の司令部機能を勘案すると、じり貧にあった聯合艦隊司令部が正常な判断力を失いつつあった、との思いを禁じ得ない。日本海軍最大の指揮機能を有する、聯合艦隊司令部の移転が如何に大変なものであるか。暫定的な司令部の移転であり、また移転先には南東方面艦隊司令部という受け皿もあり、全ての機密書類や暗号書を運んだとは思えないが、長官の従兵までもが移動を余儀なくされる。大司令部の移転には、諸準備を含め大変な体力を要する。

因みに、聯合艦隊司令部が陸に上がったのは、このときが最初ではない。大正一二年九月一日、関東大震災の報に接した聯合艦隊（司令長官竹下勇中将、海兵一五期）は、急きょ旅順方面の行動を取りやめて東京湾に回航し、司令部を海軍省に移した。中央（海軍省、海軍軍令部）と、実動部隊（聯合艦隊）間の連携に齟齬《そご》をきたさないための、緊急かつ応急措置であった。通信手段が発達していない、このときの司令部移転は冷静かつ妥当な判断であり、軍事的な合理性を見ることができる。

「い」号作戦の参加兵力は、次のとおりである。

第三艦隊（司令長官：小澤治三郎中将）
第一航空戦隊（司令官：小澤治三郎兼務）
第二航空戦隊（司令官：角田覚治中将）
第一一航空艦隊（司令長官：草鹿任一中将）
第二一航空戦隊（司令官：市丸利之助少将）
第二五三航空隊
第七五一航空隊
第二六航空戦隊（司令官：上坂香苗少将）

「い」号作戦

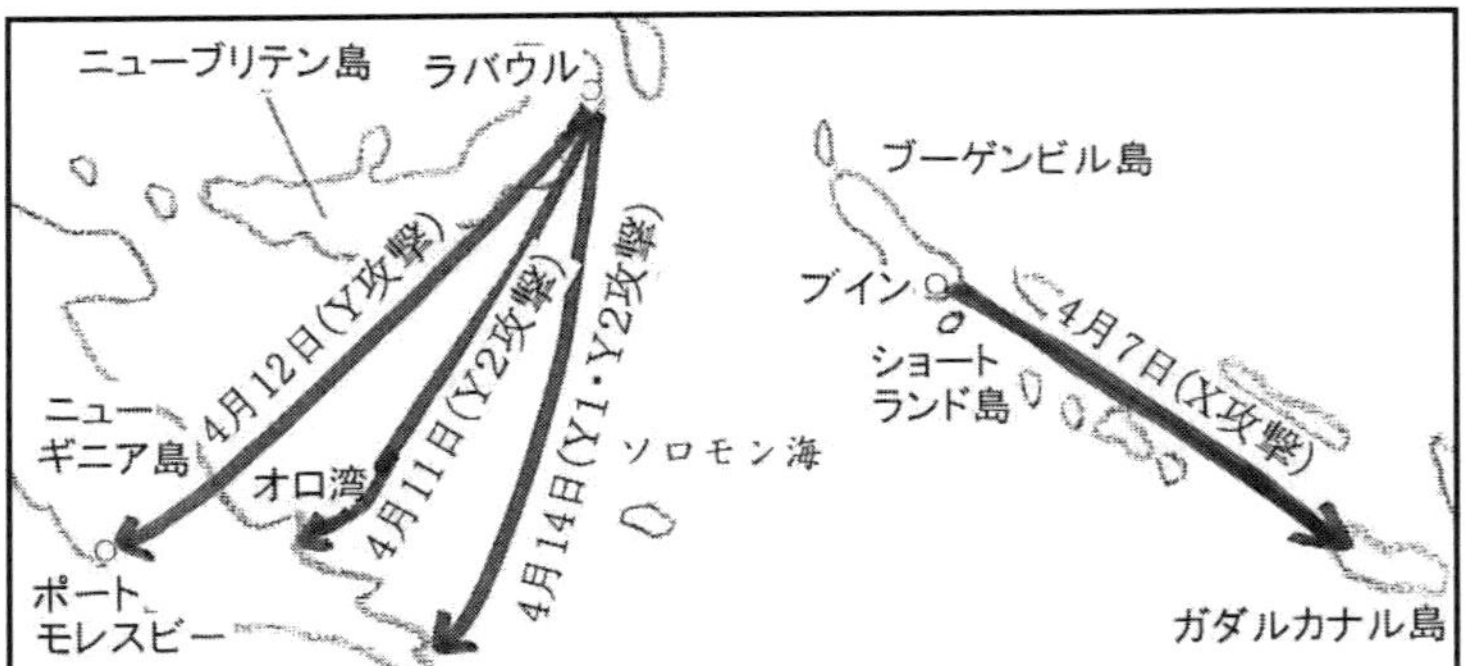

第二〇四航空隊
第五八二航空隊
第七〇五航空隊

「い」号作戦の基本計画は、作戦期間を四月五日から二〇日までの約二週間、四月五日から一〇日までを一期として、ソロモン方面の攻撃（X作戦）、四月一一日から二〇日までを二期としてニューギニア方面の攻撃（Y作戦）とした。

四月五日の初度攻撃は、天候不良のため六日に延期、更に七日に延期された。七日はX攻撃として、ソロモン方面の敵艦船を攻撃した。二回目の攻撃は四月一一日にY2攻撃として、ニューギニアのオロ湾に在泊する敵艦船を攻撃、一二日にY攻撃としてポートモレスビー飛行場を攻撃、そして最終となる四月一四日、Y1・Y2攻撃としてミルン（ミルネ）湾の敵艦船とラビ方面の飛行場を襲った。

この時の攻撃延期に関し宇垣は、『戦藻録』（四月五日）に「如何にも計畫が一本筋のみの薄ペラなり事にぶつかつて始めて變更を考ふ。計畫の間口の狭く奥行のなさを憾む事今回も亦然り」と記す。批判の矛先が作戦を統括する先任参謀の黒島なのか、これを補佐する航空甲参謀の久利雄であるのかは、日記では判然としない。「今回も亦然り」の文面からは、真珠湾攻撃以降の黒島を責めているように聞こえる。いずれにしても、部下の批判は天つばでありアト知恵でもある。そのように思うのであれば、計画段階で指摘し修正させるべきであり、そうしなかった自らを反省すべきではないか。気持ちは分かるが単なる愚痴にしか聞こえない。参謀長である自分をバイパスして、長官と部下参謀が繋がっている。この苛立ちを日記に連ねたのか。

X攻撃に関する聯合艦隊の戦果報告は、ガダルカナルの敗戦等で沈滞していた海軍にとって久方ぶりの吉報であり、これに気を良くした当局（軍令部）は「フロリダ島沖海戦」と海戦名まで付けた。今や国民的英雄の、聯合艦隊司令長官が直卒した戦いとの思いもあっただろう。九日午後三時、大本営海軍部は第1期（X攻撃）の戦果を大々的に報じた。

帝國海軍航空部隊ハ四月七日大挙「ソロモン」群島「フロリダ」島方面ノ敵艦船ヲ急襲セリ　戦果及我方ノ損害左ノ如シ

戦果

撃沈　巡洋艦一隻、駆逐艦一隻、大破　輸送船二隻、小破　輸送船一隻

撃墜　三七機

我方ノ損害自爆六機

本海戦ヲ「フロリダ」島沖海戦ト呼称ス

航空乙参謀の室井は、日記に「艦艇五隻撃沈、航空機三六機撃墜」と記した。

実際の戦果は、駆逐艦一隻撃沈、航空機七機を撃墜したに過ぎなかった。米海軍省は「米軍は七機を失った」と発表した。彼我の損失が逆転した格好である。

戦後、大本営海軍部報道部員の冨永謙吾大佐（海兵五四期）は『大本營發表　海軍篇』において、「それにしても巡洋艦はじめ撃沈破十五隻、撃墜三十七機はすこし大袈裟過ぎた」と反省の弁を残している。報道部もさることながら、反省すべきは過大報告をした聯合艦隊であり、それを信じた軍令部である。

一五日、飛行隊はブナの攻撃準備を完了したが、一六日朝の偵察飛行の結果、ブナに敵艦船は見当たらなかった。これにより、山本長官はブナ攻撃を中止して「い」号作戦の終結を決心し、機動部隊航空兵力に原隊復帰を令した。聯合艦隊司令部、就中山本司令長官は、概ね作戦目的を達成したと判断したのである。しかしながら、攻撃参加部隊の過大な戦果報告と、実際の成果は大きく違っていた。米軍は、レーダーとコースト・ウオッチャー（現地人等スパイ）、加えて日本海軍の暗号を解読して、我が軍の行動を予期し艦船・航空機を避退させていたのである。

四月七日から一四日までの間、艦載機・陸上機総計六八二機を投入した一大航空作戦（「い」号作戦）は、巡洋艦一隻、駆逐艦二隻、輸送船二五隻を撃沈、航空機一〇〇機を撃墜するとともに、敵の飛行場に大損害を与えるなど、連合軍に相当の打撃を与えて終結した。聯合艦隊はそのように見積もった。一方、我が方の損耗は明確であり、零戦二五機、艦爆（艦上爆撃機）二一機、中攻（中型攻撃機）一五機を失った。

作戦の評価をめぐる甘い判断

戦闘において、攻撃成果を正確に見積もるのは大変難しい。大東亜戦争の初期段階では、優秀な部隊指揮官が一歩引いて攻撃の結果を確認できたが、今は兵力が足りないため指揮官自身も戦闘に参加しており、部下や子隊の攻撃成果を見る余裕がなかった。何機かが同時に敵を攻撃して駆逐艦や輸送船を撃沈すると、それぞれが自分の手柄だと思うのは自然である。輸送船に火の手が上がると撃沈したと判断する。そう思いたい（期待）のではなく、実際にそのように判断するのである。

実際の戦果は、聯合艦隊の見積もりよりもはるかに少なかった。源田實は『海軍航空隊始末記　戰闘篇』において、「非常に大きな戦果を擧げた」と「い」号作戦を評価する。あの源田にして、しかも戦後の評価である。

この作戦の評価についていては、本旨でないので深入りはしない。戦争・戦闘の終結時期を見極めるのは極めて難しい。しかし、当初計画に比べてみても実際に行った作戦（攻撃）は中途半端であり、聯合艦隊司令部の戦果確認や情勢判断も甘い。長官と参謀の頭の片隅には、作戦終了後の「予定（前線視察）」があったのではないか。作戦前には「満足なる成果を得ざるに於ては、當方面の今後到底勝算無かるべし」と記した宇垣も、作戦終結後の結果や評価についてはは多くを語っていない。『戦藻録』四月一四日に「本日のＹ一、Ｙ二作戦は大成功なり。慶賀の至同時に損害も次第に加はり来れり。当然」と記す。一七日の事後研究会では「戦果に関する慶祝の意を述べ」とある。不正確な戦果報告がなせる業か。

聯合艦隊司令長官の進出と作戦指揮によって、ラバウルの空気は何時になく張りつめた。この作戦で、聯合艦隊（司令部）が久方ぶりに存在感を示したことは間違いない。また、敵の補給を妨害すると同時に、我の補給を成功裡に遂行する成果もあった。しかし起死回生の、そして背水の陣でもあったこの作戦によって、優秀な搭乗員の更なる減耗と、航空機の損耗を余儀なくされ、日本海軍の体力は一層低下した。本作戦による損耗は予想以上に大きく、機動部隊は飛行機部隊を内地に帰しての再建を余儀なくされたのである。悪しくも、小澤の見積もりが的中した。

室井は戦死の六日前、四月一二日の日記に「編隊訓練不足の為、被害比較的多かりしは遺憾なりき」と記した。奥宮は戦後、『海軍航空隊全史』において、「この作戦に第二航空戦隊の航空参謀として参加していた私は被害が予想外に多かったことに驚くとともに、その主因の一つが搭乗員の技量の不足にあったことから、その後の空母機動部隊の飛行機隊の再建が容易ではなくなった、と覚悟せざるをえなかった」と述懐している。室井にしても奥宮にしても、主務参謀として現下の状況を的確に把握している。

海軍当局が遺族に渡さなかった久利雄の手帳には、もっと厳しい記述があったはずである。現在の国力では、航空機の生産と搭乗員の養成が作戦所要に追いつかない。日本はじり貧の状態に陥っていた。

「い」号作戦を終えた夜の食事の場においても、重苦しい雰囲気はなかったという。それなりの成果と戦果を得て、一段落したとの思いであろう。しかし、苦しい戦いを強いられている最高司令部の、この楽観はいったい何なのか。この空気が海軍甲事件につながる。

山本長官の前線視察をめぐるかけひき

山本五十六聯合艦隊司令長官の前線視察は、長官がラバウル（陸上司令部）に所在するこの時を絶好の機会として計画された。視察のタイミングは、「い」号作戦がひと段落した時点とした。そして悲劇は、前線将兵を激励し士気を鼓舞するため、ソロモンの最前線基地に向かう途上で起きた。

前線視察の発案者、即ち発端は宇垣参謀長である。宇垣は聯合艦隊参謀長という職責を大層重く受け止め、戦線が硬直するなか自身を日露戦争の児玉参謀総長に重ねていた。宇垣は予てから「参謀長タルモノ更ニ前線ニ出馬督戦スベキハ當然ニシテ……」との思いを募らせており、ラバウル移転前の司令部研究会の席上、参謀に対して視察計画の検討を命じた。

宇垣が前線基地に行きたいとする熱い思いには、他にも理由があった。宇垣はかねてから第一七軍（陸軍）のガダルカナル撤退を最優先事項とし、同軍の撤退を策していた。第八方面軍司令官今村均大将（陸士一九期）を説得するための一方策として、潜水艦でガダルカナルに行くことさえも考えていた。そして、今村が苦渋の末にケ号作戦（ガダルカナル撤退）を決行したことに敬意を表するとともに、胸襟を開いて慰問したいと思っていた。そもそも、ガダルカナルに飛行場の建設を企図し、陸軍に支援を求めたのは海軍である。海軍の要請に応じた陸軍の補給を米軍によって遮断され、飢えさせたという負い目が海軍にはあった。

従って、宇垣はケ号作戦の直後から、前線将兵を激励するためとして、ソロモン方面への出張を参謀に予告していた。宇垣の責任感や心情は理解できるが、今村軍司令官や第一七軍司令官百武晴吉中将（陸士二〇期）のカウンター・パートは、南東方面艦隊司令長官の草鹿である。聯合艦隊とはいえ、宇垣は参謀の長にすぎない。宇垣の思いは、その並々ならぬ責任感に依るが僭越《せんえつ》でもある。巷間、山本と宇垣の関係がしっくりしなかったと言われるが、それが事実とするならば、山本は宇垣のこのような動きが気に入らなかったのではないか。

但し、この計画発案をひとり宇垣の責任に帰するのは的を射ていない。前線視察を最初に口にしたのは宇垣であるが、山本の胸の内にも同じ思いがあった。

ラバウル到着の日（四月三日）、宇垣は、山本も同席している研究会の席上、自身のショートランド・ムンダ方面視察について研究するよう再度参謀に求めた。宇垣の発言を静かに聞いていた山本は、翌四日の夕刻、宿舎に向かう車中で「僕もショートランドには行きたいからね」と宇垣に告げた。温厚な長官が控えめに「僕も行きたい」と言う。それは「貴様だけでは行かせない。俺も行くぞ」と強い意志を表明したことになる。参謀二～三名を帯同しての前線視察を考えていた宇垣は慌てた。宿舎に着くと急いで司令部に電話し、副官を通じて長官の意図（内意）を参謀に知らせた。翌日登庁した宇垣は、先任参謀（黒島大佐）と航空乙参謀の室井を呼んで、速やかに長官の前線視察を研究（検討）するよう指示した。ここで事態は大きく転回し、久利雄の身に悲劇が起こる具体的な起点となった。

山本自身も前線視察の思いを募らせていった。「い」号作戦が終了し第三艦隊の艦載機に引き揚げを命じると、「どうしても第一線を慰問激励したい」と言い出した。もう誰にも、山本の前線視察を止めることはできない事態となった。山本が岳父繁則に言った、「大事な婿さんだが、恐らく俺と一緒に戦死することになるだろう」が現実のものになろうとしていた。

宇垣の命を受けた室井は、受け入れ部隊となる南東方面艦隊の航空乙参謀野村了介少佐（海兵五六期）に具体的な検討を指示（依頼）した。野村は長官の視察先として、ガダルカナルの補給線で大活躍したショートランド、島全体が飛行場でガダルカナル方面攻撃隊の前進中継基地の役割を果たしている小島のバラレ、そして零戦の前進基地であり第一七軍司令部（陸軍）も置かれているブインを提案した。ブインには、第二六航空戦隊の司令部がある。ブーゲンビル島の南端にあり、南北におよそ一二〇〇メートルの滑走路が一本あった。航空機が離陸すると、砂塵が巻き起こる飛行場ではあったが、滑走路に沿って高角砲や機銃の陣地が構築されており、何とか飛行場としての体裁が整っていた。ショートランドには、第一一航空戦隊司令部が置かれていた。

何回か聯合艦隊司令部とやりとりがあったが、基本的には野村案が採用された。

視察の時期は「い」号作戦終了後の極力早い時期とし、巡視カ所をバラレ、ショートランド、ブインの三基地とする。使用機は一式陸攻二機とし、長官と参謀長は別の機に搭乗する。掩護（護衛）隊は、零戦一個飛行隊（一八機）とする。聯合艦隊司令部はこの案を了とし、視察計画は野村案を下敷きにして室井が作成した。掩護機一八機の派出については、第一一航空艦隊から「い」号作戦に全力投入したので戦闘機の整備が間に合わない、一個分隊にして欲しい旨の要望があった。南東方面艦隊司令部と聯合艦隊司令部が協議した結果、ここ数日ソロモン方面において敵機の動きが少ないこと、加えて、ブインには零戦隊がいるので一個分隊九機でいいだろうとなった。

山本長官と久利雄の運命を決めた電報

山本長官一行の行動予定は、「い」号作戦の趨勢が見えてきた一三日の夜、「機密NTF一三一七五五番電」で南東方面艦隊司令部から発信された。ここに、終章の幕は切って落とされたのである。ここに言う「一七五五」は、発信権者（電報を発信する権利を有する者：通常は発信者）の決裁を得て、通信隊が当該電報を受け付けた時刻であり、実際に通信所のアンテナから電波が出た時刻ではない。番電を付した後に暗号に組み込み、入念な確認を行って発信（送信）に至る。二重三重に確認作業を行うのが常である。

着信者：　第一根拠地隊・第二十六航空戦隊・第十一航空戦隊各司令官、九五八空司令、
　バラレ守備隊長
受報者：　ＧＦ長官

発信者：　共符

本　文　發　NTF長官・八F長官

聯合艦隊司令長官セツア左記ニ依リRXE、RXPヲ實視セラル

（一）○六○○中攻（戦闘機六機ヲ附ス）ニテRR發　○八○○RXZ着　直ニ駆潜艇（豫メ一根ニテ一隻ヲ準備ス）ニテ○八四○RXE着　○九四五右駆潜艇ニテRXE發　一○三○RXZ着（交通艇トシテRXEニハ大發RXZニテハ内火艇準備ノコト）　一一○○中攻ニテRXE發　一一一○RXP着

一根司令部ニテ昼食（二十六航空戦隊首席参謀出席）

一四○○中攻ニテRXP發　一五四○PR着

（二）實施要領　各部隊ニ於イテ簡潔ニ現状申告ノ後隊員（一根病舎）ヲ視閲（見舞）セラル　但シ各部隊ハ當日ノ作業ヲ續行ス

（三）各部隊指揮官　陸戰隊服装略綬トスル外當日ノ服装トス

（四）天候不良ノ際ハ一日延期セラル

筆者注：「セツア」は暦日換字表示で「四月一八日」。地点を示す欧字は、軍令部発行の『特定地點略語表（甲）』（軍極秘）によれば、次のとおりである。

RR（ラバウル）RXE（ショートランド）RXP（ブイン）RXZ（バラレ）

「簡潔な現状申告」、「当日の服装」、更には「病舎視閲（見舞）」等から、山本の人柄と部下将兵への思いやりを読み取ることができる。しかし、結果的にこの電報が山本や久利雄の命取

りになる。

長官一行の行動予定（電文）を簡潔に纏めると、次のとおりである。（　）内は移動便。

四月一八日（日）
〇六〇〇　ラバウル発（中攻）
〇八〇〇　バラレ着　駆潜艇に移乗
　　　　　同　発
〇八四〇　ショートランド着
〇九四五　同　発（駆潜艇）
一〇三〇　バラレ着
一一〇〇　同　発（中攻）
一一一〇　ブイン着
一四〇〇　同　発（中攻）
一五四〇　ラバウル着

電報本文における、一一〇〇の出発地ＲＸＥ（ショートランド）は、地理的に明らかにＲＸＺ（バラレ）の誤記であり、ここでは訂正して記している。詳

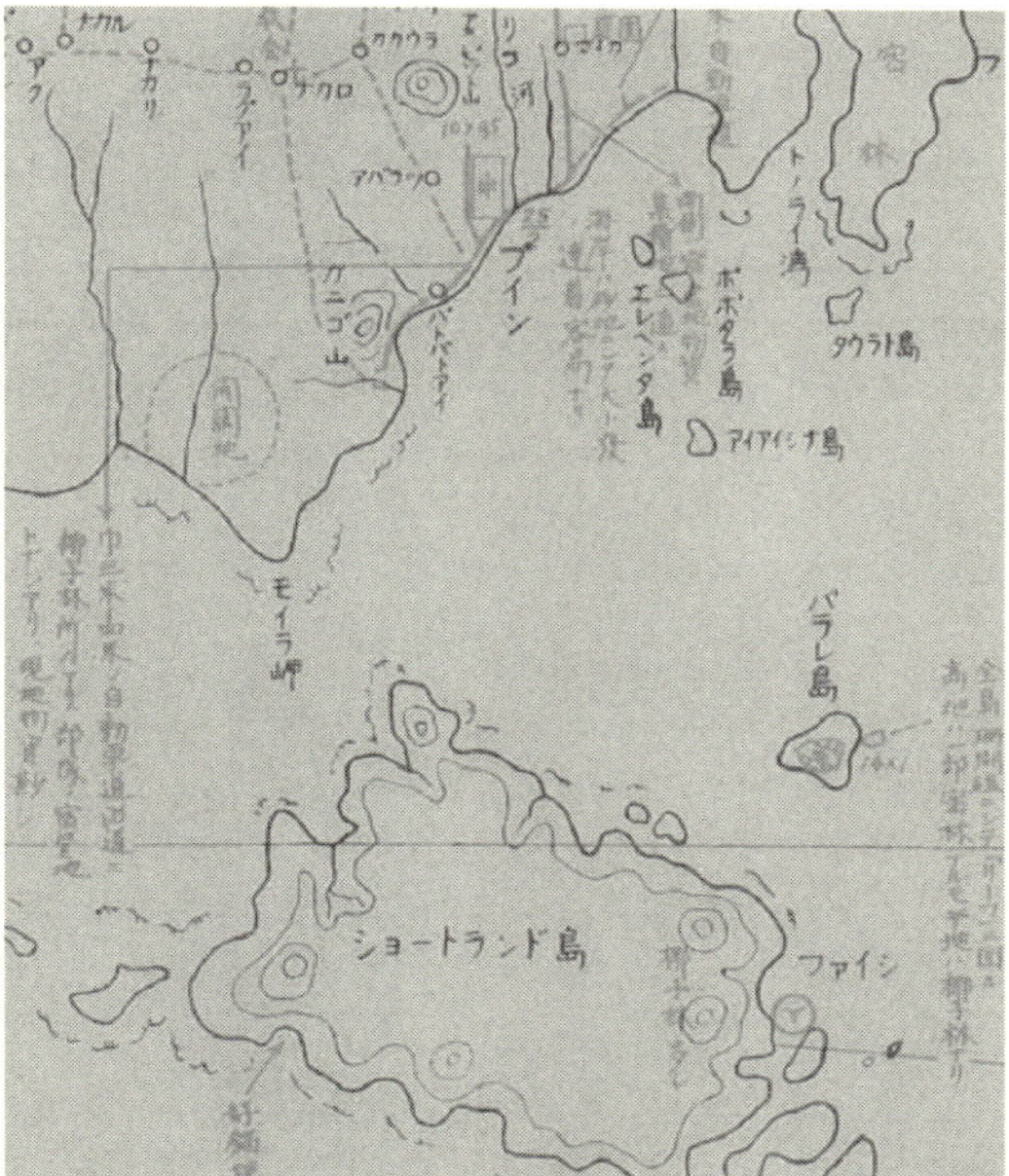

「ボーゲンビル島兵要地誌圖」（参謀本部）

細については後ほど述べる。

実質的に長官が部隊を視察できる時間は、ショートランドで一時間弱、バラレ三〇分、そしてブインで一時間五〇分である。最後の視察地ブインでは昼食をとるので、視察に充当できる時間は一時間程度である。しかも、各部隊には簡潔とはいえ現状報告を求めており、実際に長官が前線の兵士に語りかける時間は、計画上ほんの僅かな時間でしかなかった。

この前線視察に、聯合艦隊、就中帝國海軍が払った代償はあまりにも大きかった。

「機密NTF一三一七五五電」は、防衛研究所が保管する『山本元帥国葬綴』から写したものである。本資料は電報の原義（原文）ではない。正確な原義の写しでもない。実際に書かれた原文や、原文の写し（コピー）は残っていない。事件直後、海軍中央は暗号が米軍に解読されていることを懸念し、南東方面艦隊司令部に対して関連電報の調査を命じた。現存するのは、これに対する南東方面艦隊の回答電報を東京通信隊が手書きした受信文である。電報は二分割で送信されている。回答電の最後に、「送信原文ハ航空便ニテ發送ス」とあるが、後日送付されたものを軍令部が処分したのか、あるいはどさくさに紛れて実際には送付されなかったのか、真相は不明のままであり、現物の所在は今も明らかになっていない。

南東方面艦隊の回答電が、大変な混乱の中で起案・発信されたことは想像に難くない。従って、この電報（回答電）の中身についても、その信頼性に多少の疑問を抱かざるを得ない。

「機密NTF一三一七五五電」は、このような状況を踏まえて読み解く必要がある。

後知恵と言えばそれまでだが、まずは根本的な問題として、毎日戦闘を繰り返している戦時において、聯合艦隊司令長官の行動をなぜ電報で周知する必要があったのか。行動の秘匿を徹底するならば、封密書（文書）を手交（手渡し）する。帝國海軍では、従来からそのようにしてきた。なぜ、このときに限って電報にする必要があったのか。「い」号作戦の研究会等、各級指揮官や幕僚が会する機会は何回かあった。実際、電報を受け取ることができない受閲部隊指揮官には、視察の二日前、四月一六日に行った指揮官参集時に、開封時間指定の封密書が手渡されている。

受閲部隊に準備させる時間を取ったと言い訳もできるが、では二日前に文書で知らされた末端の部隊はどうなのか。いずれにしても、「い」号作戦の前、即ち事前研究会の席上で通知、あるいは文書で配布すれば事足りた。魔が差したということか。

電報送受信の流れを簡単に示すと、次のようになる。（　）内は担当者。

起案（参謀等）⇓決済（指揮官等の発信権者）⇓暗号化（暗号員）⇓送信（通信員）……受信（通信員）⇓暗号解読（暗号員）⇓配布（通信員）⇓受領（着信者・受報者）

このような流れの中で、電報発信の妥当性や電報取扱いの秘匿度（秘密区分）、暗号のレベル、送信周波数と送信機（出力）を決める。その決定に大きな役割を担うのは、通信参謀や通信長である。

仮に、どうしても電報にする理由があったにしても、多々疑問の残る電報である。まず電報の体裁として、なぜ発信者が聯合艦隊司令長官、あるいは聯合艦隊参謀長ではなく、南東方面艦隊司令長官なのか。たまたま「い」号作戦で聯合艦隊司令部と南東方面艦隊司令部が同居していたから、そのような形になったのかもしれない。しかも、発信者は南東方面艦隊司令長官と第八艦隊司令長官の連名である。第八艦隊は南東方面艦隊の隷下部隊である。司令官は四月一日付で着任したばかりの、鮫島具重中将（海兵三七期、男爵）。指揮官が二人いるのは、問題を複雑化させ混乱の元凶となる。どうしても事情があって発信するにしても、発信者は南東方面艦隊司令長官一人にすべきである。視察の実施を伝えるのであれば、主要な部隊とは既に事前調整が終わっているのだから、聯合艦隊司令長官、あるいは参謀長名で「本職（又はGF長官）ソロモン方面を視察する。細部後令（又は別令）」で事足りる。南東方面艦隊の野村航空乙参謀は、後年『丸』（昭和四二年四月号）に次のような記事を寄せている。

一、連合艦隊の電報処理は、すべて南東方面艦隊司令部の電信室で行われており、従って起案は自分が行っていた。

二、山本長官の巡視に関する電報は、次の三通だった。

A　巡視予定：聯合艦隊参謀長名
　　期日をX日とした。

B　兵力派出命令：南東方面艦隊司令長官名

C　X日を一八日として明示：発信は巡視前日の一七日

野村の記憶通りであれば、視察に関する電報は周到に準備された三通になり、甲事件は生起しなかった可能性が高い。しかし野村は、「防衛庁戦史室の資料も確認していない」と断っており、記事の信憑性に欠ける。このうち実際に発信されたのは、「NTF一三一七五五番電」

の一通だけである。

次に問題となるのは、宛先（五人）である。

第一根拠地隊司令官　板垣成紀少将（海兵三九期）
第二十六航空戦隊司令官　上阪香苗少将（海兵四三期）
第十一航空戦隊司令官　城島高次少将（海兵四〇期）
第九五八航空隊司令　飯田麒十郎中佐（海兵四七期）
バラレ守備隊長　？

板垣に関する資料には、しばしば「板垣盛」が使われているが、「盛《さかん》」は板垣の号である。

第一一航空戦隊は、電報が発信された時には存在するが、二日後、即ち視察前の四月一五日付で廃止（解隊）される。その任務は、新たに編成される第九三八航空隊に受け継がれた。戦時中には、頻繁に部隊の編制替えが行われており、現地部隊が改編業務に通暁しているとはいえ、受信当日（四月一三日）、司令部や部隊は、解隊と新編準備に忙殺されていたであろう。当然のことながら、聯合艦隊司令部や南東方面艦隊司令部は、その状況を把握していたはずである。

問題の核心は、宛先のひとつ「バラレ守備隊長」である。そもそもバラレには、編成上「バラレ守備隊」と称する部隊や、「バラレ守備隊長」なる配置は存在しない。バラレには横須賀鎮守府隷下の第七特別陸戦隊高角砲中隊、呉鎮守府隷下第六特別陸戦隊（高角砲中隊及び野戦高角砲中隊）が置かれていた。これらの部隊の正式名称は「バラレ警備部隊」である。即ち、電報の着信者である「バラレ守備隊長」は架空の人物ということになる。

この問題に直接関係するか否かは不明であるが、『高松宮日記』では「バラレ守備隊長」のところが「バラレ」になっている。高松宮参謀は、存在しない宛名を自ら「バラレ」と修正されたのではないか。南東方面艦隊司令部が原義を転記する際に、記載誤りをした可能性もあるが、如何にパニック状態にあるとはいえ、司令長官の草鹿が進退伺を出すほどの重大事に、宛先を間違って転記することはないだろう。後述の米軍解読電報では「Ballale Garrison Comdr.」となっており、これは明らかに「バラレ守備隊長」の英訳である。しかし、いずれも憶測の域を出ない。起案電報の原義が残されていないので、宛先の「バラレ守備隊長」は謎のままである。

「バラレ守備隊長」を「陸軍バラレ守備隊長」とする説もあるが、電文の内容から判断して、また使用暗号からしても、この電報を陸軍に宛てることはあり得ない。

問題は、行き先のないこの電報がどのように処理されたかである。考えられる答えは、次の二つである。①それらしい宛先に送られた。②どこにも送信されなかった。通常、このような単純な誤りは、通信指揮官か実際に電報を処理（暗号に組んで発信）する通信員のところで指摘され、起案者に戻されて修正される。いずれにしても、明らかに通信規律違反であり、勤務が弛緩していたことになる。電報は「い」号作戦の最終段階で発信されており、関係する参謀や通信関係者に気持ちの余裕がなかったことも考えられる。もし前者として、しかも強度の低い暗号で再発信又は転送されたとすれば、これは「弛緩（たるんでいる）」の域を超える。

それらしい宛先、即ち「バラレ守備隊長」に相当する人物として考えられるのは、バラレ航空基地の指揮官と見做される三木森彦大佐（第一一航空艦隊司令部付、海兵四〇期）である。三木は昭和一七年一二月一九日から山本長官機墜落の翌日、即ち昭和一八年四月一九日まで付配置だった。この時期、病弱でもない限り、数か月にわたって大佐を気楽な付配置で遊ばせておく余裕はない。筆者は、帝國海軍が付配置の者を指揮官に指定することができるとする資料を持ち合わせていないが、例えば『呉鎮守府第六特別陸戦隊バラレ派遣隊戰時日誌』には、「第一根據地隊司令官ノ指揮下ニ入リ三木海軍大佐ノ指揮ヲ受ク」とある。従って、三木がバラレに所在する警備部隊を統括、あるいは統制していたことは明らかであり、少なくとも常用暗号書「波壱」は保有していたと推定できる。三木の役割に関する筆者の見解は、「指揮」ではなく「統制」である。三木大佐は第一一航空艦隊司令官、即ち草鹿中将の命によりバラレに所在する警備部隊を統制していた。

先述した、行動計画にある「一一〇〇ショートランド発」は前後の予定に照らして、また地理的に見ても明らかに「バラレ」の誤りである。原文に同じ誤りがあったとは到底思えず、事故後、海軍省・軍令部から調査を命ぜられた南東方面艦隊司令部が、パニック状態のなかで書き写したときの誤記、あるいは東京通信隊が回答電を受信した時の誤記ではないかと希望的観測をする。もし原文が誤っていたとすれば、あまりにもお粗末である。切歯扼腕《せっしやくわん》の思いであり、また情けないことこの上ないが、戦後に公表された米軍の解読は正しく「バラレ」になっている。

南東方面艦隊の回答電には、欧字の特定地点略語が使用されている。原文でも略語が使用されていたならば、略語を更に暗号化するという二重の作業になる。米軍の解読資料にも略語が使用されており、実際に使用されたと見るのが妥当である。地点略語は、後年「ミッドウェー」がつとに有名になったが、米軍は日本海軍が使用する略語を知っていた。極秘の『特定地點略語表』が、既に米軍の手に落ちていたとも考えられるのである。

米軍が解読していた山本長官の視察計画

戦後、大問題となる「暗号」はどうか。

南東方面艦隊司令部の回答電によると、使用暗号書は「波一」「軍極秘」となっている。一方、この電報の取扱いは「機密NTF第一三一七五五番電」が示す通り「機密」である。秘密区分でいけば、「機密」は「極秘」よりも一段レベル（秘匿度）が高い。これ即ち、取扱い区分「機密」の電報を「極秘」の暗号で秘匿したことになる。しかし、これは致し方ないことで、確たる資料はないが、帝國海軍に「機密」の暗号はなかった。

視察電に使用された「波一」暗号は、帝國海軍が誇る「D暗号」から派生した「D2暗号」の改称である。D1（呂）もD2（波）も暗号の方式は同一であり、その強度は基本的に同じと考えられる。「呂」は戦略用として使用され配布される範囲が限られていたが、「波」は一般常用でより多くの部隊に配布されていた。使用頻度が多い分、「波」の強度がいくらか低かったことは容易に想像できる。

電報と言えば、とかく電文内容だけに関心が向くが、その周辺にも重要なデータが隠れている。南東方面艦隊司令部の電報処理通信所、即ち「機密第一三二七五五番電」を発信（送信）したのは、在ラバウルの第八通信所である。『日本無線史』第一〇巻の無線機装備基準によれば、使用された送信機の出力は短波用二キロワットである。後に出て来る米軍の解読電報から、米軍が捕捉した周波数は四九九〇キロサイクルであることが判明した。

受報者の聯合艦隊司令長官を含め、六ヶ所の宛先（在ブイン、ショートランド、バラレ）はいずれも、ラバウルから四〇〇キロメートル以内の距離である。但し、トラック泊地に所在する旗艦「武蔵」までは概ね一三〇〇キロメートルだった。司令長官はラバウルに所在するが、先任参謀が留守番をしている「武蔵」には当然送信したであろう。いわゆる電報の二重処理、即ち聯合艦隊司令長官宛ての電報は陸上司令部であるラバウルと洋上司令部である「武蔵」の二か所で処理されていたと見る。陸上司令部は発信者と同じ場所にいるので手渡しである。「武蔵」以外の本来の宛先だけに送信するのであれば一キロワットの出力で十分だが、「武蔵」までの距離や他の艦所の受信能力を加味して、保有する最大出力の二キロワットを使用したと考えられる。ラバウルからハワイまでは六〇〇〇キロメートルを超える。

短波（HF帯）の伝播（到達）距離は、電離層の状態に大きく依存する。電離層（F層）に反射することによって距離が伸びるのである。これは昼夜間によっても違ってくる。また、太陽の黒点数や受信（傍受）する側のアンテナ能力によっても大きく異なる。電報の発電日時（番電）が一七五五（日本時間）なので、暗号化に要する時間等を勘案すると、送信された（アンテナから実際に電波が出た）のは夜間とみて間違いない。昭和一七年八月に海軍艦政本部が『電波伝播図表』を発刊しているので、通信員はこれらの要素を加味した上で、使用周波数を決定したであろう。米軍は日頃からアンテナをラバウルに指向し、最高レベルの受信感度で傍受に努めていた。

　山本機の撃墜に成功した、米側の動きを追ってみる。

一九七九（昭和五四）年、米国家安全保障局は傍受・解読した「機密ＮＴＦ一三一七五五番電」を解除した。

I KA MI (GUADALCANAL Opr.For.)
DE:SO SU FU (RABAUL Comm.Unit)
U TU 785 w 176

From: ?
Action: RO HI 2 (SOLOMON DEFENSE FORCE)
HO KO 8 ?
KU TA 2 (Air Group #204)
YO YO 2 (Air Flotilla #26)

(Ballale Garrison Comdr.)
Info: NO KA 1

4/131755/I 1943（TOI 4/140009/I on 4990 A kcs） bt

From Cinc Southeastern Air Fleet
On 18th April,Cinc Combined Fleet will visit RXE,R_ and RXP in accordance following schedule:
（ア） Depart RR at 0600 in a medium attack plane escorted by 6 fighters. Arrive RXZ at 0800. Proceed by mine-sweeper to R_ arriving at 0840.（_have mine-sweeper ready at #1 Base）. Depart R_ at 1030?（---） Depart RXZ at 1100? In medium attack plane and arrive RXP at 1110.
---.Depart RXP at 1400 in medium attack plane and arrive RR at 1540.
（イ） At each of the above places the Commander-in-Chief will make short tour of inspection and at _ he will visit the sick and wounded, but current operations should continue Each force commander---

JN-3: 2825（NR）　（Japanese）（S）　Navy Trans.4/141705/Q（?）

ここでは、本文を除いた重要なポイントを日本語で列挙する。

「NTF一三一七五五番電」を傍受したハワイの通信諜報班は、自らも暗号解読を行うと同時に、ワシントン（D．C）とオーストラリアに移動した暗号解読班に傍受電を伝達して協力を求めた。ここに転載した解読電はワシントンが解読したものである。

呼出符号：**GUADACANAL Opr.For.** は意味不明である。日本軍は既にガダルカナルから撤退しており、「ガ島」に日本軍の作戦部隊はなかった。

処理通信所：ラバウル通信隊は、南東方面艦隊の処理通信所第八通信隊のことである。

発信者：「共符」の意味は解読できていない。

着信者：①ソロモン防衛隊は、第一根拠地隊のことであろう。②解読できていない。③第二〇四航空隊は、次の宛先である第二六航空戦隊の隷下部隊である。なぜ次の第二六航空戦隊と並列の宛先になっているのか、意味不明である。④第二六航空戦隊。⑤バラレ守備隊長。

実際の宛先の一つである第一一航空戦隊は、宛先に含まれていない。②にあったが、解読できなかったため「？」としていると推察する。③の第二〇四航空隊は、第九五八航空隊の誤りであろう。

受報者：呼び出し符号のままであり、「聯合艦隊司令長官」を解読できていないのは不可解である。聯合艦隊司令長官は、米軍が最も注目しているキーワードのひとつであったはずだ。

傍受時刻：一四日〇〇〇九日本時間（時刻帯 **I：India**）

傍受周波数：四九九〇キロサイクル
解読完了時刻：一四日一七〇五（時刻帯Ｑ：マイナス4時間帯）
時刻帯Ｑの後には「?」が付けられている。ワシントンＤ．Ｃの時刻帯はマイナス五時間帯、アルファベットではRomeo（R）である。Ｑとは一時間のずれがある。Ｑの後の「?」は、正確にはＲであるべきところＱになっていることに疑問符を付けたのではないか。このＱはQUEEN、即ちＧＭＴ（グリニッジ標準時）を意味するとの説もあるが無理がある。

最後の行、JN-3：2825（NR）（Japanese）は、暗号を解読した部署及びシリアル・ナンバーと推察する。（S）のＳはSecret、即ち「極秘」を示している。

一部解読できていないところもあるが、米軍はほぼ正確に山本長官の視察計画（ＮＦＴ一三一七五五番電）を解読しており、その全貌を把握していた。このときに米国が機密解除した情報には、「い」号作戦の関連情報も含まれていた。

米国が解除した資料で最も注目すべき点は、傍受時刻の140009Iである。南東方面艦隊の番電は131755Iであり、この電報が発信後直ちに傍受されたとすれば、日本側の電報処理（暗号に組んで発信するまでの時間）は六時間を要したことになる。いくら暗号を組むのに時間がかかったとしても、この程度の長さの電報であれば、どれほど多く見積もっても三時間もあれば処理できる。従って、「機密ＮＴＦ一三一七五五番電」は誰かによって再電され、米軍はそれを傍受したと考えられるのである。

いつ、どこから発信された電報であるのか特定は困難であるが、唯一の手がかりは米軍が傍受した周波数四九九〇キロサイクルにある。『昭和十八年海軍通信規定』によれば、四九九〇キロサイクルは「主トシテ艦船用ニシテ」と記されている。通信規定上、トラック地方ラバウル（第八通信所）に四九九〇キロサイクルの周波数割り当てはない。しかし、『山本元帥国葬関係綴』の南東方面艦隊司令部が発信した電報のなかに、「八通放四九九〇」と記載されたものが含まれており、これは第八通信所が四九九〇キロサイクルを使用していたことを裏付けている。このことから、四九九〇キロサイクルを使用していた、第八通信所を含むいずれかの艦所が発信（転電）した電報が米軍に捕捉されたと推察できるのである。

四月一三日に南東方面艦隊が発信した機密電（行動電報）は、アラスカのダッチハーバーとハワイのワヒアヒ無線塔に引っかかった。しかし米軍は、この暗号を解読することはできなかった。米軍が解読に成功したのは、一四日0009I（日本時間）に傍受した電報である。

海軍甲事件の暗号に関しては、この他に何件かの疑惑と推理がなされてきた。

一、昭和一八年一月二九日、ニュージーランド海軍と交戦した伊一号潜水艦が浅瀬に乗り上げ、この時海岸に埋めた暗号書を米海軍に発見された。

二、在バラレ陸軍守備隊が第一七軍宛てに発信した、山本長官一行の行動電報が米軍によって捕捉・解読された。

三、米軍が配した、現地人コースト・ウオッチャー（沿岸監視のスパイ）による情報提供等

ガダルカナルへ食料を輸送していた伊一号潜水艦は、甲事件の三か月ほど前、昭和一八年一月二九日にガ島カミンボ岬沖でニュージーランド海軍艦艇と交戦して浅瀬に乗り上げた。潜水

艦乗員は暗号書をカミンボ海岸の砂浜に埋めたが、米海軍がこれを掘り出した。

先述のとおり、第二項はあり得ない。

コースト・ウオッチャーによる監視情報の提供は大いにあり得る。米軍は、暗号解読はもちろんのこと、HUMINT（Human Intelligence）を含め総合的に判断して、最適解（山本長官一行の行動）を導いたと結論付けることが出来る。

解読電報は直ちに、太平洋艦隊司令官ニミッツ大将に報告された。ニミッツは隷下の南太平洋方面艦隊司令官ハルゼイ中将（在ニューカレドニア）に、山本長官の行動計画を知らせて山本の撃殺を令した。一方、ニミッツの報告を受けたノックス海軍長官は、ソロモン諸島方面の航空部隊司令官ミッチャー少将に「Operation Vengeance（復讐作戦）」を発出した。

ミッチャーはP-38による待ち伏せ・襲撃計画を策定した。

総指揮官　ミッチェル陸軍少佐

攻撃隊　P-38　六機　指揮官　ランファイア大尉

掩護隊　P-38　一二機　指揮官　ミッチェル少佐（総指揮官）

一八日〇七三五　双胴の戦闘機P-38（ライトニング）一八機がヘンダーソン（在ガダルカナル島）基地を離陸した。ヘンダーソンからブーゲンビルまではおよそ三〇〇浬。航続距離と空中戦闘、即ち増槽の放棄を勘案すれば、P-38が飛べるギリギリの距離であり待ち伏せできる時間は限られている。ミッチェルは〇七三五に賭けた。一八機のうちの二機が、故障のためヘンダーソンに引き返したため米機は一六機になった。

人生には常に「運」と「機」がある。人の力によって変えることができるものもあるが、何十年何百年に一人という不世出の人物であっても動かせないものもある。

山本長官と共に久利雄戦死―海軍甲事件

久利雄は山本長官とともにブーゲンビルに散ったが、前線視察計画の最初の段階では、長官に随行する予定ではなかった。当初計画の随行員は、宇垣参謀長、福崎副官、渡邊戦務参謀、室井航空乙参謀、今井通信参謀の計五名であり、久利雄は残留組の予定であった。ところが、前日（一七日）に開催した第一線部隊先任参謀作戦会議が長引き、翌日（前線視察日）も会議を続行することになった。このため、会議を担当する渡邊は司令部に残る。結果的に、久利雄と渡邊が交代する形になった。

加えて、長官のお相伴にあずかりたいとする随行希望者が出てきて、多数の随行員を従えての大名行列になった。新たに随行することになったのは、艦隊軍医長、艦隊主計長、気象長の、兵科将校ではない、いわゆる司令部三長である。そのため、案内役として既に一番機に乗り込んで聯合艦隊一行の到着を待っていた、南東方面艦隊の野村参謀は出発五分前に急きょ降りる羽目になった。長官が傷病兵を労う予定であるので、軍医長の随行は意味がないわけではないが、他の二人が随行する必要性は希薄である。主計長については、前線部隊の補給状況を確認するためと言えなくもないが、この短時間の視察では無理がある。

大きな事故や出来事の水面下には、表面に出ない多くの伏線や要因が内在している。これらの目に見えない多くの要因が、全てつながった時に事故は顕在化する。連なる鎖の一つでも、どこかで断ち切ることができれば、事故を回避することができる。運命もまた然りである。しかし、幸運の女神は久利雄の上に微笑まなかった。

昭和一八年四月一八日、ラバウル上空は晴天。草鹿長官の見送りを受けて、山本長官一行は機上の人となった。山本と久利雄を慕う、第二航空戦隊の奥宮中佐も挨拶に来た。出発前のバタバタがあり、五分遅れの〇六〇五、第七〇五航空隊に所属する一式陸上攻撃機一番機（長官機）がラバウル東飛行場を離陸した。続いて二番機（参謀長機）が発進した。上空には前もって発進した、第二〇六航空隊所属の零式艦上戦闘機（零戦）六機が直掩（護衛）のために待機している。草鹿は胸騒ぎがして、山本機を見送りながら傍らの野村に「おいピコ（野村のあだ名）大丈夫かい」と訊いた。野村は「近いから大丈夫ですよ」と応じた。野村のみならずほとんどの者が、ラバウルからショートランド・ブイン間の飛行は敵機の妨害もなく、隣の村へ行く程度の気楽さであった。従って、南東方面艦隊司令部においても、一一時頃になって草鹿長官から「（山本機の）着電はどうなったか」と問われるまで、誰一人として長官機の安否を気にする者などいなかったのである。楽観的な参謀連中だが、さすがに歴戦の勇士である草鹿は、直感（悪い予感）が働いたということだろう。

現地の航空関係者がこれほどに楽観的であったのには、それなりの理由があった。米戦闘機（P－38）は低高度の空戦では到底零戦に勝てないので、しばしばブインまで偵察の足を伸ばしても、高度一万メートル以上でさっさと帰るのが常であった。日本軍は「ペロ八」と揶揄していたほどである。そこに、日本海軍の油断と慢心があった。しかし実際のP－38は、その重量や形状からして低高度での運動力と戦闘力は零戦に及ばないが、航続距離と攻撃力・破壊力において日本の戦闘機を凌駕していた。現実に、そのペロ八によって日本軍は数十機が撃墜されていたのである。帝國海軍は彼我の能力を、適正・的確に分析する、把握する能力を欠いていたと言わざるを得ない。戦闘機の能力に加え、この時点でのパイロットの能力にも大きな開きがあった。即ち、我が海軍は長引く戦争によって、優秀な操縦員が枯渇しつつあった。

掩護機が九機から六機に減ったのは、第二小隊長機が離陸しておよそ一〇分後にエンジン不調となり引き返したことによる。小隊長機の帰投を護衛するためなのか、理由は定かでないが、列機の二機も一緒に引き返してしまった。他の資料でも同じような例があるので、当時はそれが普通であったのかもしれない。その結果、長官一行の護衛は六機だけになった。この状況を速やかに南東方面艦隊に報告しておれば、草鹿司令長官は直ちに予備小隊の発進を令したであろう。しかし、本件は何ら報告されることなく、最期の時を迎えることになった。

もともと六機の計画だったとする説もあるが、正確な記録は残っていない。

宇垣は、出発時の状況を『戦藻録』で次のように記している。

〇六東飛行場に達す。其の時指揮所の方向より同行の両航空参謀連出て来る。中に白服二名あり。オヤと思ひしに軍医長と主計長にして長官も變に思われたるが今更如何とも爲し難し。自動車を下り直ちに分かれて中攻二機に分乗す。吾人の搭乗するや、両機は直ちに発動、滑走路の端に至り次で一番機、二番機の順序に離陸、湾口の火山を眼下に見て編隊進路を南南東とす。天気晴朗、視界良好の上上飛行日和なり。左右後上方に戦闘機三機宛警戒掩護するもの時々眼に入る。我高度は千五〇〇程度と記憶するなり。

当日の服装は、視察計画電（NTF一三一七五五番電）で「陸戦隊服装」と指定している。即ち、仮に長官は別格扱いするにしても、参謀長以下の随行員は、当然のことながら部隊に指定した服装に合わせるべきであることを宇垣は指摘している。服装には殊の外うるさい海軍である。本来ならば厳しく叱責すべきところ、彼ら（軍医長と主計長）がこの類の伝統や常識には疎いこと、また離陸の時間が迫っていることから黙認した。いつも詰襟の白制服を着用している山本は、この視察行において初めて第三種軍装（陸戦隊服装）に袖を通した。部下に示したからには、自らが範を垂れるとする山本の律儀な性格と、指揮官としての在り方が窺える。

一番機、二番機ともに第二六航空戦隊の第七〇五航空隊所属（在ブイン）であり、各機の搭乗者は次のとおりであった。

一番機（機番三二三号）
司令長官　山本五十六大将
軍医長　高田六郎軍医少将
副官　福崎昇中佐

航空甲参謀　樋端久利雄中佐
機長主操縦員　小谷立飛行兵曹長
副操縦員　大崎明春飛行兵長
偵察員　田中実上等飛行兵曹
電信員　畑信雄一等飛行兵曹
同　上野光雄飛行兵長
攻撃員　小林春政二等飛行兵曹
整備員　山田春雄二等整備兵曹

二番機（機番三二六号）
参謀長　宇垣纒中将（生存）
主計長　北村元治主計大佐（生存）
通信参謀　今中薫中佐
気象長　友野林治中佐
航空乙参謀　室井捨次少佐
機長偵察員　谷村博明一等飛行兵曹
主操縦員　林浩二二等飛行兵曹（生存）
副操縦員　藤本文勝飛行兵長

電信員　　伊藤助一二等飛行兵曹
同　　　　八記勇二等飛行兵曹
攻撃員　　野見山金蔵飛行兵長
整備員　　栗山信之二等整備兵曹

山本長官の前線視察に、誰も反対しなかったわけではない。受閲部隊の一つである第一一航空艦隊の司令官城島高次少将は、視察の前日（一七日）、山本を訪ねて視察の中止を直談判した。城島がわざわざ出向いたのは、自分が指揮していた第一一航空艦隊が廃止となり、無任所になって暇ができたからではない。詳細な行動電報が、米側に解読されていることを恐れたためである。しかし、前線将兵の鼓舞激励と傷病兵の見舞いにこだわる、山本を翻意させることはできなかった。城島と同期の宇垣も、暗号は解読されていないとの立場を崩さなかった。

かねてから、暗号の安全性に疑念を持っていた草鹿は、我の制空権にも一抹の不安を覚えて掩護機の増強を進言した。小澤もまた山本の前線視察に危険を感じ、先任参謀の高田利種大佐を通じて、第三艦隊からは五〇機でも一〇〇機でも差し出す用意があると申し出たが、聯合艦隊司令部（司令長官）はこれも退けた。当時、ブイン、ショートランド方面では、敵は小型機で一日に一～二回の高々度偵察飛行をする程度であり、制空権は概ね我にありと信じられていたのである。

前の月（三月）にノックス米海軍長官がガダルカナル島を視察した時には、米軍は一〇〇機以上の航空機を準備した。日米間の情勢判断と危機管理は、かくも違っていたのである。

一方、昭和一八年一月、第一根拠地隊司令部（在ブイン）に着任した鳥海《とりかい》忠彦少尉（東京高等商船学校機関科一〇一期、山本長官等の荼毘に関わった人物）は、戦後、着任直後のことを回想して「夜中に二、三回空襲を受けその度に防空壕に通い睡眠不足になるので早く寝ておかなければ身体が持たない事は二、三日して納得した」と記している。

また、当時ブーゲンビル島で道路や陣地の構築に当たっていた陸軍の浜砂盈栄《みつよし》少尉（墜落した山本機の第一発見者）は、『丸』（昭和四二年四月号）に次のように記している。


米軍機の来襲は日増しに加わり、大型機が昼夜の別なく我軍需物や集積所や、我宿営地を猛爆し……（以下略）……


脅威の感じ方や見積もりが、部隊の置かれた状況・環境や個人の配置、あるいは経歴によって異なるのは致し方ない。しかし、この場合の聯合艦隊司令部や航空部隊と、実際に敵の空爆を受けている陸上部隊との間には現状認識に大きな乖離がある。結果的に、聯合艦隊司令部の見積もりは甘かった。

第一の当事者である草鹿は、事件後自らの不手際（山本を戦死に至らしめた）に責任を感じ、海軍大臣と軍令部総長に進退伺を提出した。

昭和十八年四月二十三日

草鹿任一

今回之事痛恨極りなく誠に何とも申譯無之儀に御座候
詳細ハ西尾参謀副長より御聴取被下度
小官當面の責任者として恐懼に不堪候
如何様ニとも御叱責御處分の程奉仰候
右伏して御詫申上候
恐惶謹言

西尾少将持参

嶋田海軍大臣閣下
永野軍令部總長閣下

今日においても、自分たちの暗号は絶対に破られないとする考え方がある。とりわけ情報技術が発達した今日においては、かかる神話が説得力を有する。しかし、世の中に絶対ということはない。どれほどに精緻な暗号であっても、どこかに解く鍵がある。技術的には解読不可能と思えても、人間の力をもってすればどこかに糸口を見出すことができる。所詮、人が作ったものは、いずれ誰かによって破られる。それを前提にして計画を立案し、作戦を遂行する必要がある。

軍令部第一部長福留繁中将（海兵四〇期）は、「山本元帥を殺したものは何ぞ知らん日本海軍の暗号であった」と嘆いた。しかし、その福留も一年後には同じ過ちを犯す（海軍乙事件）のである。

視察計画の原案を作成し辛くも生き残った野村は、回顧録に航空専門家としての見解を記している。

飛行機が地上基地を襲撃する場合、その侵入方向は太陽を背にするか、基地レーダー（この場合ショートランド島のレーダー）のブラインド・ポイントを利用する方向から入ってくるのが常道である。

ブインへ侵入して来る敵機は、午前中はこの原則に従って、かならず南東方から入ってきたが、この日にかぎって南西方から入っている。しかもこの方向にはモイラー岬の見張所もあるのだから、これは単なる基地攻撃で、偶然陸攻隊と行き合ったとは考えられない。

〇六〇五ラバウルを離陸した一式陸攻二機と零戦六機は、機首を最初の視察地バラレに向けた。一式陸攻二機の後方には、それぞれの直掩機（零戦）三機が続き、高度二〇〇〇メートルで順調に飛行を続けていた。〇七四〇頃、ブーゲンビル島のムツピナ角（岬）上空に差し掛かった時、直掩機が右斜め前方およそ一万五〇〇〇メートル、高度一五〇〇メートルに敵機が編隊で南下しているのを認めた。直掩機は直ちに増速して一式陸攻に並び、コックピットから「敵機発見」を合図した。敵編隊は二隊に分離し、一隊は急上昇、他の隊は高度そのままで増速し一式陸攻の前程を扼するごとく行動した。同時に全機が燃料の増槽を投下して、空戦（攻撃）の意図を鮮明にした。

これを見た一式陸攻一番機（長官機）は、急降下、増速しつつ左に大きく旋回してブイン北方に向首した。後方に廻り込んだ敵の一隊が、右後方から一番機めがけて突撃してきた。直掩隊は直ちに反航して、敵機の攻撃・追従《ついしょう》を開始した。敵機は零戦の有効弾を浴びても、何ら回避行動をとることなく果敢に目標（山本機）に突進した。回避運動をする日本機に襲いかかったロッキードP－38G（ライトニング）は、一番機に照準を合わせ、たらうことなく引き金を引いた。高度を上げた敵の一隊は、上方から一番機に対して執拗に攻撃を繰り返した。ブインから零戦四機が緊急発進したが、これには目もくれなかった。

一番機はブイン進入を断念、海岸への不時着を決意して機首を南に向けた。しかしながら操縦意の如くならず、火炎に包まれつつ滑空、およそ五度の角度で密林に突入し炎上した。二番機（宇垣機）は敵の攻撃を回避して、高度二〇メートルで海岸線に達した頃、右の発動機を撃ち抜かれたため不時着を決意。モイラ岬の南方約五〇メートルの海上に着水した。着水と同時に右翼を折損、そのまま横転して炎上沈没した。横転の際、一部の搭乗員（宇垣参謀長、北村主計長、林操縦員）は海上に投げ出されて一命を取り留めた。

宇垣の『戦藻録』は、両機が米陸軍のP-38に襲撃されたときの状況を生々しく語る。

機がジャングルすれ〳〵に高度を下げたる時、既に敵機と我護衛戦斗機との空中戦は展開せられ、數に於て四倍の敵は容赦なく大物たる中攻機に迫る。之に對して機は急速九十度以上の大回避を行う。機長は上空を凝視し、敵機の突込まんとするを見るや、主操縦者の肩を敲きて左右を指示せり。一番機は右に、二番機は左に分離し、其の距離を増せり。二回程回避の後一番機や如何と右側を眺むるに何たる事ぞ、約四千米の距離にジャングルすれ〳〵に黒煙と火を吐きたる一番機が速力も落ちて南下しつゝあらんとは、しまった！の考の外なく餘の斜後通路に立ちありし室井航空参謀の肩を引き寄せて「長官機を見よ」と指示せり。之彼との永遠の別離とはなれり。此の間僅に二十秒位、敵の來襲に機は又急轉して長官機を見失ふ、水平に歸るももどかしく如何なり行きたらんと心は憂に滿つ、當然の結果は豫想しある所なるも……次の一瞥に機影既に無く、ジャングルの中より黒煙の天に沖するを認ゆるのみ。噫萬事休す！

当時、第一根拠地隊機関参謀付として司令部で勤務していた鳥海少尉が、陸上からみた交戦状況を自伝『若き日の思い出　ブーゲンビル島戦記』に残している。

見張所より第一声が入りマイクを通じ司令部内に放送された。

『長官機見えました』につづいて
『参謀長機見えました』

バラレ飛行場着は午前八時と予定されていた。二機共高度を下げ着陸態勢に入った。司令部に到着まであと一時間足らずと推測された。

『総員出迎えの位置に整列』の号令がかかり私たちはとって置きの第三種軍装（海軍の正規の陸戦服）に着がえ久し振りに白手袋をはめ軍刀を片手に椰子林に向って三々五々歩き初めたその時であった。見張所より
『長官機　交戦中』

我々は足をピタリと止めた。この時長官機らしきものと戦斗機らしいものがブイン山を左上から右下に向ってすごい速力で斜めに飛ぶのを椰子の葉越しに認めた。

『長官機　堕ちまーす』

『参謀長機　海上に堕ちまーす』

突如「解散」とわけの分からぬ号令がかかった。

我々は顔を見合せ暫く無言であった。

通称「ブイン山」とは、第一根拠地隊司令部の南方約一六キロメートルにある、標高二〇〇メートルほどの小高い山で、頂上には見張所と電探が置かれていた。

操縦員只一人の生存者である、二番機（三二六号機）主操縦員の林二等飛行兵曹は、帰還し

て次のように報告・証言した。

陸攻二機（高度二〇〇〇メートル）は、後ろ上方左右に戦闘機三機の掩護を受けて〈バラレ〉に直進中、〈ブイン〉西方約三〇浬付近で敵P-38の二隊が南下するのを、後ろ下方（距離一万五〇〇〇メートル、高度一五〇〇メートル）に認めた。敵機群は増槽を切り離して上昇し、二隊に分かれて前後からわれわれを襲った。一番機は機首を〈ブイン〉に向けたが、黒煙を吐きながら低空を水平飛行し、二番機は一番機と離れて回避運動を繰り返しながら〈モイラポイント〉に向かったが、昇降舵が利かなくなり着水、転覆した。一番機は〈モイラポイント〉の三〇三度九八浬付近のジャングルに機首を突っ込み、翼端と胴体後半部は燃え残った。

久利雄の座席は尾部にあったが、空戦の勇士である久利雄は、急襲する敵機を認めるや否や機長に飛行指示を与えるため、また敵機の動きを把握するために機内を駆け回ったであろう。機が小角度で密林に突っ込み、大きく三つに分離する際、久利雄は機外に投げ出された。操縦員に密林への不時着を指示したのは、久利雄だったと筆者は推察する。上空で生起している事象、即ち日米空中戦を知った在ブインの第二六航空戦隊は、直ちに零戦四機を緊急発進させた。米機に対する零戦は一〇機になったが、待ち構えて襲撃してくるP-38には敵わなかった。

我が方（第二六航空戦隊）には、受け入れ基地から事前に直掩機を上げるという発想は最初からなかった。「い」号作戦を終えたばかりの現地部隊には、物理的にも精神的にもその余裕がなかったのである。二六航戦の緊急発進が四機に止まったのは、米側の攻撃が急襲であったことに加え、長官の視察を受閲するための儀礼を含む、管理的な準備に忙殺されたことによる。数日前に作戦を終えた現地部隊にとって、聯合艦隊司令長官の視察は身に余る光栄ではあるが、同時に負担も大きかったのである。局地戦ではあるにせよ、戦闘行動を終えたばかりの末端の部隊にとって、聯合艦隊司令長官の存在と来訪はとてつもなく重かったのだ。

平時であっても、高官の部隊視察は、子隊《ねたい》の負担を考慮して計画されなければならない。ましてや、戦争状態においておや。そうでなければ、視察は単に上級指揮官の自己満足に終わり、部隊の疲労を増大させるだけである。

一七〇八、東京通信隊は南東方面艦隊司令長官発の緊急電（機密第一八一四三〇番電）を受信、一九二〇に暗号解読を終えた。機密電は直ちに、海軍省と軍令部に送付された。

発信者　南東方面艦隊司令長官
着信者　海軍大臣　軍令部総長
甲第一報
聯合艦隊司令部ノ搭乗セル陸攻二機　直掩戦闘機六機ハ本日〇七四〇頃ＱＶＢ上空附近ニ於テ敵戦斗機十数機ト遭遇空戦　陸攻一番機（長官《Ａ》、軍醫長《Ｃ》、樋端参謀《Ｅ》、副官《Ｆ》搭乗）ハ火ヲ吐キツツＱＶＢ西方一一浬密林中ニ浅キ角度ニテ突入、二番機

（参謀長《Ｂ》、主計長《Ｄ》、気象長《Ｇ》、通信参謀《Ｈ》、室井参謀《Ｉ》搭乗）ハ「モイガ」ノ南方海上ニ不時着セリ。現在迄ニ判明セル所ニ依レバ《Ｂ》《Ｄ》（何レモ負傷）ノミ救出セシメ目下捜索救助手配中。

（本電関係ハ爾後甲情報ト呼称シ職名ハ括弧内羅馬字ニテ表ハスコトトス）

（筆者注：電文のＱＶＢは「ブイン」、モイガは「モイガ岬」を表す）

事件後の海軍の動き

第一報を受けてから山本元帥の国葬に至る海軍中央の動きと経緯は、防衛研究所が保管する『山本元帥國葬關係綴』に詳しい。綴りには、事件発生から国葬までの各種記録が収録されており、今日では当時の模様を知ることができる貴重な一次資料である。特に「第一報接受後の海軍省の動き摘録」（事態が落ち着いた昭和一八年六月一〇日に記録されたもの）は、緊急事態における海軍中枢の動きや、これを何とか覆い隠そうと画策する様子が克明に記されており、誠に興味深い。

「甲情報第一報」は、四月一八日二〇〇〇頃、軍務局員浅田昌彦中佐（海兵五二期）から先任副官の柳澤蔵之助大佐（海兵四六期）に手交され、秘書官麻生孝雄少佐（海兵五五期）を通じて直ちに嶋田大臣と澤本頼雄次官（中将、海兵三六期）に報告した。並行して、軍務局から岡敬純軍務局長（中将）と中澤佑人事局長（少将、海兵四三期）に報告された。

澤本は、山本が最も信頼し心を許した人物の一人である。山本は昭和一六年八月から戦死するまでの間に、八通の手紙を澤本に宛てている。澤本はこれを次官室の金庫に収めた。

省からの緊急事態発生報告を得て、次官・軍務局長・人事局長が急きょ登庁、鳩首して善後措置（人事機密保持、発表時機及び方法等）について協議した。ここで大まかな対応を決めた後、中澤人事局長は階上の軍令部に赴き、登庁してきた軍令部首脳（総長、次長、一部長）と面談した。海軍首脳は当面の措置として、次を申し合わせた。

一、本件取り扱いは、当分の間関係者以外に厳秘とする。

二、暗号被解読の懸念があるため、至急調査を進める。

三、万一に備えて、人事関係の手配を進める。

最後の項「万一」は、山本長官の戦死を意味する。

海軍省と軍令部は、山本長官の生存に一縷の望みをかけ、祈る思いで次の報を待った。翌一九日未明、生き残った二号機の林操縦員から聴取した、南東方面艦隊司令長官の戦闘状況（甲第二報）が届き、中央は重大事案の概要を把握した。その内容は、最悪の事態を予期させるに十分であった。

南東方面艦隊（一八－一九四二）甲二報

一、搭乗員ニ就キ調査セル情況、左ノ如シ。

陸攻二（高度二〇〇〇メートル）其ノ後上方左右ニ艦戦各三機掩護、ＱＣＮニ直進中、ブイン西方約三〇浬附近ニテ敵P－38ノ一二機二隊ノ南下スルヲ後下方（一五〇〇〇メートル、高度一五〇〇メートル位）ニ認メ、敵ハ間モナク増槽ヲ投下上昇、一隊ハ我ガ右前方ニ廻ハリ、他隊ハ後上方ニ迫レリ。先ズ右前方ノ隊来襲、我ガ戦闘機ハ之ヲ撃退中、他ノ敵ハ後方ヨリ……シ、他隊ト同時ニ殺到。陸攻一番機ハ一旦機首ヲ突込ミテ「ブイン」ニ向針セルモ、黒煙ヲ吐キツツ水平ニ復シ、二番機ハ之ト分離、高度ヲ下ゲ回避運動ヲ行ヒツツ「モイラポイント」方面ニ向フ中、遂ニ昇降舵利カズ、発動機ヲ絞リ間モナク接水、三名ノミ投出サレタルモノノ如シ。一番機ハ「モイラポイント」ノ303°9.8附近ニ不時着セルモノ「ノ」如シ。捜索機ノ偵察ニ依レバ、同機ト認メラルヽモノハ機首ヲ「ジャングル」内ニ突込ミ、燃残リノ翼端又ハ胴体後半部ヲ認メタルモ、人員ヲ認メズト（ジャングルハ深キモノノ如シ）。

戦闘機ハ「モイラポイント」東方迄空戦ヲ続行スルモ、是ヨリ先キ、先一機「ブイン」ニ急報セルニ依リ、友軍機離昇セルヲ認ルヤ敵ハ遁走（過半ハ既ニQCF西方ヨリ遁走）セリ。撃墜六（内三不確）。二番機搭乗ノ三名ハ間モナク見張所員及大發ニ依リ救助セラレタルモ、其他ハ脱出シ得ザリシモノノ如シ。距岸一〇〇メートルノ機体ハ引揚ゲ手配中。

一番機ニ対シテ空地連絡、捜索救助隊現場ニ急行中ナリ（上空警戒実施）。

QCN：バラレ　QCF：ショートランド

二、（略）

二〇日一一二七、捜索部隊指揮官である第一根拠地隊司令官から、遂に決定的な追電（機密第二〇〇六二五番電）が東京通信隊に届いた。一三〇五に暗号解読を終えた電報は、一三二〇海軍省・軍令部に持ち込まれた。霞ヶ関（海軍省・軍令部）は沈痛な空気に包まれた。

発信者　第一根拠地隊司令官
着信者　南東方面艦隊司令長官
受報者　（軍令部）次長、（海軍省）次官
甲報四
一号機生存者ナシ　遺骸収容中

この悲報は極めて限られた者だけにしか知らされず、海軍中央は箝口令《かんこうれい》を敷いた。それは、山本長官の遺族とても例外ではなかった。

永野軍令部総長は状況説明のため参内、嶋田海軍大臣が伏見宮邸に向かった。中澤人事局長は伊藤整一軍令部次長（中将、海兵三九期）と人事調整に入り、聯合艦隊司令長官の後任に、古賀峯一横須賀鎮守府司令長官（大将、海兵三四期）を充てることとした。嶋田海軍大臣がこの人事案を了として内奏した。

翌四月二一日一七〇〇頃、大臣室において嶋田大臣から古賀大将に対して職記の伝達が行われた。ここまでは、極めて迅速かつ的確な対応であり措置であったが、この後、海軍中枢は事態を隠す（公表を遅らせる）ために迷走、よく言えば最大限の努力をした。

聯合艦隊司令長官に赴任する古賀大将には、南方占領地への出張という形を取らせた。横鎮長官は欠員とし、職務代理を航海学校長の三川軍一中将に執らせることとした。三川の四月二〇日付、航海学校長発令はそのための人事である。『高松宮日記』四月二一日には、「横鎮長官ヲ代エルト世間ニワカルカラナリ」と代理発令の理由を明らかにしている。さすがに、新長官古賀大将が二二日一〇〇〇に参内する時は軍服を纏ったが、同日夕刻明治神宮と靖国神社を参拝する際には平服とした。宮内省には、横須賀鎮守府司令長官の拝謁として取り計らうよう要請した。他にも、親補式は行わない、侍従武官の長官官邸への御差遣及び参内後の皇族付武官の見送りなし、社寺参拝時には「使用自動車ハ錨印ヲ除去ス」等、異常なまでの心配り（隠蔽策）である。靖国の杜に眠る先人は、海軍の迷走をどのように見たであろうか。

古賀新長官は目の回るような数日を経て、二四日トラック島に向け横須賀海軍航空基地を飛び立った。

現地部隊指揮官として大惨事を回避できなかった草鹿は、嶋田海軍大臣と永野軍令部総長宛て、悔恨とお詫びの書状を認め、状況説明のために上京する参謀副長西尾秀彦少将（海兵四一期）に託した。書状には「如何様ニとも御叱責御處分の程奉仰候」の文字。しかし、全てが遅きに失した。

歴史や過去を考察する場合、現在の価値観や環境で物申してはいけない。「しかし」である。作戦要務上も通信・暗号に関しても多くの問題と疑問を残す山本長官の前線視察だが、数十年に亘って軍籍（海上自衛隊）に身を置いた筆者が、どうしても理解しかねることがある。それは、司令長官と参謀長が同一行動をとったこと。計画段階で、まさかの事態に備えて長官と参謀長を別の航空機にする、という配慮はなされた。しかし、店主（トップ）が外に出るときには番頭さんが留守番をする。番頭が外回りの時には、店主が残るという発想や伝統はなかったのか。平時ではない。毎日敵の空襲があり、しかも自ら指揮を執った前日までの戦闘では、何十機という虎の子の航空機を失い、何十人という貴重な搭乗員を戦死に至らしめている。このような状況下で、宇垣参謀長が山本長官に同行することに関し、司令部内で賛否を議論した形跡はない。山本、宇垣のどちらかが、同一行動を強く求めたとも考え難い。

参謀長が発案した視察に長官が「俺も行きたい」と言えば、参謀長は「承知しました。では私は留守番をします」と応じなければならない。それが大番頭（参謀長）の役目である。また、かりに参謀長が「私も随行をお願いします」と言えば、長官は毅然として「君は残れ」と指示すべきである。

軍令部や海軍省においても、「それはまずいぞ」との意見は無かったのか。当初計画の段階から長官、参謀長がともに前線視察に出ることとされており、本人を含む司令部の総員が、両者の同一行動を当然のことと受け止めている。直前に人員の入れ替えがあったにせよ、結果的に甲乙両航空参謀も随行した。随行はいずれか一人で十分だ。要するに、戦務（作戦要務）で言えば、目的に添わない戦術を取ったことになる。宇垣の『戦藻録』にも、このことに関する記録や悔恨の言葉は見当たらない。

聯合艦隊司令部は、およそ一年後に同じ過ちを繰り返す。吉田俊雄は戦後、著書『海軍参謀』において「リスク・マネジメントがゼロだった」と厳しく糾弾している。

現地（ブーゲンビル）に所在する陸海軍部隊は、直ちに長官機の捜索を開始した。黒煙を吐いて墜落する大型機を見た多くの陸兵は、零戦が敵機を撃墜したと思って「万歳《ばんざ〜い》」と喝采した。なかには、戦利品を入手できると思った者もいた。

捜索や発見時の状況、遺体をブインに搬送する状況等を最も丁寧かつ正確に記しているのは『山本五十六の最期』（蜷川親正著）であるが、戦後、関係者に行った取材を中心に纏めているので記憶にばらつきがある。以下、『山本五十六の最期』と南東方面艦隊司令部の「事故調査概報」から、重要なポイントについて筆者の考察を加味して記す。

四月一八日の事故後、現地海軍は直ちに水上偵察機を飛ばして、一番機の捜索と墜落現場位置の特定を図った。一三〇〇頃、航空機は墜落場所を確認したが、密林にさえぎられて詳細を把握することはできなかった。航空機は陸上捜索部隊の上空を飛んで、墜落地点への誘導に努めた。

現地部隊である第一根拠地隊司令官板垣成紀少将（海兵三九期）は、根拠地隊病院長田淵義三郎軍医少佐を指揮官とする捜索救助隊を編成急派した。板垣司令官は、捜索隊の出発に際し「何とかして長官の遺体だけは持ち帰ること。他の遺体はやむを得なければ、現地で荼毘に付すこと」と指示した。捜索隊は、長官用の担架とホルマリン（防腐剤）、そして遺体を覆う白布を手に出発した。この捜索隊は、医療班と第六陸戦隊の一部で構成されるが、編成の細部は不明である。捜索隊の行動概要は次のとおり。

一八日〇八〇〇頃、駆潜艇でブインを出発、途中無線でモイラ岬に生存者がいるとの情報を得たため、同岬の海軍砲台に上陸した。ここで宇垣参謀長と北村主計長を治療した後、再度乗艇して現場に向かった。現場に近いと思われる河口から上陸、密林に入ったが状況を得ず、その日は海岸に戻って野営した。

一九日の捜索も状況を得られず、夕刻に帰隊した。

第一根拠地隊司令官の指揮下にあった、佐世保鎮守府第六特別陸戦隊司令町田喜久吉中佐（海兵五一期）は、一八日一一〇〇頃、第一中隊第一小隊長吉田雅維少尉に「山本司令長官の搭乗機が不時着したので、ただちに現場へ捜索に行け」と口頭で命じた。町田は久利雄の同期、しかも同じ四国の出（高知）である。

板垣司令官は同時に、ブーゲンビル島の西海岸タロキナ岬に通ずる道路建設のために展開している、第一七軍第六師団の輜重兵第六連隊に協力を要請した。海軍の要請に応じ連隊長の服部政之助中佐は、第三中隊の安部茂大尉及び竹内睦祐軍医中尉を指揮官とする二個捜索隊を直ちに派出した。安部は海軍の要請に応じて、陸海軍を統一指揮した。安部の記憶によれば、部隊の構成は陸軍四〇～五〇名、海軍七～八名である。

一一三〇頃、陸軍第三中隊と海軍佐六特隊を乗せた大型発動機艇（大発）は、モイラ岬に向けて出発した。一二三〇頃、モイラの海軍砲台に上陸して情報収集を行った。モイラには二番機搭乗の生存者、即ち宇垣参謀長、北村主計長、及び操縦員で唯一生き残った林二等飛行兵曹長がいた。

一三〇〇頃モイラ岬を出発、一四〇〇〜一五〇〇頃現地人数名を案内人にして、河口から上流に向かって川の中を胸まで水につかり、あるいは泥濘のジャングル（密林）を墜落現場に向かった。同日は状況を得ず、河口に引き返し海岸で野営した。以後の吉田少尉の証言は、その他の証言と一日の誤差があり信憑性に欠けるので、これを修正して話を進める。

吉田部隊は陸軍捜索隊の情報を得て現場に至り、総員の戦死を確認して遺骸を海岸まで搬送した。搬送した日は、他の大方の証言から判断して、墜落から二日後の二〇日とするのが妥当である。安部もまた、後程出て来る第一発見者の浜砂少尉と同じように、二〇日の朝、遭難現場に到着した時には、遺骸に猛烈なうじ虫がいたと証言している。

陸軍捜索隊が墜落機体を発見

次に陸軍の動きである。

陸軍第六師団所属の歩兵第二三連隊は、墜落現場の北方約五キロメートルのアクに連隊本部を置いていた。当日朝、連隊長の浜之上俊秋大佐は翌日（四月一九日）ブインの海軍第一根拠地隊において実施される、陸海軍合同作戦会議に出席するため、部下八名とともにブインに向け徒歩で移動中であった。このとき、ジャングル内において一機の大型航空機が黒煙を吐いて墜落するのを目撃した。

しかし、その場では通信手段がないため如何ともしがたく、三キロほど進んで一一〇〇頃、道路建設に従事している隷下の工兵隊（隊長植木大尉）の現場に至った。浜之上は直ちに植木大尉経由、連隊本部にいる日高副官に次の通り電話で口頭命令を発した。「軍医班を含む将校斥候二組を派出して捜索、救助にあたれ」。

連隊長の命令に従って、次の二個班が出動した。

一班　指揮官蜷川親博軍医中尉他衛生隊員

二班　指揮官中村常男見習士官他一〇名と道案内の原住民二名

連隊本部からの「将校斥候一組を派出せよ」に応じ、歩兵砲中隊長市川一郎大尉は第一小隊浜砂盈栄少尉に「すぐに出発せよ」と口頭で命じた。浜砂は計一一名（本人を含む）の斥候を編成して、密林に入って行った。この浜砂捜索隊が第一発見者となる。

野砲連隊第一中隊の小隊長柴田少尉他一〇名も自主派遣で捜索に向かったが、状況を得ず日没をもって捜索を断念した。

ジャングルは鬱蒼とした大樹海の世界で、日中でも薄暗く地上から空はほとんど見えない。案内人を先頭に斧で蔓《つる》を切り蜘蛛の巣を払いながら進む。しかし、一〇〇メートルも前進すると方向が分からなくなる。そのため、上空から水偵が捜索隊を誘導した。方角を見失うと樹木を倒して軍艦旗を振る。これに応じて水偵は、捜索隊の上空を墜落現場の方に向かって超低空で飛行した。

長官機墜落からおよそ三五時間、一九日の一六時半頃浜砂少尉が指揮する、砲兵砲中隊第一小隊が墜落現場に到着した。墜落機発見の契機となったのは、前方を行く捜索隊員の「ガソリンの臭いがします」だった。ガソリン臭の方向に歩を進めると、樹間の遥か向こうに黒褐色の構造物が出現した。墜落した一番機の胴体部分であった。

長官機は、モイラ岬の西方約一五キロメートル（ワヌイ川河口から約六キロ上流付近）、ブイン飛行場からは西方約二五キロメートルのジャングル内で発見された。機体は、大きく主翼部、胴体部、尾翼部の三つに分断され、胴体の左側に長官と軍医長他、久利雄は進入方向（機首）に向かって胴体部の右方約三〇メートルに位置し、総員が死亡しているのが確認された。

第一発見者となった浜砂は、『山本五十六の最期』において発見時の様子を次の通り証言している。

> まず搭乗員の墜落現場に集まった。あちこち見回しても、無言の遺体がさまざまの姿態でころがっているだけだった。双発機の胴体部分の周囲約三〜四〇メートル平方の地域内に一一名の遺体が見える中、ひときわ目をひくものがあった。それは胴体の左側一五メートルほどのところで機の座席に着き胴紐を締めたままで、黒漆塗りの軍刀を右手に固く握りしめ、機体の向きと並行にあたかも指揮所の椅子に腰かけ、生ける者

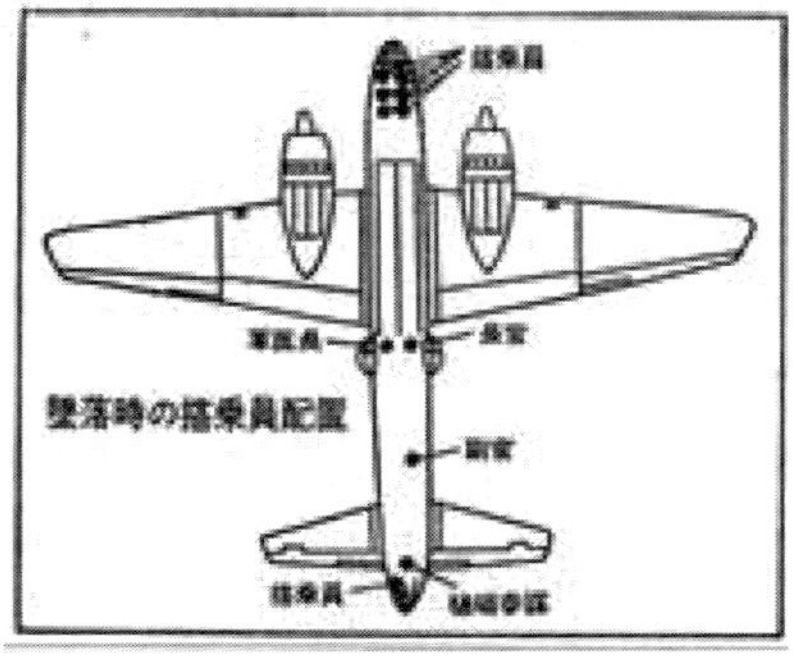

蜷川親正『山本五十六の最期』より

のごとき（帽子は飛んで無帽）姿の長官であった。そのグループは四人。長官には右前頭部に擦過傷があったが、これだけでは致命傷とは思われない。出血はないが、ハエが顔一面を覆っていた。そのすぐ左側に寄り添うごとく白服の大男の遺体があった。地を這っていった跡があり高田軍医長であった。他の二人も長官のそばに寄ってきたと思われる跡があった。またその右方三〇メートルのあたりには中佐参謀たちの遺体があり、中佐（筆者注：樋端中佐）のみは軍衣のボタン全部をはずし、仰向き、大の字形に倒れていた。墜落時、多少意識があって、苦しまぎれの行為だったものか。そのグループの一人は海軍の紺色をした上衣を四つ折りにしてそれを枕に上向けに死んでいた。

遺体の状況は図の如くで、主翼と胴体の一部がついたエンジン部分には二～三名の操縦者らしい真っ黒く焦げた遺体や上半身または下半身を黒焦げにした遺体（Cグループ）が、いずれも操縦席を中心に主翼と胴体の付け根の部分に横たわり、付近は火災の跡をとどめていた。次に三〇メートルほど離れたところに機の胴体があり、その内部は空洞でほとん

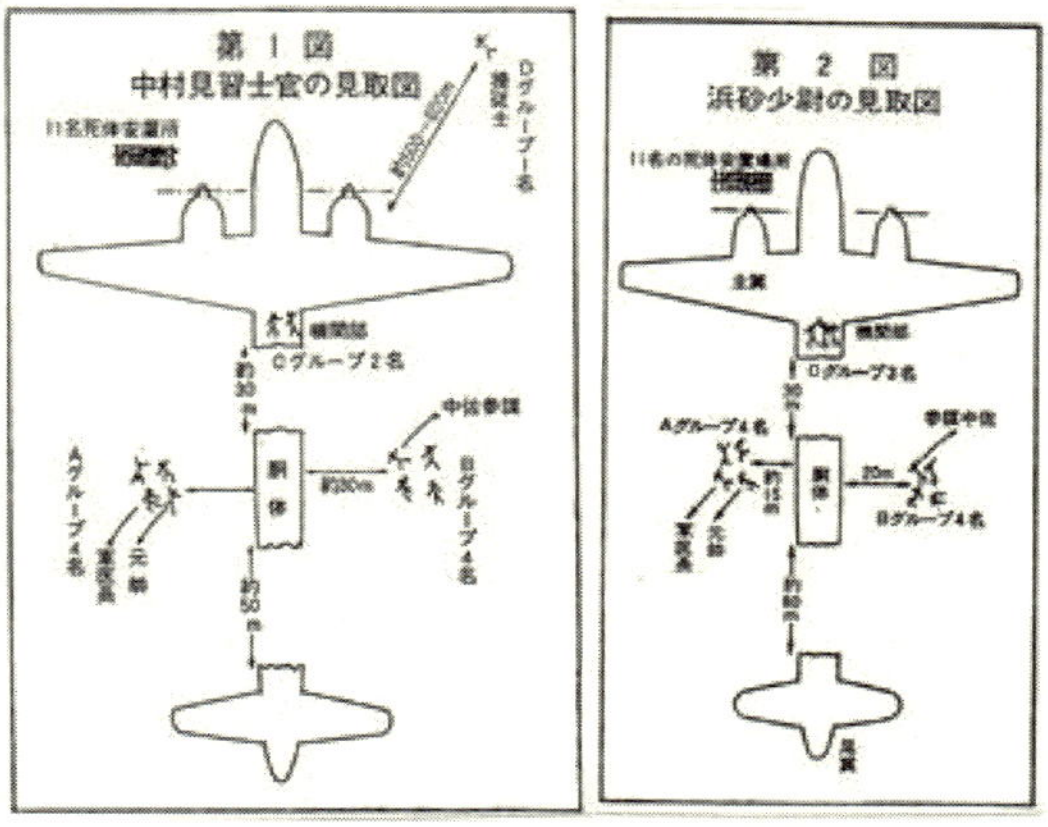

蜷川親正『山本五十六の最期』より

どの備品は飛び散ってしまったのか、骨組みと胴体の周囲だけの円い巨大な筒が転がっているようであった。この中には遺体はなかった。そしてこの地点から八〇メートルのところに尾翼がもぎとられたように残されていた。

図で見られるように遺体の所在は大きく分けてAとBの2グループである。Aグループは長官を中心に、その左には長官ににじりよるように軍医長の遺体があり、それは地上を這ったように倒れていた。また長官の左上約四メートルのところと右上約三メートルの地点の遺体を加え計四人の遺体があった。いずれもウジ虫はわいていなかった。Bグループは中佐参謀を中心に二～三メートルまたは七～八メートルの距離をおいて、その参謀を取り囲むように三人が倒れる計四人の遺体からなっていた。どの遺体にも血をみるような外傷はなく、眠るように死んでいた。焼死体以外の遺体には、いずれもウジ（蛆）の発生は認められなかった。Cグループは主翼に続く機関部付近、操縦席と思えるところにあり、エンジンが焼けたため三遺体は焼けただれていて死臭が感じられた。

そのあたりの小木を切り、遺体安置所を構え、遺体全部をそれに安置し、マニラ麻の葉をもって丁重にこれを覆い、機体内に残っていた食器に真水を満たしてお供えし、一同黙祷礼拝（奉げ銃）して現場を離れた。

状況報告のために帰投中、部隊本部近くの路上で吉田雅維少尉率いる、海軍陸戦隊（佐世保鎮守府第六特別陸戦隊第一中隊第一小隊）と遭遇した。陸戦隊はジャングルの中、腰まで泥濘につかりながら捜索するが、未だ現場に到着することができないでいた。陸軍の捜索部隊から現場の状況を聞いたが、海軍陸戦隊は疲れ切っており、その夜はその場で休止（野営）した。翌二〇日の薄明、浜砂小隊の先導で野営地を出発、現場に着いて遺体を陸軍部隊から引き継いだ。指揮官の吉田少尉は、海軍兵学校選修科（一九期）修業の、叩き上げ特別進級士官である。

現場に着いた海軍陸戦隊は、計画に従って長官を担架に収容、ホルマリンを入れて白布で覆った。参謀等は原木と蔓で作った応急の担架に収容し、芭蕉の葉を何枚も重ねて覆い、再び蔓で縛った。そして最も近い海岸に向かって、直角にジャングルを切り開いていった。二〇日午後四時頃、搬送部隊はやっとの思いで海岸に出た。午後五時頃、一隻の駆逐艦が海岸沖に見えた。同艦からランチが降ろされ、渡邊戦務参謀等が海岸に上陸して長官の遺骸を確認・収容して海防艦に搬送した。海防艦の出港に合わせて、浜辺で見送る捜索部隊は「捧げ銃」を行った。久利雄をはじめとする残りの一〇体は、およそ三〇分後に第十五号掃海艇に収容した。但し、ここのところは正確な記録がないため、長官の遺体と久利雄他の遺体が別々に搬送されたか否かが定かでない。

久利雄の死体検案記録の矛盾

公式の記録では、掃海艇上において、板垣第一根拠地隊司令官、渡邊戦務参謀、南東方面艦隊軍医長大久保信軍医大佐、第八艦隊軍医長内野博軍医大佐立ち会いの上、第一根拠地隊軍医長田淵義三郎軍医少佐が遺体検死を行ったとされている。田淵軍医少佐が作成した、久利雄の「死体検案記録」は次のとおりである。

死体検案記録

聯合艦隊参謀海軍大佐　樋端久利雄

右者昭和十八年四月十八日午前七時四十分頃、ソロモン群島方面ニ於イテ搭乗機ノ事故ニヨリ即死、同月二十一日第一根拠地隊病舎ニ運搬シ来タレルヲ検案スルニ全身既ニ腐敗セルモ頭部打撲ノ跡著明ニシテ頭蓋底骨折ヲ起シ重要臓器ノ損傷ニ因リ即死セルモノト認ム

昭和十八年四月十八日

第一根拠地隊軍医長海軍軍医少佐　田淵義三郎

この検案記録には矛盾がある。一八日付の記録に、なぜ二一日の検案内容が記載されているのか。渡邊は掃海艇上での検死について、戦後、雑誌『丸』(昭和四四年一二月号)に「私と南東方面艦隊軍医長(軍医大佐大久保信)だけが、長官御遺骸の検死をした」と残している。であるならば、なぜ大久保軍医大佐が検案記録を作成しないのか。山本長官の「死体検案記録」も、田淵軍医少佐名で作成されている。現地部隊が混乱の極みにあったことは想像に難くないが、山本長官戦死の隠蔽を画策する、海軍の作為を見てとれる。

また、階級は特進後の「大佐」となっているが、一八日の時点でかかる事務手続きが終わっ

ていたとも思えない。事務手続きの全てが遡及である。明らかに、遡って作成したことが窺える公式文書である。それにしても、日付の誤りは余りにも稚拙であり、遺族に対しても大変失礼なことである。

後年、田淵は地元の医師会誌『之道』に「山本元帥戦死てん末記」と題する一文を寄せ、「検死場所を体裁上変更してあるのが気に付く」と記している。

一方、久利雄の「死体検案書」は四月二一日付で作成されている。

死体検案書

一、氏名　樋端久利雄
二、出生年月日
三、所轄官職　海軍大佐
四、戦死病死　戦死
五、傷病名　頭蓋底骨折
六、発病年月日　昭和十八年四月十八日
七、死亡年月日時　昭和十八年四月十八日午前七時四十分
八、死亡ノ場所　ソロモン群島方面

右　証明ス

昭和十八年四月二十一日

海軍軍医少佐　田淵義三郎

久利雄の死亡に関し、「死体検案記録」では即死、「死体検案書」による死亡時刻は一八日午前七時四〇分とされている。しかしながら、一式陸攻の墜落は炎上墜落ではなく、周辺の樹木の状況から判断して、浅い角度での不時着に近い墜落であること、また発見時の「上衣のボタンを引きちぎった」様子から推察すると、墜落後しばらくは生存していた可能性が高い。それは久利雄に限らず、長官をはじめ他の参謀等についても言えることである。

陸軍捜索隊の一員であった蜷川親博軍医大尉の実弟、蜷川親正は『山本五十六の最期』で次のように推察・推理している。

もしも山本大将や高田軍医少将や樋端大佐が機上即死であれば、すなわち、十八日の午前八時までに死亡しておれば、当然、十九日の死体発見の午後の時点においては猛烈なうじ虫の発生を認めねばならない。……(中略)……十九日の午後になってもまだ、うじ虫が発生していないというのは、すくなくとも十八日には死亡していない。……(中略)……だからこそ二十日朝、(筆者注:陸軍浜砂部隊が)海軍陸戦隊を案内していった時点では、猛烈にうじ虫が発生していたのである。

蜷川は、浜砂隊が一九日午後三時に遺体を発見したとして逆算すると、山本長官の「死亡時刻は一九日の午前六時頃」、あるいは「午前六時~午前九時まで」と結論付けている。蜷川が出した結論は、うじ虫の発生状況に加えて、山本長官の異常なまでに端然とした死に姿、B（樋端）グループの某の様子、即ち「四つ折りにした上衣を枕にして横たわっていた」を勘案すると、いよいよ現実味を帯びるのである。『山本五十六の最期』は、甲事件後、非業の最期を遂げた兄（蜷川軍医）を思う、肉親（弟）の執念がここまで書かせたものである。

山本の機上戦死については、蜷川親正の推論に加え、純軍事技術的な視点からも次のように考えられる。

山本機を撃墜したライトニングが装備していたのは、鼻先（機首）に突き出た二〇ミリ機関砲一門と一二・七ミリ機銃四梃である。山本機は、この一二・七ミリ四連装の機銃掃射を受けた。一二・七ミリ機銃の有効射程は八〇〇メートル程度である。従って、米機は山本機から距離五〇〇メートル前後で撃ったと推察できる。仮に距離三〇〇メートルで射撃すると、二〇ミリの防弾鋼板を撃ち抜くことができる。当時、日本機は防弾板を使ってないので、次の結果を導くことができる。

五〇〇メートル前後の距離から発射された一二・七ミリの銃弾が頭部を直撃すれば、常識的に頭や顔が原形を留めることはない。胸部や腹部に当たっても結果は同じで、かなりの損傷を受けることになる。しかも、米軍が使用した弾は徹甲弾若しくは徹甲焼夷弾と考えられることから、その場合の損傷は更に大きくなる。

仮に敵機がすぐ近くに来て、米兵が拳銃で山本を撃ったとすれば、「死体検案記録」や「死体検死書」のような状況もあり得る。しかしそれは、零戦三機が追従している状況下においては、まず考えられないことである。また、発見時の山本の状況、即ち「機外において敷物に坐して軍刀を両手で保持していた」が正しいとするならば、尚更のこと山本が敵の一二・七ミリ機銃弾を浴び、機上で即死したと断定するのは無理がある。

久利雄の貴重な遺品のひとつであるロンジン（腕時計）は、「1310」で止まっていた。これは墜落の日の1310かもしれないし、あるいは翌一九日かもしれない。久利雄の主な遺留品は、軍刀一振り、拳銃と時計であった。

四月二二日に南東方面艦隊司令部が提出した「事故調査概報」は、久利雄発見時の状況を「屍体検按概要」項で次のように簡潔に記している。

樋端参謀

第三種軍装・略綬飛行靴ヲ着シ上衣一部焼損ス、顔面ヨリ頸部ニ至リ、浅キ生前ト認メラル〵大焼痕アリ、右頭頂部ニ骨膜ニ達スル挫創アルモ骨折ヲ認メズ、

この「生前ト認メラル〵大焼痕」の「生前」は、興味深い言葉である。在仏時の交通事故で負った傷は胸部から腹部であり、その傷を指すものではない。火傷の跡は、火を吐く機上で被ったものであろう。

これらを総合すると、「第一根拠地隊軍医長海軍軍医少佐田淵義三郎」名で作成された「死体検案書」と「死体検案記録」には、かなりの作文があると考えられるのである。

遺骨はラバウルに

二〇日午後五時半頃、海防艦と一五号掃海艇は遺骸を艦艇内に収容、午後七時頃（九時頃あるいは一〇時頃という説もある）小雨煙るブインの第一根拠地隊桟橋に着いた。司令部要員は、内務主任（前述の鳥海少尉）を指揮官にして、司令官室近くに天幕で急ごしらえした安置所に遺体を祀った。司令部の士官が交代で、護衛を兼ねて通夜を行った。長官以外の遺体は芭蕉の葉でぐるぐる巻きにされており、一層哀れで隊員の涙を誘った。形容しがたい死臭が天幕内に充満した。

翌二一日午前四時半、根拠地隊機関参謀を指揮官とする作業隊が整列、火葬の準備を開始した。遺体を担架に担いでトラックに積み込む。火葬は極秘裏に行うため、車で約三〇分の人目に付かない所に設定された。作業指揮官（鳥海少尉）が下士官兵に「かかれ」を命じても、彼らは困惑の色を示し動こうとしない。訝しがった鳥海が長官の担架をよく見ると、担架の中央から地面まで約三〇センチの空間に白い物体で円錐形ができている。それは蠢《うごめ》く蛆虫だった。ホルマリンの効果はほとんどなかった。

目をつぶる思いで、鳥海と下士官兵は担架をトラックに乗せた。遺体がなくなった天幕内は、蛆虫の原になった。

火葬は穴を掘って、全員の遺体が同時に行われた。薪の上にガソリンをまき、その上にトタン板を敷いた。その上に担架ごと北枕で寝かせた。久利雄の遺体は最も腐敗が進んでおり、トラックから降ろす時に応急担架が真ん中から折れた。折れたままでトタン板まで辷らせたので、久利雄だけが南枕になった。最後まで久利雄は我が道を行った。まだまだ俺にはやり残したことがある、と言いたかったのかもしれない。

第一根拠地隊の隷下にあった、第一三二施設隊の山崎三郎は、『ソロモンの死斗』に次の記事を残している。

三日後（筆者注：二日後の二〇日の誤りと思われる）の午後十時過ぎ、突然、本体の伝令に呼び出され、木工員二十名が本体の集会室へ道具を用意して集まれ、という。本隊の中村秀一技手から山本長官らの棺桶を十一個、明朝までにつくれという、一根司からの命令だった。犠牲者は十一名、大変な被害である。棺桶の材料は、厚い松板の八分板（二四ミリ）それも生乾きのしかなかった。隊員はその板をかんなで削り、板に墨を打ってのこぎりで引いた。皆、悔しさを堪えてもくもくと働いた。

天幕のなかは四十数名の熱気がムンムンしており、夜明け近くに十一個の棺桶が綺麗に完成した。

総員の遺体が、急ごしらえの棺桶（棺）に納められたか否か、明確ではない。

とりわけ山本を慕っていた渡邊参謀が、最初に長官の棺に火をつけた。一筋の煙がまっすぐ天上に昇った。南方の木は火力が弱いため、火葬開始から遺骨を骨壺に収めるまでに五時間ほどを要した。久利雄の骨は、同期生である渡邊が拾った。遺族を思いつつ、クラスヘッドの骨を丁寧に集めた。戦後、一雄が海上保安庁に渡邊を訪ねたときの第一声は、「息子のために親父の骨を拾ってやった」だった。

骨箱は、目立たないように、かつ輸送に便利なように一五センチ立法の小箱とし、識別のため蓋の左上隅に鉛筆で小さくA／B／C……と書いた。木箱に職名、階級、氏名の記載はなされなかった。長官の遺骨の一部は火葬場そばに埋められ、土饅頭を作って臨時の墓とした。土饅頭の両側には、山本が生前好きだった一対のパパイヤが植えられた。後日、同地に御手製の墓標が立てられた。

聯合艦隊の次席指揮官であった第二艦隊司令長官近藤信竹中将（海兵三五期）は、「機密第二一〇三一〇電」をもって、以後の指揮を明確にした。後ほど出てくる中央の混乱を反映してか、この指揮権継承の宣言は遅い。今は有事である。実態はどうであれ、山本長官の遭難戦死から近藤長官が指揮継承するまでの間、聯合艦隊の総大将はいなかったことになる。本来ならば、山本長官の戦死が明らかになった時点でなされなければならない。それが軍隊の指揮である。ハンモック・ナンバー（序列）は栄進の指標ではない。もし仮に、米軍がこの機に乗じて大攻勢をかけてきたら聯合艦隊はどう動いたのか。

機密第二一〇三一〇番電

發　２Ｆ長官
宛　ＧＦ各長官　大臣　総長
山本聯合艦隊司令長官事故ノ爲本職其ノ職務ヲ代理ス（本件特令スル迄司令長官限トス）

使用暗号は「呂三Ａ」、発信周波数「五一二五キロサイクル」、処理通信所「第四通信所」である。

二二日午後、遺骨は宇垣参謀長、北村主計長らとともに、一式陸攻でブインからラバウルに移され、司令部前の半地下室に安置された。限られた司令部の者が、淡い電灯の下で通夜を行った。霊前に蝋燭を二本立て、サイダーの瓶二本に熱帯花を供えた。

第七章　久利雄の残したもの

一か月伏せられた山本長官の死

「帝國海軍の至宝　樋端久利雄」は、三九歳八か月で「ソロモンの露」と消えた。昭和一八年四月一八日付で海軍大佐に特別昇任、正五位に叙せられた。より正確には、一旦、海軍中佐から海軍大佐（従五位）に特進、その後、正五位に叙せられた。この措置は、規則（条例）が「位階については飛び越して陞叙することを許していなかった」ことによる。久利雄は、正五位に叙せられて二階級特進となった。戦死が認定され、「克ク其ノ任務ヲ盡シ功績顕著」として金三千二百八十六圓を賜った。海軍当局の責任者は、海軍省人事局長三戸壽少将（海兵四二期）である。

久利雄を含む参謀の叙位は、四月一八日付で海軍大臣から内閣総理大臣東條英機に上奏を進達、四月二〇日に総理大臣が「本件ハ日付遡及ノ戦死者ニ付特ニ四月十八日付ヲ以テ敍位發令方取計ハレ度」「至急」の付箋をつけて裁可を仰いだ。これに対し、四月二二日付で宗秩寮總裁子爵武者小路公共から海軍大臣宛て、「右四月十八日附ヲ以テ敍位相成候ニ付……」の回答があった。

山本長官をはじめとする戦死者の遺骨は、四月二三日午後二時三〇分、飛行艇でトラック泊地に停泊している旗艦「武蔵」に帰艦した。この日は、曇り空のうら悲しい日であった。ごく限られた者が、戦死者を出迎えた。古賀新長官は赴任途上にあり、未だ将旗を揚げていない。長官、参謀長をはじめ多くの司令部参謀が欠員の状況下にあって、「武蔵」艦内における対応を取り仕切ったのは艦長の有馬馨大佐（海兵四二期）である。

衣川宏著『ブーゲンビリアの花』は、その時の様子を次のように記している。

長官艇が、「武蔵」の右舷に横づけされる時刻には、有馬艦長は加藤憲吉副長（筆者注：海兵四八期）に命じて乗組員を前部甲板上に総員集合させて注意をそらせ、また遺骨の安置された作戦会議室および幕僚室付近の艦内通路を一切通行禁止にして、乗組員に長官の死を気づかれぬよう配慮していた。

古賀長官の着任は四月二五日である。新長官の着任に際し聯合艦隊は、参謀長名で「新聯合艦隊長官古賀海軍大将、本日着任セラル。何分ノ令アル迄各級指揮官限リトセラレ度」と打電した。

四月二六日、軍令部次長伊藤中将と海軍省人事局長中澤少将は、聯合艦隊司令部慰問と連絡の名目で南方方面に出張する予定であったが、天候不良によって延期を余儀なくされた。四月三〇日、両提督は飛行艇で横浜発、トラック島に飛んだ。「武蔵」に将旗を揚げたばかりの古賀司令長官と参謀の人事調整をするとともに、山本元帥の葬儀の取り進め方等、今後の対応について協議した。

「武蔵」艦内における措置が象徴的に示すように、初戦の真珠湾攻撃で国民的英雄になっていた山本五十六大将の戦死が海軍首脳に与えた衝撃は甚大であり、海軍は事実（山本長官の戦死）を一か月以上に亘って隠した。海軍首脳の打ち合わせメモには、「検討ヲ重タ結果、結局五月二十七日の海軍記念日前後ヲ選ヒ、海軍ハ固ヨリ全國民ノ気持ヲ引締メ敵愾心昂揚時局認識ノ徹底決戦態勢ノ強化充実ニ最モ有効有意義ナラシムル如ク發表……」と記されている。

五月一二日には米軍がアッツ島に上陸した。アリューシャン方面の戦況に鑑み、聯合艦隊司令部が五月二三日頃、遺骨を乗せて内地帰投となったため、海軍省は山本長官戦死の公表を余儀なくされた。そして、遂に五月二一日の公表に至ったのである。

五月一七日、軍令部三部長室に省・部（海軍省と軍令部）の主要メンバーが集まり、次を申し合わせた。

一、二一日一五〇〇に大本営発表（黒汐会員論説部員には一三〇〇内示）

注：黒汐会員論説部員は、黒汐会員と各社論説部員の意味

二、遺族（山本家）には一九日に戦死を通知、翌二〇日人事局長による正式通知

注：使者の任は、山本の親友であり同期の堀悌吉（予備役）が担った。

三、遺骨の安置場所は水交社旧館

四、国葬を一案六月五日（理由として、土曜日で四十九日、加えて東郷元帥の国葬日）、二案六月六日、三案六月八日

五、報道は、国葬当日の夜に海軍大臣又は軍令部総長が放送、発表（公表）当夜に報道部長が放送、二二日朝刊で大臣・総長談。二二日朝刊に関して論説指導のこと。

これら総じて、水も漏らさぬ緻密な計画ではあるが、海軍中央の情勢認識の甘さ、硬直した思考を窺い知ることができる。後に出てくる、久利雄をはじめとする参謀等の戦死の取り扱いは常軌を脱している。遺族に対して失礼極まりない対応である。戦務参謀渡邊中佐が認めた、捜索隊の浜砂陸軍少尉、吉田海軍少尉宛ての礼状（いずれも同じ文面）にも、最後の下りで「本件に関しては大本営より発表のある迄厳秘に附せられ居り　以尚可然了知の上（筆者注：よくよくこのことを了解したうえで）機密漏洩等の事なき様御配慮を得度」とある。この書状は、礼状というよりもむしろ、現場の状況を最も知っている両者に対して秘密厳守の釘を刺したものである。海軍は、なりふり構わず関係者総員に、徹底して箝口令を敷いた。

「武蔵」は五月一七日の朝、遺骨と遺品を乗せてトラック泊地を出港、同月二一日木更津沖にひっそりと錨を降ろした。久利雄は、五か月ぶりに無言で帰国した。

午後三時、大本営は「聯合艦隊司令長官海軍大将山本五十六ハ本年四月前線ニ於イテ全般作戦指導中敵ト交戦機上ニテ壮烈ナル戦死ヲ遂ゲタリ　後任ニハ海軍大将古賀峯一親補セラレ既ニ聯合艦隊ノ指揮ヲ執リツヽアリ」と、山本の戦死を公表した。ラジオは「海ゆかば」に乗せ

て臨時ニュースを配信した。この大本営発表は、国民に大きな衝撃を与え、偉大な提督の戦死に涙した。

各紙は一斉に山本元帥の戦死を報じて、最大の哀悼の念を表した。


戦局は山本元帥戦死の以前すでに決戦段階に入っていた。その戦争の相貌と国際政局は日一日と深刻化して行く。われ等はそのとき、わが海軍の持つ最も偉大な統率者の一人を戦場において失った。しかしこの厳粛な事実は帝國海軍全員の敵愾心をいよ〳〵高潮させ、その士気をいよ〳〵旺盛ならしめている

山本の遺骨は、五月二三日一〇三〇「武蔵」で告別を行った後、横須賀軍港の逸見上陸場経由、一三二三横須賀駅を出発して一四四三東京駅着、東京駅から和田倉門〜日比谷〜桜田門〜海軍省前を通って、東京芝の水交社に還った。久利雄を含む参謀の遺骨に関する詳細な資料は残っていないが、山本の遺骨と同じ動きをしたと推察される。

東京市は東郷元帥に倣って、墓地の寄贈を山本の遺族に申し出た。現在、東京都が管理する多磨霊園の特別区には、東郷元帥、山本元帥、山本の後任となって散る古賀元帥の墓が並んでいる。三人の元帥は今、多磨で何を語っているのであろうか。久利雄の墓も多磨霊園にある。

山本がラバウルに居た四月一一日の午前一一頃、第一一航空艦隊司令部付の剃夫（理髪師）

赤石幸四郎は山本の散髪をした。当時は、聯合艦隊司令長官の髪を切ることができるだけでも、大層名誉なことであった。その時赤石は、山本からかけられた「第一線の勤務だから体を丈夫にして勤務するように」の言葉に感激し、床上に落ちた山本の髪を集めて保持していた。大本営発表で山本の戦死を知った赤石は、恐れ多いことと佐世保鎮守府に出頭して遺髪を提出した。

山本の遺髪はこの他に、生前（昭和一八年三月六日付）、トラック泊地から澤本海軍次官に宛てた書簡（私信）にも同封されていた。澤本は戦後、「五十六さんの遺髪もあった」と述懐している。

山本の死はこのように極めて手厚く扱われたが、一方で久利雄をはじめとする参謀等の戦死は伏せられたままであった。山本の戦死時期さえも「四月」とだけ発表し、ことの詳細については言及しなかった。この悲報は、海軍部内においても、ごく限られた者にしか知らされなかったのである。

衣川宏は『ブーゲンビリアの花』に、「長官に代りはあるが、樋端に代わる人材がいるか。日露戦争において日本海海戦を大勝利に導いた秋山真之に匹敵するとも言われる逸材を失った海軍の損失は余りにも大きい」と海軍部内、とりわけ若手・中堅士官の声を残している。

九月の合同海軍葬まで伏せられた久利雄の死

海軍大佐樋端久利雄の葬儀・告別は、都合五回営まれた。一回目は五月二三日、木更津沖の

「武蔵」艦内で山本長官や他の参謀と共に、悲しみの中でしめやかに行われた。その後、遺骨は横須賀駅から東京駅を経由して東京水交社に還り安置された。

二回目の葬儀は、同期によるクラス葬である。この葬儀については遺族にも知らされず日付や場所等、全貌は今もって不明である。在京の同期生が久利雄を囲んで献杯した。戦後、親友の池上は、自身が久利雄の遺骨を水交社から持ち出したことを告白している。遺骨をお護りする水交社も、同期の要求には折れたのであろう。

海軍省人事局長三戸少将は、次の書状を遺族（妻千代）宛てに送付した。

拝啓
海軍中佐樋端久利雄殿戰死ニ關シテハ先般取リ敢ヘズ御通知申上置候處同官ハ昭和十八年四月十八日ソロモン諸島方面ノ戦鬪ニ於テ御奮戦中遂ニ壮烈ナル戦死ヲ遂ゲラレタル次第ニ有之誠ニ痛惜ニ堪ヘズ茲ニ謹ミテ深甚ナル弔意ヲ表シ候
尚右ノ趣　上聞ニ達スルヤ　畏クモ生前ノ戰功ヲ嘉セラレ特ニ海軍大佐ニ任ジ正五位ニ被敍御沙汰ヲ拜シ候茲ニ官記及位記同封御送付申上候ニ付御査收被下度候
尚機密保持上生前ノ配屬艦船部隊名ハ今後共一切他ニ御漏シ無キ様御注意被下度候
又御戰死年月日ニ就テモ當分ノ間同様ニ願上候
敬具
昭和十八年七月一日
海軍省人事局長　三　戸　壽

樋端千代殿

ご時世であり軍人である夫の戦死は致し方ない、と妻は自分を納得させる。しかし、如何に海軍軍人の家に生まれ育ち、覚悟を持って海軍士官に嫁いだとはいえ、夫（遺骨）がすぐそこに居ながら、妻である自分の元に還らない。千代は深い悲しみといら立ちを覚えた。終始冷静かつ気丈に振る舞う千代ではあったが、長男一雄には、いたたまれない思いを隠さなかった。

後年、一雄の友人である記者久津間保治は、『防人の詩（南太平洋編）』に次のように記している。

千代夫人はいう。

軍人の妻である私にとって、夫の戦死を云々するつもりは毛頭ありません。ただ、夫の遺骨は山本長官らと一緒に帰ってきたのですが、それをいただきに行ったとき「渡されない」と断られました。だめだ〳〵といわれたのです。あとになって、ようやく知ったのですが、山本長官らとともに戦死した人たちの葬儀、それは海軍葬ですが、なんというのですか、一人ひとりをずらせた形で、幾回か行われる海軍葬のなかに一柱ずつ入れて行くのです。私の夫の葬儀のあったのは、戦死後、すでに四ヵ月を経た八月中旬（筆者注：九月上旬の誤り）のことでした。

合同海軍葬

遺族のこの悲痛な声を、海軍当局はどのように聞き、どのように受け止めるのか。

残暑厳しい九月九日、横須賀鎮守府大講堂において、鎮守府司令長官を執行者とする合同海軍葬が執り行われた。久利雄戦死の公表は、実にこの日まで待たなければならなかったのである。そして、海軍大佐樋端久利雄の戦死は、海軍当局の思惑通りその他大勢の戦死者に埋没した。戦死者一九人を、順次他の戦死者に紛れ込ませて弔ったものである。何故そこまでして、参謀等の戦死をカモフラージュする必要があったのか。国民的英雄であった山本の戦死を更にショーアップして、国威を発揚しようとしたのか。後世の人間には、到底理解できない。遺族の胸中を思えば、とてもそんなことはできるものではない。

郷里の香川日日新聞（現四國新聞）は、

同日朝刊の一面、白制服を纏った久利雄の写真付きで「樋端大佐戦死」を報じた。

大東亞戰に參加し赫々の武勲を残して散華した海の勇士が九日横鎮から公表されたが内本縣関係忠霊左の通り

香川縣大川郡白鳥本町伊座八四八ノ二

大佐　樋端久利雄

三面には「忠誠を固く父母の膝下に誓う　機上で散華した故樋端大佐の ― 切々肺腑をえぐる書翰 ―」との見出しで、海軍兵学校入学時に認めた「告辞」と海軍大学校卒業後に母校(大川中学校)を訪問した際の記念写真を添えて、久利雄の幼少時から戦死に至る為人を述べ、「威あって猛からず」とその人格・人間性を讃えた。

一一日には、四面の「香川少国民」に九日掲載と同じ写真を付けて、次の記事を載せている。

小學校時代から首席で通した　樋端大佐の戦死

樋端久利雄海軍大佐が南方戦線で飛行機上に作戦中、敵と交戦してついに名誉の戦死をとげられました。大佐は大川郡白鳥本町出身で幼い時から非常に頭がよく、度々両親達を驚かせました。小學校から大川中学校、海軍兵學校、飛行學校、海軍大學を卒業するまでずっと首席で、ついに恩賜の軍刀をいただきました。大尉のときフランスに行き軍縮会議には全権の随員となりました。支那事變が始まると、長谷川、及川両大将の参謀として旗艦に乗り作戦に従ひました。

また重慶爆撃にも加わり堂々の荒鷲の一隊を率いて蒋介石の頭上に巨弾をあびせたのです。そのとき栄ある感状をいただき優賞功三級をたまはりました。大東亜戦争になってからは聯合艦隊の参謀として山本元帥をおたすけしてゐたのです。

地元紙ではこのように大々的に報じられたが、東京や横須賀ではほとんど報道されなかった。海軍の報道規制が、よほど厳しくなされていたことが窺える。あるいは報道機関も毎日のようにある戦死に慣れ、その神経や報道姿勢も麻痺していたのかもしれない。

朝日新聞は三面の小欄に「大東亞戰に散る（横鎮九日發表・戦死）」として、淡々と三〇名の階級・氏名と住所を載せている。

大佐樋端久利雄（杉並區西荻窪三ノ一二六）

この日（九月九日）の一面トップは、「ホポイ（筆者注：ニューギニア島）の敵陣爆撃　三輸送船撃沈破　海鷲、猛攻四機を屠る」（南太平洋〇〇基地特電八日發）と勇ましい。加えて、前日（九月八日）に無条件降伏したイタリアを、「盟約を裏切る」と強く批難した。

横須賀鎮守府地元の神奈川新聞に至っては、三面で「大東亞の礎石」として、神奈川県下在住の戦死者のみ、階級氏名と簡単な人物評、住所、出身県、家族を添えている。顔写真があるのは、士官と士官相当の軍属だけである。

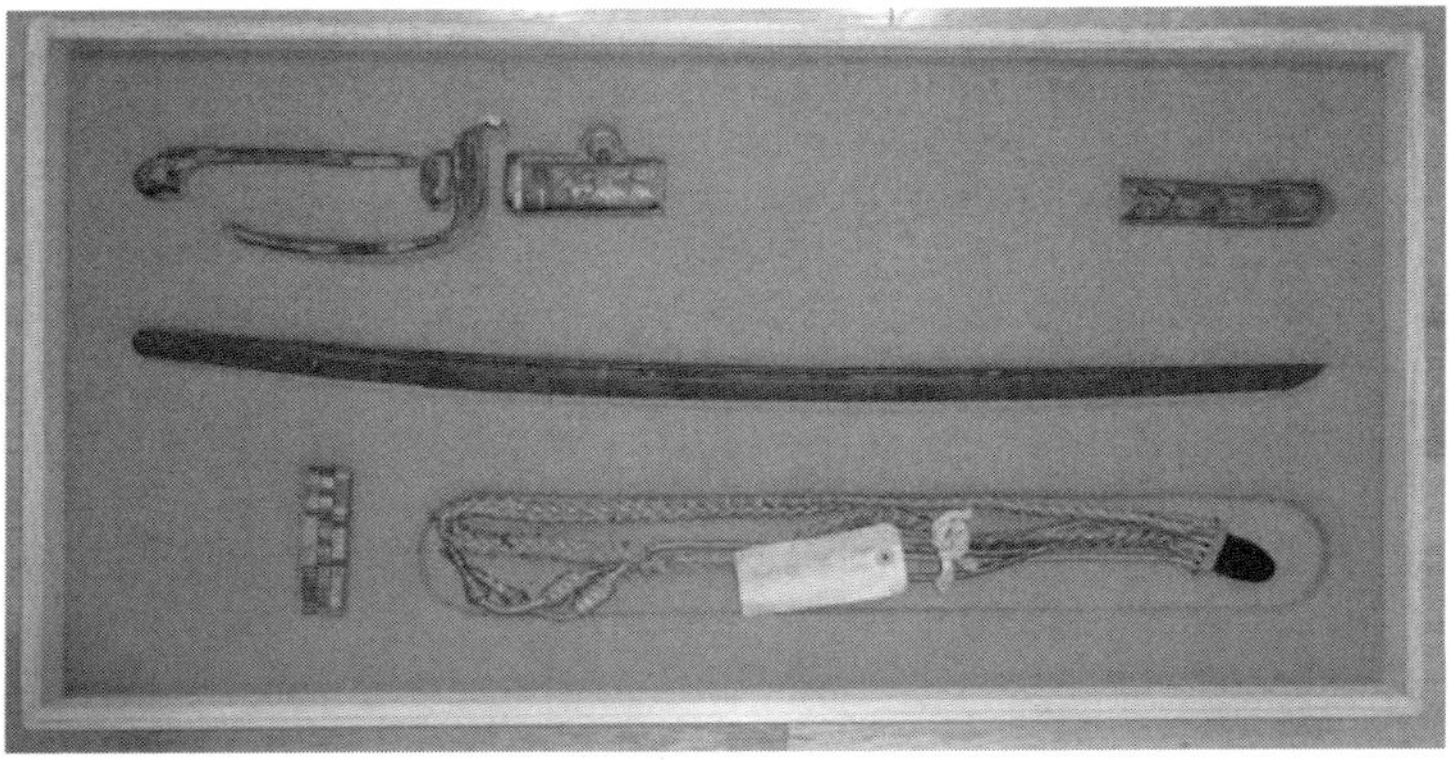

遺品を収めた木箱

久利雄の戦死が公表されると、一雄と英子を取り巻く環境が大きく変わった。戦死者、しかも聯合艦隊参謀の「遺児、遺児」と下にも置かない扱いである。友達ばかりか学校の先生さえもが、遺児に気を遣って「ここを読んでいただけませんか」といった具合である。しかし、昭和二〇年の八月一五日を境に状況は一変する。

遺骨がようやく遺族のもとへ

横須賀の海軍葬を終えた後、遺品を収めた木箱が海軍当局から遺族に引き渡された。木箱には、搭乗時に持ち込んだ軍刀一振り、第三種軍装に着けていた略綬と参謀飾緒が収められていた。加えて、ロンジンの腕時計と現金三六円五〇銭が手渡された。久利雄がポケットに忍ばせていた手帳も聯合艦隊から送還されたが、軍事機密を理由に遺族の元には還らなかった。この手帳が現存すれば、貴重な歴史資料になっているだろう。

同日の夕刻、久利雄の遺骨は同期生池上二男に抱かれて、西荻窪の井上邸に還った。西荻窪では、千代の両親の他に、讃岐から駆け付けた兄武一郎と小学校時代の恩師内永官太（当時白鳥町長）が迎えた。讃岐組が、遠路三等客車で上京したと聞いて千代は大層驚いた。海軍士官の家に育った千代は、二等客車が当たり前と思っていたのである。

翌一〇日と一一日、二日間にわたって自宅で通夜が営まれた。通夜には、岳父と同期の嶋田海軍大臣も列席した。遺族席に並ぶ幼い英子には、副官の銀色の飾緒がやけに眩しかった。

横須賀鎮守府で大々的に営まれた海軍葬は、遺族にとっては単なる遺骨受け渡しの儀式でしかなかった。何百本、何千本の花が添えられようとも、それは大勢の中に紛れての葬儀であり、海軍への感謝どころか何の感慨もわかなかった。遺骨を受け取って、やっと久利雄は家族の元に還った。

久利雄には「盡空院悠久武勲大居士」の戒名が贈られた。久利雄の生きざまを象徴する戒名である。葬儀並びに告別式は、九月一二日、荻窪の慈雲山荻寺光明院において営まれ、喪主は中学二年生であった長男一雄が務めた。いわばこれが本葬である。

光明院荻寺は真言宗豊山派に属し、鐘楼堂を有する荻窪の古刹である。「荻窪」という地名は、尊像を手にした行者がこの地に通りかかった時、尊像の重さに耐えかねて歩くことができなくなり、付近一帯に茂っていた蘆荻を刈って草堂を造ったことに由来する。

葬儀には、海軍軍令・軍政の領袖がそろい踏みした。とりわけ、元帥（永野修身軍令部総長）の参列に遺族や参列者は大層驚いた。葬儀の受付等に当たっている若手士官は、元帥の突然の出現にあたふたと応対した。永野元帥の他にも、綺羅星の如く海軍の将星が列を連ね、一般参列者の目を引いた。
会葬者名簿には、次の将官が名を記している。

海兵二七期　大将　末次　信正（予備役）
　二八期　元帥　永野　修身（軍令部総長）
　　　　　中将　安東　昌喬（飛行学生時の霞ヶ浦航空隊司令）
　　　　　少将　遠藤　　格（予備役）
　三一期　中将　植村　茂夫（岳父繁則の友人）
　三二期　大将　嶋田繁太郎（海軍大臣）
　　　　　少将　廣田　　穣（予備役）
　　　　主計中将　刑部　　斉（岳父友人）
　三三期　大将　豊田貞次郎（予備役）
　　　　　少将　洪　　泰夫（予備役　元ジュネーブ軍縮会議代表）
海機一四期　中将　在塚　喜友（予備役　香川県出身）
　三五期　中将　杉山　俊亮（予備役　元横須賀航空隊司令）
　三六期　中将　澤本　頼雄（海軍次官）
　　　　　中将　塚原二四三（航空本部長）
三八期　中将　戸塚道太郎（第一二航空艦隊司令長官）

中将　三川　軍一（第二南遣艦隊司令長官　元在仏大使館付武官）
三九期　中将　伊藤　整一（軍令部次長）
中将　岡　敬純（軍務局長）
中将　入船直三郎（横須賀砲術学校長　仲人）
中将　阿部　嘉輔（水路部長）
海機二二期　少将　中村　止（航空本部第二部長）
四三期　中将　中澤　佑（軍令部第一部長）
少将　矢野　英雄（大本営報道部長）
軍医中将　田川　資造（元聯合艦隊軍医長）
軍医少将　泰山　弘道（元第三艦隊軍医長）
その他
三土　忠造（香川県出身代議士　元大蔵大臣）
藤本　捨助（香川県出身代議士）

平成二七年の秋深まる頃、荻寺を訪ねた。ＪＲ荻窪駅を西口に出て、中央線に沿った三〇〇メートル長の白山商店街を抜けると荻寺に突き当たる。境内は丁寧に掃き清められ、久利雄の葬儀が営まれた本堂は、静寂の中に威厳を保ったまま佇んでいた。元帥、大将が参列し海軍期待の星の葬儀ではあったが、当時のことを記したものは何も残っていない。これも時代の流れと納得するのは、あまりにも寂しい。

郷里での葬儀

荻窪での葬儀を終えた日、久利雄の分骨は再び池上に抱かれて、東京発の夜行列車（二等客車）で高松に向かった。兄武一郎と内永完太が同行して、久利雄（遺骨）を見守った。一三日午後一時二八分、宇高連絡船が高松築港（桟橋駅）に着き、英霊は郷里に無言の凱旋をした。県の福吉内政長をはじめとする県庁職員、母校（大川中学校）の元校長安永邦弘（久利雄が母校で講演した時の校長）、地元同窓生、郷里白鳥本町婦人会員、在郷軍人会員がと列して久利雄を迎えた。遺影を抱いた継母ヤスを高松駅長が先導し、ヤスの後方に詰襟白手袋で白木の箱を抱いた同期の池上中佐、その後方に兄武一郎と内永官太が続いて船を下りた。

四国の人間は、宇高連絡船が高松に着いたとき、心から郷里に帰ったとの感慨を抱いてホッとする。母と同期生に抱かれ、兄と恩師に守られて故山に還った久利雄の胸中は如何に。

一行は高松駅構内に歩を進めて高徳線に乗車、午後一時五〇分に高松を出て郷里に向かった。およそ一時間で懐かしの讃岐白鳥駅に着いた。白鳥駅でも多数の親類縁者、母校の教員・在校生、地元の青年団、婦人会等々、多くの人々が忠霊に頭を垂れた。白鳥伊座の実家では、年老いた父荒吉の嗚咽が響いた。

本家の次女美子は、女学校（津田高等女学校）の二年生であったが、授業中に突然担任の先生から「樋端大佐が戦死したので直ちに帰宅しなさい」と告げられた。これが美子の、新家（分家）との関わりの始まりだった。このとき美子は、自分が久利雄の甥（忠重）と結婚しようとは夢にも思っていなかった。

美子は、女学校四年生のとき勤労奉仕に参加し、自宅近くの東洋紡績工場（旧大路織布貿易）でパラシュートの作製に携わった。楽しい女学校生活ではなかったと美子は言う。大路貿易の創設者大路辰造は白鳥本町小松原の生まれで、大東亜戦争中は軍需で最盛期を迎え、海軍に艦上戦闘機「大路号」一機を献納している。

久利雄が郷里に還った九月一三日付、香川日日新聞は二面に「爆撃の神様」の見出しで、海兵同期であり大本営報道部員唐木和也中佐のコメントを載せた。唐木は縷々久利雄の功績や為人を述べ、「同期生はクラス会を中心に常に樋端のもとに集まっていたので、彼の壮烈なる戦死は大黒柱を失った感が深い。人格、手腕、頭脳の三拍子そろって、行くところ可ならざるはなし。かへすがへすも惜しいことだ」と久利雄の早すぎる死を悼んだ。

千代と子供たちは、取り敢えず葬儀の片づけをして、涙をぬぐい夫・父の面影を追う暇もないまま、久利雄に遅れること三日、九月一六日に久利雄の実家がある讃岐白鳥に着いた。

九月一八日午後一時から、最後の葬儀が郷里（白鳥）の母校白鳥本町国民学校において、町葬として営まれた。天も泣き出しそうな曇天であった。執行者は、恩師の内永官太白鳥町長が務めた。葬儀には、母校の桑原嵯峨雄・大川中学校長をはじめとする学校職員、在校生八〇名（五年生）の他、町民のみならず近隣から多くの名士や関係者が参列し、報道陣も駆け付けた。

香川日日新聞は、翌日の朝刊に「母校にとどめん樋端魂」との見出しで報じた。会葬場の別室には久利雄の冬礼装、戦死の間際まで佩刀していた軍刀をはじめ、遺品の数々が展示された。

なかでも恩賜の軍刀と海軍兵学校入学に際して久利雄が記した「告辞」は、会葬者と報道陣の目を引いた。旦那寺（菩提寺）である勝覚寺からは、「快楽院釈清隆居士」の戒名が贈られた。

白鳥町出身の戦死者は、順次軍人墓地に祀られる。遺族が石造の墓を建立するまでは、町役場が木製の墓標を準備した。久利雄もここに眠る。

海軍当局から受け取った遺品の木箱は、長男一雄が「亡父の遺品」として、母校の大川中学校に寄贈した。千代がこれら（遺品）を「見るのも嫌」と言ったこともある。千代の心中を慮って余りある。額面通りに「見るのが嫌」なのではない。見るのがつらいのである。寄贈目録には、「軍刀壱振、略章壱聯、飾緒壱個、金三十六圓五十銭」と記され、「金銭は記念物品保存箱の製作に使用せらるるようしかるべくお取り計らいを」と添えられた。

当時、東京に在学する香川県出身学生が親睦と研鑽を目的に、『学友』という名の雑誌を発行していた。明治三〇年初版の歴史ある雑誌であったが、学生の出陣や勤労動員で発刊が困難となり、昭和一八年の「学徒動員特集号」をもって歴史を閉じた。

その最終号『学友』一一五号に、母校の後輩が寄せた一文が残っている。

大中五年　前田亮一

南の大空に輝ける勲のこして
散りゆきしわれらが兄　あゝ樋端大佐
海原のみいくさ人の魂を胸に抱きて

若き君今逝けり
その姿今はなけれども
そのみたまこの学び舎に
集いよる若人の燃えさかる赤き心に
永遠に生き　とはに呼びなん
日本の若き同胞
その身もて　われにつゞけ
その血もて　護りまつれ
大君を　神のみくにを

大中五年　岩田　昭二

ソロモンと聞けば子供は手を合わし

江田島に向けて、郷里を離れる際に認めた「告辞」は、久利雄が戦死するまで父荒吉の手元で大切に保管されてきた。そして、遺品のひとつとして会葬者に披露された。ところが葬儀が終わった後、この「告辞」が忽然と姿を消した。兄の武一郎や兄嫁のミツヱが青くなって探し回ったが、行方は杳として分からなかった。ミツヱは千代に「ほんまにすまん（申し訳ない）ことで」と何度も詫びた。

結局、本件は誰かが持ち去ったということに落ち着いた。この外にも、写真をはじめとする多くの貴重な資料が、報道陣によって散逸したからである。

自慢の息子を失った荒吉は、葬儀を終えると屋敷西側の農地に小さな祠を造って祀った。兄の武一郎と一雄は反対したが、そうでもしなければ父の心の整理はつかなかった。この話が地元で徐々に広がって、「樋端神社」になる。しかしそのようなもの（神社）は存在しない。久利雄も、靖国に祀られることは喜んでも、自分の神社ができることなど受け入れなかったであろう。

忠重の妻美子は、屋敷内に祠があったことをかすかに記憶しているが、いつ建てたか、いつ取り壊されたかは明確に覚えていない。美子が新家に嫁いだのが昭和二三年なので、戦後の早い時期、美子が嫁入りする前に取り壊された。戦後の空気がそうさせたのであろう。

傷心の荒吉は久利雄の後を追うかのように、昭和一九年の春（三月二七日）にこの世を去った。

久利雄が眠る多磨霊園と白鳥霊園

久利雄の墓は、東京の多磨霊園と郷里（東かがわ）の白鳥霊園にある。多磨霊園は、西武多摩川線多磨駅の北西にあり、東京都が管理する一二八万平米の広大な緑地霊園である。多磨駅から一〇分ほど歩くと正門（表門）に至る。正門までの参道は桜並木で、うららかな春には桜のトンネルができる。園内にはおよそ三万本の樹木が茂り霊を慰めている。

正門を入るとロータリーの向こう真北に、霊園のシンボルである高さ一五メートルの噴水塔が凛として佇んでいるのが目に入る。元々はこの噴水塔を中心に霊場があったが、逐次北から西へと放射線状に拡大したので、現在は霊園の南東端に近い。この噴水塔手前の一角（道路の両側）が名誉霊域とされている。名誉霊域に眠るのは海軍軍人、即ち東郷元帥、山本（五十六）元帥、古賀元帥の三柱だけである。北側（噴水塔側）から、東郷、山本、古賀の順に並ぶ。先輩元帥に比べると、古賀元帥の墓は心なしか質素である。

大正一二年四月、武蔵野の田舎に作られた多磨霊場の知名度は低かった。この無名の墓地が大霊園に変貌するきっかけは、昭和九年六月五日に営まれた東郷元帥の国葬と斂葬《れんそう》の儀（埋葬式）だったと『多磨霊園』に記されている。霊園には著名な多くの政治家、軍人、学者、作家や詩人等が眠っている。海軍関係の民間人では、日本無線株式会社始祖の木村駿吉や、中島飛行機の中島知久平の名も見える。筆者の母校である三本松高等学校（旧大川中学校）の大先輩、元東京大学総長南原繁も眠っている。

それにしても、児玉源太郎、西郷従道、西園寺公望、新渡戸稲造など歴々の名士が居並ぶ中、三人の海軍軍人だけが名誉霊域を占めているのは特筆すべきである。

霊園はきちんと区画整理がなされてあり、久利雄の墓は「12区1種33側」に位置する。多磨の墓は、久利雄の一周忌、昭和一九年四月一八日に一雄が建立した。墓碑には「故海軍大佐正五位勲二等功二級　樋端久利雄之墓」「盡空院悠久武勲大居士」と刻んだ。墓碑の右側面には、「盡空院悠久武勲大居士　昭和十八年四月　日戦歿　行年四十一歳」と刻されてあり、戦死の日は空白のままである。海軍当局の要請に応じた措置であった。皮肉にも今となっては、帝國海軍の海軍甲事件への対応と、混乱ぶりを証明する貴重な歴史資料のひとつになった。

山本元帥碑の背面には「昭和十八年四月戦死」と記されてあり、ここにも海軍の意図が見える。うがった見方をすれば、海軍内部の混乱とは別に、遺体捜索の困難さから山本や久利雄が、厳密にいつ戦死した（息を引き取った）かの資料が乏しく、後世の人から見れば、これでよかったとの見方もできる。もちろん、遺族には失礼極まりない措置である。蜷川親正が後年、兄の無念を晴らすため、執念を持って上梓した『山本五十六の最期』では、山本長官は「一九日の夜明け（早朝）に息を引き取った」と結論付けている。

郷里の墓は、戦後、少し世の中が落ち着いた昭和三二年、兄武一郎が旧軍人墓地（現白鳥霊園）に建立した。白鳥霊園は、ＪＲ高徳線の讃岐白鳥駅で降りると目の前を走っている国道一一号線を東に六〇〇メートルほど走り、右手の小高い丘の上にある。久利雄の実家からは、およそ一キロメートルの距離である。軍人墓地は、大東亜戦争の激化に伴い多数の戦死者が出たため、これを供養するため散在していた墓を一か所に集めて軍人墓地としたものである。昭和三五年から三九年にかけて数百本の桜が植えられ、昭和四〇年代までは桜の名所になっていたが、樹木の老化が著しく現在はその面影はない。昭和四一年九月には、戦歿英霊供養塔が建之された。隣接する一般市民の墓をも含め、霊園の管理は市が行っている。

墓碑には「故海軍大佐　正五位勲二等功二級　樋端久利雄之墓」と刻まれている。墓碑の左側面には、戒名「快楽院清隆居士　享年　四十一」と刻印されており、裏面には「昭和三十二年八月　為供養　兄武一郎」と記されている。墓の右側面には、久利雄の輝かしい経歴と戦歴が綴られている。

海軍兵学校及ビ海軍大学校ニ学ビ常ニ首席ニテ恩賜ノ軍刀ヲ拝受日華事変ニハ第三艦隊参謀及ビ第十五航空隊飛行長トシテ参画太平洋戦争ニハ連合艦隊参謀トシテ司令長官山本五十六元帥に従ヒい号作戦南方方面作戦指導中ブーゲンビル島ニ赴ク途中昭和十八年四月十八日戦死ヲ遂グ

二つの戒名は、それぞれ久利雄の人生、即ち少年期を過ごした故郷での生き方と、その後の海軍での華々しい活躍と経歴を象徴している。長男一雄は、二つの戒名は父の硬軟両面をよく表しており、また実家の方は実父がつけたものであり、それはそれでいいと割り切る。

昭和一八年の秋、陸軍士官学校予科生徒（五九期）であった田中豊市（大中四〇回生）は、久利雄戦死の報を得て西荻窪の遺族を弔問した。応対に出た千代夫人は、上品な方だったと田中は言う。長女の英子がお茶

白鳥霊園の墓

を出してくれた。英子はこのとき、国民学校四年生である。この時一雄は不在で立ち会っていない。突然の訪問ではあったが、お米のご飯を食べさせてくれた。何も持ち合わせていなかった田中は、お返しに士官学校の携行食（コッペパン）を英子に差し出した。

昭和一九年一〇月、井上邸近傍の中島飛行機が米軍の爆撃目標になったため、樋端母子（千代と英子）は久利雄の実家（白鳥）に疎開した。東京生まれ、東京育ちの千代が、片田舎のしかも大家族の夫の実家で同居する。彼女らのストレスは、いかばかりであっただろう。しかし、母と子の命には代えられなかった。

昭和一九年の暮、千代の実家井上家は疎開を兼ねて屋島に移転した。繁則は壇ノ浦の通称海軍道場（海上少年団）に職を得て、青少年の指導育成に当たった。昭和二一年の夏、井上家が京都に移転するまで、千代と英子は屋島に身を寄せた。

それぞれの戦後―千代の場合

千代は三四歳の若さで戦争未亡人になった。樋端家が終戦間際の疎開から京都に居を移したのは、昭和二一年の八月末である。京都への移転には、千代の実家井上家が関わっている。当時、天皇家の別荘もある、京都の修学院に井上の親戚が住んでいた。その親戚が職業上東京への移住を熱望しており、井上家と相互に住まいを交換することになった。当時東京には、戦後の急激な人口増加を規制する、即ち東京への転入を禁止する条例があったためである。

久利雄に嫁ぐまで、実家では「ばあやとねえや」に囲まれ、お嬢ちゃんと呼ばれて育った千代だった。しかし今は、親子三人が食べて行かなければならない。昭和一七年発行の戦時国債一万円は、敗戦によって紙切れになった。千代は職を得るために、タイプライターを試みたがものにならなかった。幸い京都駅前の「丸物」百貨店に、事務の職を得た。親子三人は千代が勤務する「丸物」の寮に住んだ。家賃はタダだったが、廃屋同然の家だった。二間あったが、一間は物置になり親子三人が六畳一間で生活を始めた。母が着物を売って得たお金を懐にして、兄と妹はリュックを背負って農家に買い出しに行った。手漕ぎポンプの水で米をとぎ、裏山で落ち葉をかき集めて、かまどでご飯を炊いた。明日食べるものがなく、今日を生きるのが精いっぱいだった。まさに天国から地獄の生活だった。

一雄は祖父（千代の父：繁則）の口利きで、同志社中学に編入した。終戦前の校長が、祖父と海軍兵学校同期であることが幸いした。父がわりでもあった祖父は、京都に移り住んでほどなく昭和二二年に他界した。

昭和二一年、連合軍総司令部（ＧＨＱ）指令によって軍人恩給（遺族年金）が廃止になった。軍人恩給（公務扶助料）が復活するのは、我が国がサンフランシスコ講和条約を批准・発効して、名実ともに独立を果たした後のことである。恩給が復活して、やっと一息ついた。昭和二八年のことである。千代は齢四〇を過ぎていた。母キヨの弟の口利きで、京都駅前の「丸物百貨店」庶務課に職を得たのは、恩給復活の数か月前のことである。それまでの生活は苦しかった。久利雄戦死によって国から遺族に支払われた一時金三万円何がしは、年収の一〇倍を超える金額であったので、当時最も利率がいい朝鮮銀行に預けた。しかし敗戦により、この海外資産は紙くずとなって霧散した。久利雄の輝かしい戦歴を示す、勲章の一部（功三級金鵄勲章）も生活費の一部になった。戦後の生活難を生き延びるためには、そうせざるを得なかった。

久利雄の実家はわずかな田畑を有する片田舎の農家であり、分家（遺族）の面倒を見る余裕はなかった。千代の実家も、娘と孫の面倒を見る余裕はなかった。京都在住という地理的なこともあり、水交会や久利雄のクラス会「五一」から金銭的な支援は一切なかった。兵学校出身とはいえ、同期生自身もそれぞれが生きていくのに、精いっぱいの時代であった。一雄は同志社大学経済学部に進んだが、入学に際して母（千代）に「大学では学士の肩書を得ることに徹する。授業料は全てアルバイトで賄う」と宣言した。

昭和二八年八月一日、恩給の復活法が施行された。遺族年金が復活し、長男一雄が働き始めて少し生活が楽になった。昭和三〇年に「丸物」の寮を出て、河原町五条に借家を求めた。『あの海あの空』第三緝に、千代の一文が残っている。他界した同期の喜多山三郎夫妻を偲ぶ言葉であるが、千代が書き残した貴重な一文である。海軍兵学校五一期のクラス会は「五一」であり、夫人（妻）の会が「鈴蘭会」であることは前に述べた。昭和五三年、会員の減勢に伴いこれを統合して「五一鈴蘭会」とした。

終戦後、知らぬ土地京都に住むようになり七年目位でしたでしょうか、喜多山さんより、関西方面の者達でクラス会をするので是非出席をと云う御案内を頂き、当方面に御知合も余り無かった私は喜んで出席させて頂きました。喜多山さんとは此の時初めて御目にかゝり、色々と御親切にして頂きました。

岡崎の大変静かな結構なお宿で、喜多山さんより皆様に御引合せ頂き大変楽しい半日を過しました。其の後もいつも御夫妻でクラス会の御世話をして下さいまして、黄檗山の万福寺で精進料理を頂いたり、大和文華館を見学して思い切り奈良の空気を吸ったり、修学院離宮、桂離宮等へも御連れ下さいました。

高野山でクラス会をする事になりました時は打合せの会を大阪で開いて下さいまして、御手伝いする事に付き色々と御指図下さいました。息子もお手伝いする事になり、高野山の宿坊の様子を見る為御伴致しました。

其の後、井上さん、野田さん等次々と亡くなられ段々とさびしくなって参りましたが、昭和五十三年十二月半ば突然喜多山さんが亡くなられたとの御知らせを東京の五一より頂き、驚いて御自宅を御訪ね致しました。同じ伏見区でも私の所とは北と南に離れて居りまして勝手が判らず、あちらこちら探し探しやっと御宅を見つけましたが、すっかり締って居りまして、何誰もいらっしゃる気配がありません。御隣で御様子を御尋ねしようかとウロウロして居りますと、通りがかりの方が言葉をかけて呉れまして、御話を御聞きしますと、此所の隣組の組長さんで、「おばさんがずっと御悪くて入院中でおじさんは御元気で北の方の息子さんの御宅へ行っておられたが突然亡くなられた」との事、奥様が御悪かった事は少しも存じませんでしたので重ね重ねびっくり致しました。

組長さんから、色々御二人の御様子等伺ひ御夫妻共御近所の方々から、おじさん、おばさんと慕われていられた日々の御暮し振りが偲ばれました。

告別式の最後に、御子息様より「母も大変悪く父の死も知りませんが何か残った母を宜しく」、との御母様思はれる御挨拶があり、御子息様の御心情に止めどなく涙がこぼれ、奥様の一日も早い御快復をと御祈り致しましたが、余り日数を経たずに、おあとを追はれるように亡くなられました。本当にさびしい事でございます。あの世とやらがありますならきっと御二人で平和に静かに御暮しの事と思います。

謹んで御冥福を御祈り申し上げます。


最後の下り「あの世とやらがありますならきっと御二人で平和に静かに御暮しの事と思います」は、何やらその後の自分を予言しているかのような文章である。あるいは、長年胸に秘めた思いであったかもしれない。

昭和五三年七月、兄蜷川親博を慰霊するため、ブーゲンビル島（墜落現場）を訪れた蜷川親正は、渾身の作『山本五十六の最期』の終章（夕映えの南溟の地ソロモンを行く）に、次のように記している。


また、機の右手には、樋端参謀が負傷したらしきようすもなく、上向きになって横たわって死んでおられたんだと、かつて『山本五十六検死ノート』を上梓したさい、捜索隊の生き残りの人びとから聞いた現場の状況を思い出して、感慨無量の思いにふけったのであった。

そして、日本を出発する前、京都在住の樋端参謀の未亡人宅を訪れたさい、お線香を委託されたのを思い出し、胸ポケットに入れてあったものを取り出した。長い線香であったが、それはみな一センチばかりに折れていた。やむなくローソクで、火をつけ、その上に粉になっている線香をふりかけた。煙が一度に立ち込め、未亡人の顔をふと思い浮かべた。

千代の積年の思いは、線香の煙となってソロモンの露を優しく覆った。

千代は六〇歳の定年まで「丸物」に勤務し、苦難を乗り越えて二人の子供を育て上げた。定年退職後は、自分の厚生年金と久利雄の遺族年金で、孫に小遣いをやる余裕もできた。毎週、京都駅前のＮＨＫカルチャーセンターに通い、古典の研究に励んだ。同時に、謡曲、人形製作、京組みひもと趣味を広げた。それを助けたのは、伝統工芸士である嫁の敦子（一雄の妻）である。ある日美容院から帰った千代を見て、家族はびっくり仰天。千代が髪を紫に染めていたのだ。「ヘアマニュキアはこれからの流行と美容師に勧められた」、と本人は涼しい顔だった。ご近所では「派手なサングラスで綺麗な髪のおばあちゃん」と大層評判になった。海外旅行をすると、客室乗務員が次々に紫色の髪を見に来たそうである。

八五歳まで国内旅行、海外旅行を頻繁に楽しんだ。一冊の薄い手帳（備忘録兼小遣い帳）がある。この手帳には、海外旅行をした時の経費が事細かに記されている。ボールペン〇ドル、オーデコロン〇〇ポンド、酒〇〇フランなどなど、実に子細な記録である。一九九三年七月、娘の英子とともにイタリアに旅して、ローマ音楽祭とミラノスカラ座でオペラを楽しんだのが、最後の海外旅行になった。

八〇歳のとき、千代はガダルカナル・ツアーに参加する準備を進めていた。しかし、直前に体調を崩したため、遂に久利雄最期の地を訪れる機会を逸した。

父親（繁則）譲りで酒にはめっぽう強く、いくら飲んでも酔うことはなかった。地元京都では、古典や歴史の講座に通って知識の吸収に余念がなかった。派手なことが好きではあったが、知識をひけらかしたり、出しゃばるような振る舞いはしなかった。

九〇歳の夏、卒寿を記念して子や孫達と志賀高原に遊んだ。奥志賀の渓谷や温泉街を元気に歩いた。他界する数年前から、週二回老人ホームのデイ・サービスに通ったが、髪を紫に染めて「おしゃれなおばあちゃん」で有名だった。“It's a Long Way”を原語で歌って、周りの年寄りを驚かせた。オペラが大好きで、イタリア語、フランス語、ドイツ語を解した。語学に堪能なのは、父親（繁則）譲りである。

平成一四年、千代は一雄に伴われて久利雄の故郷である白鳥を訪ね、久利雄の墓参りを果たした。既に、体力は限界に近かった。平成一五年一〇月一〇日、千代は安心したかのように、九五歳で天寿を全うした。久利雄と別れてから、五六年の月日が流れていた。没後、一雄は母が海外旅券（パスポート）の更新準備をしていたことを知った。千代は九〇歳を過ぎても海外旅行を考えていたのだ。千代の遺骨は、久利雄が眠る多磨霊園に納められた。婚約試験の合格証として恩賜の銀時計を託した久利雄は、「お〜来たか」と両手を差し出したであろう。三四歳で夫と別れた明治の女は、「伝説の海軍士官　樋端久利雄」の妻として、大正・昭和そして平成の時代を生き抜いた。

千代の納骨を機に、墓碑銘は「樋端久利雄之墓」から「樋端家之墓」になった。

一雄は今も思う。「母はどこで泣いていたのだろう」

それぞれの戦後――一雄の場合

父を亡くした昭和一八年の冬（一一月〜一二月）、一雄は私立第一山水中学校（現桐朋学園）二年を修了して東京陸軍幼年学校を受験し、三〇〇倍の競争率を突破して見事合格、東幼四八期生となった。山水中学校の「山」は陸を「水」は海を意味し、即ち陸海軍の子弟教育を目的として、実業家山下龜三郎が私財を投入し、昭和一六年三月に設立した若い学校である。当然のことながら、東京で勤務する陸大・海大出身者子弟の多くが「山水」に学んだ。

陸軍幼年学校は、軍学校ではあるが学費を伴った。しかし当時の制度は、一般生徒は全額、軍人の子弟は半額、戦死者の遺児は無料であった。

筆者の「なぜ海軍兵学校ではなかったのですか」の問いに、一雄は「いずれ軍隊に行く。ならば一日も早くの思いだった」という。父の戦死が、一雄を戦場に駆り立てたのか。一雄の早い決断に、久利雄の温もりが今なお心に残る千代も、敢えて反対はしなかった。一雄は母の態度を放任と表現するが、当時の空気としては、また海軍軍人の家庭に育った千代としては、異論を唱える術を持ち合わせなかったのであろう。

父久利雄が、一雄に軍人になれと勧めたことはない。息子が軍人になることに反対はしなかったが、軍務局員として官僚と接する毎日から、時折「官僚がいい。内務官僚はいい」と話した。将来の日本を牽引するのは軍人ではなく官僚だ、という確信があったのかもしれない。

どれほど厳しい年であろうと、月日は流れる。辛い昭和一八年が過ぎ行き、年が明けて間もなく、海軍省から樋端家に久利雄叙勲の知らせが届いた。凍えるように寒い日、千代と一雄・英子の兄妹は海軍省に赴き、大臣室において嶋田海軍大臣から「功二級金鵄勲章」と「勲二等旭日重光章」の勲記・勲章の伝達を受けた。その後、樋端家は讃岐（久利雄の実家）に疎開したので、転居のどさくさに紛れて勲記を紛失した。金鵄勲章と旭日重光章は、他の遺品と共に一雄が大切に保管している。

陸軍幼年学校の生徒は、昭和二〇年の初め本土決戦に備えて軍籍に編入された。従って、一雄も陸軍軍人の生き残りの一人であり、現在、京都偕行会の会長を務めている。終戦の詔勅は多摩の山中で聞いた。復員した一雄は、母が疎開している父の実家に身を寄せた。八月・九月は農繁期である。一雄も慣れない農作業に従事した。そこは、かつて父が少年の頃草を取った田圃である。九月三〇日、一雄は父の母校である大川中学校の門をくぐった。そして、校長に面会を求めて同校への編入を直談判した。その場で入学が許可され、翌一〇月一日から一雄は大中三年生となり、晴れて父の後輩になった。一雄は父と同じように、草鞋をはいて同じ道を歩いた。雨の日は裸足で通学した。そうすることで、一歩でも父に近づくことができる。父と触れ合うことができるような気がした。

大中生活も軌道に乗り始めた一一月、一雄は急に校長室に呼ばれた。校長の机の上には、父が最後まで持っていた軍刀をはじめとする、桐の箱に納められた遺品があった。校長に「占領軍に憚りがあるので、この遺品は引き取ってもらえないだろうか」と言われた。戦後の空気を感じていた一雄に、反対する術はなかった。一雄は不本意ながらも、遺品を抱きしめて持ち帰った。そして、伯父の武一郎に託した。

ＧＨＱ教育局は、その後軍国教育がなされていないことを確認するため、全国の教育機関を廻っていたのである。端的に言えば、「進駐軍に見つかると面倒なことになる」が、引き取って欲しいの理由であった。母校が生んだ不世出の秀才であり、輝かしい軍歴を持ってこれからという時に国難に殉じた。つい数か月前までは母校の誇りであり、英雄でもあった久利雄は厄介な存在になりつつあった。当時、神にも近いＧＨＱの力は絶大であり、ときの校長を責めるつもりは毛頭ない。校長も苦渋の決断であり、学校が生き残るためには、そうするしかなかったのかもしれない。しかし、「剛健」を校是とする母校の対応を、天上の星となった久利雄はどのように見たであろうか。一雄は何も語らないが、遺族はどのような思いで、学校側の豹変を受け止めたであろうか。

結局、遺品は寄贈者である一雄に返却され、以後、久利雄の実家で保管してもらうことになった。戦争に負けるという事は、こういうことである。

同志社大学学生のとき、父の墓参りに上京した一雄は、思い立って海上保安庁に父の同期生であり、父の骨を拾ってくれた渡邊安次を訪ねた。渡邊の第一声は「息子のために骨を拾った」だった。渡邊は一雄の来訪を喜び、一雄が幼かった頃のことを懐かしく話してくれた。父が戦死したときの、生々しい状況も話した。そして「親爺の戒名を教えてくれ」と言った。一雄がすらすらと述べると、「よく覚えてるな〜」と感心し褒めてくれた。帰りがけに渡邊は、両親（久利雄と千代）の仲人である、入船直三郎夫妻が都内に住んでいるので訪ねるよう勧めた。

渡邊の言に従い、一雄はバスを乗り継いで入船宅の門を叩いた。「樋端久利雄の息子です」と自己紹介すると、入船は一雄の突然の訪問を大層喜んだ。話は弾んだが、「飯でも食べていけ」とは言わなかった。一雄が「それでは」と別れの挨拶をしようとすると、入船は夫人に指示して両手にいっぱいの小銭を持ってこさせた。自分が仲人をした同郷の、しかも海軍の後輩の息子である。その身なりからしても、苦学していることは一目瞭然。本来ならば、貧乏学生にお札《さつ》の一枚も出したかっただろう。海軍中将にまで上った入船ではあったが、彼もまた生活が苦しかったのである。

昭和二八年春、同志社大学をアルバイトで卒業した一雄は、京都新聞社に職を得た。父の同期生である豊田、大井も一雄の就職を心配してくれたが、大阪大学法学部の瀧川春雄教授（瀧川幸辰元京大総長の長男）が同志社大学でも講座を持っており、また彼は海軍予備学生出身の元海軍中尉で父久利雄の名前を知っていたことから、職場を紹介してくれた。記者と言っても外回りの取材はほとんどせず、記事をまとめて誌面を作る整理部記者一筋だった。そして後年は、編集局デスクとして選挙の世論調査にも没頭し、更には鍛えた整理技術を活かして、コンピュータ－による「新しい新聞製作システム」の開発を社に進言してこれに取り組んだ。「異端の記者として定年を迎えました」と一雄は苦笑する。

一雄は戦後、父久利雄の生きざまに思いを致し、昭和三〇年代初頭から独自の調査を始めた。衣川宏が『ブーゲンビリアの花』を上梓する遥か前である。勤務場所が報道機関（京都新聞）であり、本人の言う異端の記者であることも幸いした。一雄はまず防衛研修所戦史室刊の『戦史叢書』に着目し、海軍甲事件の真相究明から立ち上がった。父のクラス会にも積極的に参加し、生存している同期生の声を丹念に拾った。クラス会誌『五一』の収集にも努めた。海軍兵学校五一期の遺児は、息子たちの横の連携を強くするため「青葉会」と称する親睦会を結成している。一雄は青葉会にも意欲的に参加し、遺族からの情報収集に意を用いた。実松譲の息子である実松勉からは、多くの資料提供や示唆を得た。

昭和三六年四月、一雄は生涯の伴侶・敦子を得た。母千代の東京府立第二高等女学校の先輩のお嬢さんである。健康で物静かな女性だった。決して目立つような振る舞いはしない。一雄は、その誠実さが何よりも気に入った。千代が反対するわけもない。敦子は京の手仕事である伝統工芸に興味を持った。幼子を伴ってその学校へも通った。今は「京組みひも」の伝統工芸士として腕を振るう。

昭和四二年七月、五条鴨川沿いの借家（府営団地）を出て醍醐に一軒家を構えた。京都駅から急行バスで二〇分ほどの距離にあり、京都市が分譲した閑静な住宅街である。南に一〇分ほど歩けば世界遺産の醍醐寺、そして醍醐天皇陵が家のすぐ東にある。苦労した母へのプレゼントであった。千代は他界するまで、この醍醐の家で過ごした。

五一期のクラス会はクラスヘッドが常置幹事であり、首席が戦死あるいは病没すると次席が幹事になる。あるとき一雄は、クラス会の高野山旅行の労を取った。夕食になって、自分の席が最上席に用意されているのに大層驚いた。クラス会の面々が、旅行の計画等に尽力した一雄に対するお礼として、父（久利雄）の席を準備した粋な計らいであった。大先輩を前にして、お尻が痒かったと一雄は笑う。

昭和四〇年前後から、いわゆる「山本もの」が数多く出版されたが、なかでも昭和四六年刊行の蜷川親正著『山本五十六検視ノート』は一雄にとって衝撃的であった。そこには、今まで知らなかった、父の戦死時の模様が生々しく記されていた。一雄にしても蜷川にしても、戦死した肉親に対する思いは、到底他人が及び得ない領域である。真実を知ろうとする執念は、鬼気迫るものがある。

一雄は戦後ずっと、父の最期の地を訪ねたいと思い続けてきたが、その日を生きてゆくのが精いっぱいで、なかなかその機会を見出すことができずにいた。悶々としていた一雄に、願ってもないチャンスが巡ってきた。「社団法人南太平洋友好協会」が主催する、ソロモン群島慰霊行の同行取材である。

昭和四七年八月二七日、晩夏の焼けつくように熱い日、一雄はソロモンに飛んだ。父（久利雄）が戦死してから二九年、一日としてその面影を忘れたことはない。西荻窪の文化住宅裏の土手で「放物線」を教えてもらったこと、母（千代）を相手に恩賜の軍刀を拝受するリハーサルを繰り返していたこと、上海出張から帰宅して記者に取り囲まれている姿などなど、数えるほどしかない父の思い出が昨日の事のように頭をめぐる。

慰問団は山田無文老師（元臨済宗妙心寺派管長）を団長に、僧侶五人、遺族・戦友一七人、医師一人、新聞記者二人（うち一人は一雄）と通訳の計二六人で構成され、出発を前に靖國神社と千鳥ヶ淵墓苑を参拝した。ブーゲンビル島（タロキナ）、ガダルカナル島（ベウル）、ニュージョージア島（ムンダ）、比島（モンテンルパ）を訪問、慰霊塔を建立して法要を営み九月六日に帰国した。

遺族が流す涙は、当地では珍しい乾季の雨となって地元民を驚かせた。ブーゲンビル訪問を予定した八月二九日は、朝から激しい雨だった。いっときも早く行きたいと思いを募らせる一雄ではあったが、天候不良のためこの日の慰霊行は中止になった。翌三〇日、雨雲の合間を縫って慰問団の一部（八人）が機上の人となった。遺族と記者の二つの帽子をかぶる一雄は、操縦室に招かれた。白い雲がフロント・ガラスを矢のような速さで後方に滑り去る。あの日父が目指した、ブインが近づいてきた。副操縦士が地図を広げて、山本機の墜落地点を教えてくれた。機長が左手の親指で左舷を指した。一雄は食い入るように密林を見つめた。濃い緑のジャングルと、白く蛇行する川を眼底に焼き付けた。一瞬のうちに「父の最期の地」は、後方に過ぎ去った。しかし、とてつもなく長い一瞬であった。

機上の人となった時、一雄は自分が泣くだろうと思っていた。しかし、記者魂が一雄の涙を遮った。「親爺、泣けなかった」。一雄は「二九年目の親不孝」と言う。機が大きく左旋回し、ふと気が付くとモイラ岬が眼下にあった。太陽に映える積乱雲に、父の微笑む顔を見た。父と子は、戦後初めて言葉を交わした。

一雄は長年に亘って調べた結果を要約し、「樋端久利雄」と題して、昭和六〇年刊行の『白鳥町史』に四〇〇字詰め原稿用紙二二枚を寄稿した。書くことの専門家であり、かつ肉親が渾身の思いで書き上げた貴重な史料である。この略伝が、衣川の大作『ブーゲンビリアの花』の基礎資料になった。

時期は判然としない（久利雄の五〇回忌前）が、甥の忠重は仏壇に祀っていた久利雄の位牌を軍人墓地の墓に移した。その頃、郷里の樋端家では、家族にいろいろ健康上の問題が生じた。どうしたものかと思案した忠重と美子が菩提寺の住職に相談したところ、「既に分家した者の位牌を、同じ仏壇に祀るのは宜しくない」との教えがあり、位牌を始め久利雄の遺品類を墓に納めることとした。従って、後述の五〇回忌は墓前祭となったのである。

久利雄のよき相談相手であり理解者でもあった兄武一郎は、昭和四〇年四月、心筋梗塞により六五歳の若さで他界した。

平成四年五月二三日、故郷（白鳥）において久利雄の五〇回忌法要が、甥忠重の手によって営まれた。地元白鳥の町長で大川中学校の後輩でもある田中豊市、『ブーゲンビリアの花』の著者衣川宏、大川中学校出身で海軍兵学校の後輩佐々木昌幸（海兵七八期）らが奔走した。法要は実家の菩提寺（勝覚寺）から住職を迎え、軍人墓地にある久利雄の墓前で行われた。

この地方の習慣として、通常法要は菩提寺か自宅で営むが、久利雄の位牌や遺骨は全て軍人墓地に収めているので墓前祭となった。墓前祭であっても、やるべき準備は室内と同じであり、むしろ僧侶の為の椅子や机を設置するなど余分な手間もかかる。忠重と美子は準備に追われた。

大川中学校出身の元軍人や久利雄を慕う予科練出身者等一五名が集い、墓前に手を合わせた。一雄も京都から駆け付け、「一四歳で父を亡くし、早くも五〇年が過ぎました。感無量です」と参列者に謝辞を述べた。法要の後、白鳥神社前の「まるきん寿司」で昼食を兼ねた懇親会を行い、ひとしきり久利雄の為人に花が咲いた。地元で行われる法要は、これが最後になるだろう。

五月二二日、一雄は法要に先立って、父の母校であり自らも一時籍を置いた三本松高等学校（旧制大川中学校）を訪問した。校長と歓談していた時に、久利雄の遺品が話題になった。伊座（父の実家）に帰った一雄は、今も樋端家に保管している遺品の扱いについて、従兄の忠重らと協議した。戦後早くに突き返された悔しさは横に置き、樋端家の今後の代替わりも考慮し、また生徒の教育の為にも、再度、母校に引き取ってもらうのが最善の策ではないかとの結論に達した。そして、翌日営む法要後の昼食会で、参会者に諮ることとした。翌日、白鳥町長田中豊市を始め、参会者も遺族の意向に賛意を示した。

六月一日、大安の日の朝、忠重が母校を訪問し、田中豊市立会いの下改めて久利雄の遺品が寄贈された。一雄は委細を忠重に託して京都に帰っていたので、立ち会ってはいない。

本件は銃刀法の所有に関わるので、手続き上、まずは忠重が「刀剣類発見届」を警察に提出した。その後、同窓会名で香川県教育委員会に届け出た。そして、県の文化行政課の刀剣審査を受け、六月一九日に登録を完了した。登録証には「平成四年六月一九日、白鳥町伊座の樋端忠重から譲り受けた」と記されている。

四七年ぶりに母校に帰った遺品は、資料館の「樋端久利雄コーナ」に展示され、等身大の写真とともに後輩の資となっている。

郷里の墓前祭に先立ち、平成四年四月一八日、一雄は京都市山科区小野の随心院（真言宗善通寺派大本山、小野小町ゆかりの寺）境内にある大乗院で父の五〇回忌法要を営んだ。久利雄と千代の孫や曾孫が一同に会した。実家からは甥の忠重が参列した。大乗院の前で撮った記念写真には、髪を紫に染めた若々しい千代が収まっている。戦時中の手紙の中で、千代と久利雄が確認した第三子を持つ夢は叶わなかったが、岸の向こうで千代は、一枚の写真を見せながら「これは孫の誰々、これは曾孫の誰々」と楽しく久利雄に語っているだろう。

平成一五年の秋、千代の遺品を整理していた一雄は、柳行李の底に久利雄が戦死直前千代宛てに書いた手紙とともに、郷里白鳥で営まれた葬儀の後、行方不明になっていた「告辞」を発見した。一雄はことの顚末を、次のように推察する。葬儀の後、「告辞」は誰かの手によって千代に渡された。そのとき千代は「告辞」の紛失騒ぎを知らなかった。その後も義姉ミツヱは、折に触れ「家中探し回ったが結局見つからなかった。申し訳ないことをした」と何度も千代に詫びたが、千代は「自分の手元にある」と言い出せなかったのではないか。千代の久利雄に対する思いと、執念がそうさせたのか。

荒吉が保管していた多くの写真や資料は、久利雄戦死の際に報道機関が持ち出し、返却されないまま散逸してしまった。「告辞」も、あのとき千代の手にわたっていなかったならば、同じ運命をたどったかもしれない。不幸中の幸いであった。

平成一六年、戦後六〇年の間そのままになっていた恩賜の短剣と長剣を、銃刀法に基づいて京都府教育委員会に届け出て登録した。ずっと気になりつつも、延び延びになっていたものだが、母千代の他界を機に、きちんと登録することが父の恩に報いる道だと考えた。戦前・戦中を生きた日本国民にとって、「恩賜」はとてつもなく重い。

登録に併せて、市内の刀剣商に研ぎと修繕を依頼した。整備には一年半、経費に六〇万円ほど要したが、輝きを取り戻した恩賜の短剣は、新調した白木の箱に粛然と収められた。一雄はやっと心の整理がついたような気がした。

平成二七年一〇月一〇日、母千代の命日に京都の大乗院で一三回忌の法要を営んだ。法事には、久利雄と千代の直系である子供、孫、曾孫を含め九人が京都に集い、紫に髪を染めた千代を偲び懐かしんだ。

三本松高等学校の敷地内には、「戦没同窓生の碑」がある。碑石は郷土の礫石を使用、敷石には久利雄が学んだ旧校舎の礎石を使用している。この碑は、昭和四一年五月二一日、母校の創立六五周年記念式典兼ねて新校舎落成記念式典が行われた際、当時、香川県内で町長をしていた六名の同窓生が発案し、昭和四二年八月一五日に竣工した。碑には、久利雄を含む同窓一六三柱の英霊の氏名、戦没年月日、そして戦没地が刻まれている。久利雄の戦死日は昭和一八年四月〇〇日と刻まれている。同月二六日に除幕式が行われた。

戦後六〇年の節目となる平成一七年一〇月二二日、三本松高等学校において、戦没同窓生追悼式が同窓会（大中三高会）の手によって執り行われた。式典には長男一雄が参列し、遺族を代表して挨拶をした。

追悼式は一〇年ごとに営まれており、一昨年（平成二七年）の一〇月三一日、戦後七〇年にも母校で営まれた。遺族・関係者の参加は、一雄を含めて八人に止まった。遺族や関係者の高齢化は確実に進んでいる。

一雄は一〇年前と同じように、遺族代表として挨拶を行った。東京陸軍幼年学校で終戦を迎えたこと、三一〇万人の犠牲者を出した先の大戦から七〇年が経過し、昭和は遠くなりにけりとの思い、ソロモン群島の慰霊訪問などを淡々と語った。学校職員を含む一七六柱の尊い犠牲の上に、今日我々が生きている。そのことを若い人に伝えていくのが、自分たちの役目だと締めくくった。

開催の主体である同窓会が決めることであり、筆者が口をはさむのは差し出がましいが、追悼式あるいは慰霊祭は今後も継続して欲しい。事務的に多々面倒なこともある。時代とともに人の心も変わる。門外漢ではあるが、教育の現場も変わっていくだろう。しかし、人間は連綿と続く歴史の中で生かされている。先人があって、初めて現在の自分が存在する。大きく構えた慰霊祭や追悼式でなくてもいい。年に一度、関係者や職員・生徒が碑の前に集って、国難に殉じた先人・先輩に思いを致し、歴史を振り返ってもらいたい。そして、現在の自分を見つめる教育をして欲しい。一雄が言いたかったのも、そういうことだと思う。

母校で不世出の人材と言われた久利雄であれば、どのように判断するであろうか。その声を聴いてみたいと思う。筆者には、長男一雄が代弁しているように聞こえた。

エピローグ

秦郁彦は『昭和史の軍人たち』の「黒島亀人―山本元帥に愛された変人参謀」の項で、樋端久利雄を次のように評している。

日米開戦必至の様相を呈してきた昭和一五年ころ、若手の海軍士官が集まると、連合艦隊（ＧＦ）の先任参謀は誰が最適か、という議論が出たらしい。このポストは日露戦争の名参謀秋山真之の役割に当る。一四年秋から先任参謀に坐っていた黒島亀人大佐は一年ぐらいで交代すると思われていたし、部内の知名度も低かったので、誰も黒島が秋山の役割をつとめるとは思っていなかったふしがある。当時第七戦隊の参謀をしていた猪口力平少佐（海兵五二期）の記録によると、期せずして昭和の秋山に擬せられたのは五一期の樋端久利雄中佐だったという。

のちに連合艦隊航空参謀として山本長官とともに戦死するが、部外ではほとんど無名に終った樋端はパイロットの出身で、このクラスの前後を通じ比を見ない秀才だっただけでなく、謙虚で良く人の言を入れる常識人でもあった。猪口氏は「樋端が死んで日本はもうだめだ」と思ったそうである。

今日でも、若手・中堅を問わず人事の話はいつも盛り上がる。当時、期せずして「昭和の秋山眞之」に重なったのが、海軍中佐樋端久利雄であった。海軍兵学校の一期後輩である源田實は、『海軍航空隊始末記　戰鬪篇』で次のように記している。

樋端中佐は筆者より一期上の五一期生で香川縣出身である。秋山眞之將軍の再來とも言われる程の秀才で、この前後數クラスを通じてこの位秀でた頭脳を持っていた人は無かったといわれる。

秋山將軍と同様に胆略兼ね備えた武将で、線の細い秀才型では毛頭ない。風采は頗る擧らず、平生は口を半分程開いて、馬鹿みたいに見えた。この口を半分程開いて、馬鹿みたいにしているときが、頭の最も冴えているときだというから驚く。

……（中略）……

私は樋端さんに全海軍の作戦を預けて、存分にその明快極まる脳味噌を働かせて貰いたかった。この人がもっと永く生き残り、もっと働ける立場にあったならば、太平洋戰争の様相はもっと變わっていたかもしれない。

戦後も少し落ち着いた昭和三〇年、源田實は『文藝春秋』に「勝っても自刃した大西瀧治郎」と題する一文を寄稿している。何項目かある中の「大西中將の蔭の參謀」で、久利雄と大西の関係を次のように記している。

昭和十一年だったと思うが、（筆者注：大西中将が）航空本部教育部長に替ってしばらくしてから、大西中將は戰艦主體論から航空主體論に移るべきだということを眞正面から打出したのである。

このときには全海軍にわかるように、東京の水交社にみんな集まれといって東京附近のものから航空関係のものが全部集つたのである。そもそもこういうことは軍令部でやることで、航空本部が作戰をすることは嫌うのであるが、そのときはだいぶえらい人を集め、その席上、大西中將はいろいろ細かい計算を示して爆擊の命中率は何%、飛行機の命中率は何%、飛行機の被爆率は何%、また、エンジンの故障は、双發だったらこれだけの故障率、單發ならこれだけという理論的なものを出した。これはほとんど自分で計算したもののようである。

その席上、ある人がいつそれをだれが計算したかといったときに、おれが今朝やったといっていたが、實は長い間かかって思想をかためたものであったと思う。それを眞正面からぶつつけて、當時海軍に非常なセンセーションを起し、しばらくしてから、當局にさしとめられることになつた。以後は軍令部でやることになつたのである。その當時は大和、武蔵を作ることが決定し、作りはじめたかはじめないかというときで、大艦巨砲主義がはつきりあらわれていたときであった。

その資料はいろいろ提供したものがあるが、そのなかでも、もつとも有力な人は樋端久利雄、この人は香川縣の人で私の一級上であつた。兵學校はもとより首席、飛行機の操縦、霞ヶ浦の學習も首席、海軍大學ももとより首席で、私が考えるところ海軍において、東郷元帥のときの秋山副官（筆者注：秋山参謀）以来の頭のいい人ではないかと思う。秀才はえて部隊指揮とか、あるいは戰さそのものの實戰はまずいのだが、この人は指揮官としても、無類の指揮官であった。そのくらいであつたから、いままで海軍におけるポストでも、二、三クラス上の人とならんでいた。この人は山本元帥の二度目の參謀でラバウル作戰のため、十七年の秋に聯合艦隊本部にきたが、のちに山本元帥といつしよにソロモンで戰死をした。大西中將がいろいろな資料を得たり、いろいろな主張をしたりする、もつとも有力な推力となつたのはこの人だとおもう。當代無類の頭のいい人で人物もできた實にすばらしい人であつた。ただし風采はさつぱりあがらず、いつも口を開けていたが、この樋端久利雄が、大西中將の蔭の參謀だつたと思う。

大西という人は、あいつは變なことをいつて俺をだますのではないかというような疑いをもつて物をみない。正直で、だまされればそのままだまされてしまうという人であつた。そこで大西中將には、いろいろなことを持つていきやすかつたのであろう。もし、その場合にだれかがその問題を引き受けたのならば、實に協力をしてとにかく通してくれる。だから下の者にも頼りになるところがあつた。したがって、樋端さんなんかは、さきを見通している人であつたから、自分の考えを實行するには、大西中將にチェックしてもらえば大西中將ならどんどんやってもらえると考えたかも知れない。大西中將がもっている人間的魅力に對して樋端さんの頭脳的なものを組み合わせて、そこに一つの思想がだんだんと具體化したと考えられる。

あの源田をしてこれほどに言わせるということは、海軍航空界で久利雄がそれほどに光り輝く存在であったということである。海軍航空の星、樋端久利雄は大西瀧治郎の知恵袋だった。海兵同期の扇一登は、次のような口述自伝（オーラル・ヒストリー）を残している。

一番難しいのは一高か海軍か……。一高よりも難しかったんです。だから、私のクラスに一高に通った奴は、何人もおるんですよ。その当時、教官が言っとりました。「諸君は、とにかく選ばれた者たちで、天下の秀才ばっかり集まっとる。このうちの半分か四分の三かが……その数字は忘れたんですが……全国中学校の五番以内だ」と言われた。それを、はっきり覚えとる。ただ、半分以上と言ったか、四分の三までと言ったか、それぐらい秀才が集まっとるんですね。

その一番の秀才が……今でも、その息子が京都に生きておりますが、……樋端《といばな》と言いまして、明治以来の海軍切っての、山本権兵衛に相当する男だった。山本権兵衛は政治的な辣腕家だったが、この樋端という奴は学者ですよ。これは、海軍兵学校で、講義を聞いちゃおらんのです。聞いちゃおらんと言っても、講義は聞くんだけど、ろくに記録なんかしていない。それで以て一番ですよ。飛び抜けた奴。高木惣吉（筆者注：海兵四三期）さんが海軍のことに詳しいが、全海軍を通じて一番偉い奴は誰かということを、しばしば問題にして話をしたことがある。お互いに……。その時に、「樋端という男は、海軍切っての秀才だ」と。私と同じ農家ですよ、四国の大きな農家。

……（以下略）……

平成五年、秋の国民体育大会（第四八回）が香川と徳島の共催で開催され、サッカー競技は東讃（長尾町）の競技場で行われた。その際、前回大会（山形国体）でサッカー選手の支援を行った阿部千昭櫛引町長（海兵七六期）が香川の会場を訪問した。飛行機で讃岐入りした阿部は、高松空港で出迎えた地元大川町役場の職員頼富勉（町議会事務局長）に開口一番、「帝國海軍の先輩で山本五十六元帥と共に戦死された樋端大佐の墓参りをしたい」と強く要望した。隣の町のことであり、樋端大佐のことや墓の存在を知らなかった頼富は急いで白鳥町役場に照会するとともに、線香とお花を求めて阿部を軍人墓地に案内した。

墓前にぬかずいて静かに手を合わせていた阿部は、突如として樋端大佐の墓に抱きついて号泣した。帰りの車中で阿部は、「樋端大佐は素晴らしい海軍軍人であり、素晴らしい参謀だった」と案内した職員に繰り返した。阿部は終戦時に海軍兵学校の生徒であり、久利雄との接点はない。樋端大佐は海軍内で、それほど後輩に慕われていたということである。

仮に樋端久利雄が生き残ったとしても、日本の敗戦は免れなかったであろう。しかし、廃墟と化した日本の復興や新生海軍の創設に久利雄の頭脳がどれほど貢献したかと想うとき、切歯扼腕の思いである。

日本は米国との戦いに敗れたが、その萌芽は日英同盟の破棄（消滅）にあると筆者は考えている。日清・日露戦争に勝ち、第一次世界大戦で漁夫の利を得た日本は目がくらんだ。一方で米国は、世界で初めて白人を打ち負かし、太平洋に出てきた日本に危機感を持って日英同盟の消滅に動いた。情勢を的確に分析して戦略的に動いた米国が、一枚も二枚も上だったと言える。

翻って今日、我が国周辺の動きは不穏である。日本は過去と同じ轍を踏んではいけない。間違っても、アングロサクソンとの関係（同盟）を断ち切るような愚を犯してはいけない。樋端久利雄であれば、どのように判断するであろうか。

手元に一枚の写真がある。撮影の日付は「93.1.29」とある。私が在ノルウェー日本大使館に赴任する、半年ほど前である。場所は明確には覚えていないが、銀座のどこかのアトリエだった。写っているのは四人、私の右側に海軍の大先輩である大井篤さん、大井さんの右側が書道家の仲田美佐登先生、その右側に大井さんの連れの女性（息子さんの奥様と紹介されたと記憶する）、そして左端（大井さんの左側）が私である。

仲田先生はペンネームを加茂菖子といい、三浦友和と山口百恵が共演した映画『執炎』の原作者でもある。仲田先生には、海上自衛隊の幹部学校（指揮幕僚課程）学生の時に知遇を得て、先生が書道展を開催するたびに招待状をいただいた。展示会場に入った私を見とめた先生は、「ああ、いいところに来たわ。ちょうど大井さんがお見えになっているのよ。紹介しましょう」と言った。先生が「彼は海上自衛隊におりまして、この夏に駐在武官で出るんですよ」と言うと、大井さんは優しい目で「そうですか。それはご苦労様です。大事な仕事ですから頑張ってください」と励まして下さった。このとき仲田先生が「折角ですから写真を撮りましょう」と撮ってくれたものである。この写真は、そのとき仲田先生が「折角ですから写真を

大井さんが海軍兵学校五一期であることは承知していた。この時、私は千載一遇の機会を逃した。

ラスヘッド（首席）であることもよく知っていた。しかしその時私は、高名な海軍の先輩を前に緊張していたのか、郷土の先輩である樋端さんに言及するのを失念した。「駐在武官」と聞けばあの頭脳明晰な大井さんは、間違いなく「同期ではフランスの樋端、ドイツの豊田（隈男）……」と瞬時に記憶を巡らしたに違いないのだ。

あのとき大井さんに「同期の樋端さんは、郷土の先輩です。大井さんから見た樋端さんはどんな人だったのでしょうか」と尋ねていたならば、今日では大変貴重な資料になっていたはずである。帰朝後には必ずや訪ねたいと思っていたが、残念ながら大井さんは、私が北欧で大使館生活をしている間に鬼籍に入られた。今もって悔やまれる。

樋端久利雄を書こうと決心してから、三年の月日が流れた。谷光先生に「私に書かせて欲しい」と懇願した際、快諾された先生は「高嶋さん、ゴールを決めた方がいいですよ」と助言して下さったのだが、寄り道をしてしまった。拙著『武人の本懐』（講談社）と『指揮官の条件』（講談社現代新書）が先行したこと、その直後の両親の交通事故や父の他界などが重なって私の身辺は騒がしく、長男一雄氏や谷光先生との約束を果たせないまま三年が過ぎた。しかし、

道草をして良かったことも多々ある。この間に多くの出会いがあり、知らない世界の事をいろいろと教えて頂いた。

私がまごまごしている間に、『ブーゲンビリアの花』の著者衣川宏氏が鬼籍に入られた。衣川さんは千代夫人の生の声を聴いた貴重な一人であり、多くのご教示を頂くつもりであったが、結局衣川さんとは会えずじまいになった。電話で「樋端久利雄を書かせてほしい」とお願いし、快諾いただいたのがせめてもの慰めとなった。

書くことを決心して早い時期に、郷里の樋端家に、樋端久利雄の甥であり、一雄氏の従兄にあたる樋端忠重氏を訪ねた。氏は病臥にあり話を聞くことはできなかったが、幸いにも奥様（樋端美子）がご健在で、いろいろ教えていただいた。その忠重氏も亡くなられた。時間は待ってくれない。美子さんは八〇歳の半ばを過ぎているが、あまりにも若く、「もうそろそろ止めようかと思っております」と言いつつも、毎日のように車を運転して白鳥霊園（軍人墓地）に行き、樋端大佐の墓を守っている。帰省の折に機会を見つけて墓参りをすると、いつも花が供えられ、きちんと掃除されている。二回目（二年後）の取材の時には、「駐車場から墓地までの坂がきつくなりました」と困惑顔で笑った。

文章を綴るのは体力が要る。拙い文章であっても、集中して脳味噌を絞らないと言葉を紡ぐことはできない。有り難いことに、折れそうになった私を、再度奮い立たせてくれる出会いがあった。平成二七年の桜咲く頃、江田島で『流転の子』の著者であるノンフィクション作家本岡典子さんに会った。偶然かつ初めての出会いであった。帰京後、直ちに『流転の子』を求め一気に読み終えた。すると何だろう、感動と興奮とともに、私の中に沸々と湧きあがるものがあった。言葉では表現できない、不思議な感覚であった。『流転の子』は、壁に突き当たり挫折感を味わっていた私を奮い立たせてくれた。主人公樋端久利雄が、ふらついている私に「しっかりせんか」と引き合わせてくれたのだと思う。

私が「樋端久利雄」という名を初めて耳にしたのは、昭和四三年四月一八日であることは最初に述べた。その日は、奇しくも樋端大佐がソロモンに散ってから、ちょうど二五年目の日に当たる。そのことに気が付いたのは、再び原稿用紙に向かっているときであった。私はこの偉大な郷土の先輩に触発されて海を志した。爾来、およそ四〇年に亘る海上防衛の任を終えた後、自らの手によって再び樋端久利雄を世に出したいとの思いに至った。不思議な縁《えにし》を感じる。

海軍兵学校第五一期の戦死者は七二名、卒業生のおよそ三〇パーセントが戦場に散った。不慮の殉職者が二〇名あり、その多くは航空機事故である。更に三名が戦犯に問われた。戦犯の汚名を着せられた軍人は、戦後「法務死」と認定され、その名誉を回復した。

ものを書くことの素人である筆者は、執筆の姿勢として一次資料に接することに腐心した。一つの記録、ひとつのデータを見て感じること考えることとは、見る人の感性や背景によって大きく異なる。即ち、同じデータを見るにしても、極力一次資料を見て自分なりの評価や判断をしたいと思った。その意味において、母校三本松高等学校資料室、海上自衛隊幹部学校資料課、防衛研究所戦史研究センター、国立国会図書館、アジア歴史資料センター（ＷＥＢ）には大変お世話になった。

「い」号作戦について筆者は大変厳しい見方をしているが、それは筆者が目にした多くの記録からそのように読み取った結果であり、見落とした若しくは筆者が測り得ない深遠な考え方が、当時の聯合艦隊司令長官（司令部）にはあったかもしれない。それを説明する新たな資料や考え方があるならば、自らの不明を恥じるとともに、誤りを正さなければならない。書くことの責任は重いと銘記している。

多くの方々への取材や資料収集を通じて、今さらながら、記録を残すことの重要性を感じる。とりわけ、当事者の生の声は貴重な歴史資料であり、後世に残すべきだと思う。そして今日の、公文書の保管期限に強い違和感を持つ。役人は法規を遵守しなければならない。破棄期限を過ぎた文書を、闇で保管するのは法規違反である。しかし、業務用データの管理と称して、多くの貴重な資料を処分してしまうのは愚策と言わざるを得ない。終戦直前・直後、占領軍を恐れて貴重な資料が焼却処分され散逸した。空襲でも大量の資料が焼けた。同じ轍を踏んではいけない。今日では大容量のメモリーが開発されており、如何様にも処理できる。捨てた、壊した歴史は二度と還ってこないのだ。

平成二七年の秋深まる頃、樋端久利雄が通学した、実家から大川中学校への道（旧国道）を歩いた。ときには脇の「いで」（讃岐の方言で用水路のこと）でドジョウが逃げ隠れする様子を追い、本を読みながら通学する久利雄を想った。さすがに（草鞋ではなく）運動靴を履いて軽装で臨んだが、所々で写真を撮り大正時代に思いを馳せながら歩いたので、片道に小一時間を要した。舗装などされていない当時、如何に気力が充実しているとはいえ、雨の日や木枯らしが吹く日は辛かっただろう。久利雄が眠る海軍墓地に差し掛かった時、上からポツポツと落ちてきた。晩秋の雨は、心なしか寂しかった。樋端大佐の墓に詣で、無念の最期を遂げた先人に手を合わせた。

通学路に交叉して南北に流れる湊川には、番《つがい》の鷺が仲良く羽を休めていた。私の視線を感じたかのように、湊橋に佇む私を優しい目で見上げた。

多々寄り道をしたので、脱稿までに三年を要した。この間、多くの方々から支援と協力を賜った。なかでもこの方、樋端一雄氏の理解と支援がなければ、この本が世に出ることはなかった。四年前の夏に初めてお会いした時、一雄氏が何十年もかけて渾身の思いで収集された、膨大な資料を惜しげもなく私に託してくれた。私の胸にズシリとくる大変重いものだった。肉親の思いは、およそ他人が立ち入ることのできない領域である。「やります」と手を挙げた私ではあったが、正直、一時はこの重さに耐えかねて崩れそうになった。新聞記者という、ものを書く専門家から見れば、私の仕事ぶりは歯がゆかったと思う。そんな私を折に触れて叱咤激励して下さった。

いわばこの作品は、父を思う一雄氏と筆者の合作といっても過言ではない。

特筆したい方が二人いる。御二方とも「海軍の生き字引」である。

海軍兵学校六七期の市來俊男氏は、今年九八歳になられた。大東亜戦争に参戦、戦後海上自衛隊に奉職され、優秀な艦乗りであったが体調を崩して一線から退き、長く防衛研修所の戦史室長を務めた。訊きたいことを事前にお伝えしている内容はもちろんのこと、お会いしてからお訊ねする細かいことにも「それはこの資料にある。それはこのメモにある」と、直ちに資料を提示し教えて下さった。時折、その場で資料が見つからないときには、数日すると「見つかったので立ち寄りなさい」と携帯メールが入った。

もう一方《ひとかた》、田島明朗氏は元中国放送のアナウンサー・記者で、澤本頼雄海軍大将（海兵三六期）の甥にあたる。帝國海軍上層部や上流界の空気を吸った経験を有するお一人である。田島氏も齢八〇を過ぎるが、手を尽くして調査しても分からず藁をもつかむ思いで教えを乞うた内容に、即座に「それは〇〇にある」と教えて下さった。その他にも、多くのご教示をいただいた。海軍に通じた元記者の目は鋭い。現在は中国放送社友で、呉水交会の顧問も務めている。元アナウンサーを髣髴とさせる、ダンディーな生き字引である。

更に御礼を申し上げたい方が二人。いずれも筆者の後輩である。一人は防衛研究所戦史研究センターの石丸安藏氏、もう一人は東かがわ歴史民俗資料館学芸員の萩野憲司氏。御二人は多忙な現業の合間を縫って、私が要求する無理難題（情報要求）を自分のことのように調べて下さった。仕事の邪魔をして上司に叱られはしないかと、こちらが心配したほどである。

この他にも、巻末に挙げる多くの方々が協力して下さった。熱く御礼申し上げる。

かつて防衛大学校に学び、新生海軍（海上自衛隊）に奉職した恩恵は計り知れない。三年の歳月をかけて脱稿したはいいが、嫁入り先（版元）が見つからず、途方に暮れていた私に救いの手を差し伸べてくれたのは、大先輩で法学博士の平間洋一氏（防大一期）である。平間氏を通じて芙蓉書房出版社長平澤公裕氏の知遇を得、この本が世に出ることになった。平間先生と平澤氏のベスト・コンビに、心から感謝申し上げたい。

七十有余年前、国難を打開せんと馳せ参じながら、武運拙くソロモンに散った帝國海軍将兵の御霊にこの物語を捧げます。

平成二九年　桜舞う季節に

髙嶋　博視

参考文献

◎一次資料

『海軍省令第六號』(大正六年一一月一八日) 防衛研究所蔵
『海軍省令第二二號』官報二一八七號 (大正八年一一月一八日) 防衛研究所蔵
『海軍公報』第二二六一號附録 (海軍大臣官房、大正九年四月九日) 防衛研究所蔵
『大正一二、一三年練習艦隊巡航記念誌』練習艦隊司令部　大正一三年　樋端一雄蔵
『渡欧案内』日本郵船株式會社　昭和六年
『日本海軍史』第一一巻　海軍歴史保存会　第一法規出版　昭和七年
『五一』海軍兵学校第五一期クラス会誌　樋端一雄蔵
『電波伝播図表』海軍艦政本部編　昭和一七年　防衛研究所蔵
『山本聯合艦隊司令長官戰死関係資料』防衛研究所蔵
『山本元帥國葬關係綴』(海軍省副官)　防衛研究所蔵
「第一報接受後の海軍省の動き摘録」
「海軍省接受の事故関係電報」
「事故調査概報」南東方面艦隊司令部
「山本聯合艦隊司令長官ニ関スル経緯等」宇垣纏
「嶋田海軍大臣　永野軍令部總長宛書状」草鹿任一
「海軍大臣放送原稿」
「大本営発表以後国葬までの各種資料」
『呉鎮守府第六特別陸戰隊バラレ派遣隊戰時日誌』自昭和一八年三月一日至昭和一八年三月三一日　防衛研究所蔵

『第八艦隊戦時日誌』昭和一八年三月一五日〜四月二〇日　防衛研究所蔵

◎戦後の記録

『あの海あの空』海軍兵学校第五一期クラス会誌　第一〜三緝　昭和二七年　樋端一雄蔵
『太平洋戦争日本海軍戦史』第二復員省残務処理部　昭和二五年
『鈴木貫太郎自伝』鈴木貫太郎　社団法人櫻菊会出版部　昭和二四年
『文藝春秋　臨時増刊』文藝春秋社　昭和三〇年
『山本元帥と私』本多伊吉　昭和四二年
『丸』昭和四二年四月号
『海軍回顧録』昭三会出版委員会　昭和四五年
『ブーゲンビル島戦記』島海忠彦　昭和四九年
『わたしの生涯』竹谷清　昭和五〇年
『文藝春秋』昭和五二年五月特別号　文藝春秋　昭和五二年
『遠航二十年』日本国練習艦隊司令部　昭和五二年
『佐世保鎮守府第六特別陸戦隊戦記　ソロモンの陸戦隊』佐世保鎮守府特別陸戦隊戦記刊行委員会　昭和五四年
『海軍中攻史話集』中攻会　昭和五五年
『元海軍教授の郷愁』平賀春二　海上自衛新聞社　昭和五七年
『ソロモンの死斗　第八艦隊の記録』海軍ソロモン会　昭和六〇年
『せんだん―江田島従道小学校の記録―』従道小学校同窓会　昭和六一年
『水交』平成四年五月号、平成五年四月号
『山本元帥の思ひ出―三和義勇』坂井多美子　平成一一年

「わが父、山本五十六　最後の晩餐と遺書」山本義正　『正論』平成一三年九月号
「山本元帥夫人の白い封筒」諸橋清隆　『正論』平成一四年二月号
『扇一登（元海軍大佐）オーラルヒストリー』政策研究大学院大学　平成一五年
『遠航五十年史』日本国練習艦隊司令部　平成一九年
『村木レポート（山本五十六聯合艦隊司令長官の行動電報の解読について）』村木正博　平成二二年
『呉水交』第一一号　呉水交会　平成二三年

◎**一般参考図書**

『帝國海軍』猪伏清　高山書院　昭和一四年
『大本營發表　海軍篇』冨永謙吾　青潮社　昭和二七年
『続海軍兵学校沿革』有終会編　原書房　昭和五三年
『栄光と悲劇・連合艦隊』吉田俊雄　秋田書店　昭和四三年
『提督小澤治三郎伝』提督小澤治三郎伝記刊行会　原書房　昭和四四年
『父・山本五十六』山本義正　光文社　昭和四四年
『戦史叢書　大本營海軍部・聯合艦隊―第三段作戦前期―』防衛庁防衛研修所戦史室　朝雲新聞社　昭和四五年
『謀殺』バーク・デイヴィス（吉本普一郎訳）原書房　昭和四五年
『新釈漢文大系　礼記　上巻』竹内照夫　明治書院　昭和四六年
『海軍兵学校　海軍機関学校　海軍経理学校』財団法人水交会　秋元書房　昭和四六年
『深海の使者』吉村昭　文藝春秋　昭和四八年
『海軍中佐室井捨治』室井寿子　昭和四八年
『近世帝国海軍史要』海軍有終会　原書房　昭和四九年

『海軍大学教育』実松譲　光人社　昭和五〇年
『戦史叢書　海軍航空概史』防衛庁防衛研修所戦史室　朝雲新聞社　昭和五一年
『提督草鹿任一』草鹿提督伝記刊行会　光和堂　昭和五一年
『海軍中将中澤佑　作戦部長・人事局長の回想』中澤佑刊行会　原書房　昭和五四年
『海軍生活放談』大西新蔵　原書房　昭和五四年
『多磨霊園』村越知世　財団法人東京都公団協会　昭和五六年
『昭和史の軍人たち』秦郁彦　文藝春秋　昭和五七年
『海鷲の航跡（日本海軍航空外史）』海空会　原書房　昭和五七年
『錨とパインー日本海軍の側面史ー』外山三郎　静山社　昭和五八年
『帝国海軍教育史』海軍教育本部　原書房　昭和五八年
『東京・市電と街並み』林順信　小学館　昭和五八年
『捨身の提督小沢治三郎』生出寿　現代史出版会　昭和五九年
『角川日本地名辞典37　香川県』角川書店　昭和六〇年
『山本五十六の最期』蜷川親正　光人社ＮＦ文庫　昭和六一年（新装版　平成二三年）
『戦争裁判余録』豊田隈雄　泰生社　昭和六一年
『海軍航空隊全史』奥宮正武　朝日ソノラマ　昭和六三年
『日本歴史地名大系　香川県の地名』平凡社　昭和六四年
『海軍参謀』吉田俊雄　文藝春秋　平成元年
『ブーゲンビリアの花』衣川　宏　原書房　平成四年
『「時代」が変わる』吉田俊雄　光人社　平成五年
『発想の航空史』佐貫亦男　朝日新聞社　平成七年
『日本海軍が敗れた日』奥宮正武　ＰＨＰ研究所　平成八年

『伝承零戦』秋本実　光人社　平成八年
『聯合艦隊作戦室から見た太平洋戦争』中島親孝　光人社　平成一〇年
『日本海軍編制事典』芙蓉書房出版　平成一五年
『聯合艦隊軍艦銘銘伝』片桐大自　光人社　平成一五年
『日本神話入門』阪下圭八　岩波書店　平成一五年
『ロッキード戦闘機』鈴木五郎　光人社　平成一七年
『江田島海軍兵学校』新人物往来社　平成二〇年
『香川県謎解き散歩』新人物往来社　平成二四年
『ある駐米海軍武官の回想』寺井義守　青林堂　平成二五年
『暗号に敗れた日本』原勝洋・北村新三　ＰＨＰ研究所　平成二六年

◎讃岐関係

『大川中学校大正五年度宿直日誌』三本松高等学校蔵
『郷土史』白鳥本町尋常高等小学校　明治四五年
『六十五年史』香川県立三本松高等学校　昭和四一年
『蛍雪グラフ　三本松高校特集号』四国フォト社　昭和四四年
『白鳥町史』香川県大川郡白鳥町　昭和六〇年
『津田町外史』津田町史編集委員会　昭和六一年
『再訂　津田町史』津田町史編集委員会　昭和六一年
『讃岐人物風景（男たちの青春）』四國新聞社編　丸山学芸図書　昭和六三年
『白鳥町風土記』坂口友太郎　昭和六三年
『ふるさと』南原繁　日本図書センター　平成一〇年

『東かがわ市歴史民俗資料館だより』第六号　平成一八年
『戦争があったころ』東かがわ市歴史民俗資料館　平成二〇年
『松陰　本町小学校のあゆみ』本町小学校史編集実行委員会　平成一〇年
『讃岐のため池誌』香川県農林水産部土地改良課　平成一二年
『大中三高百年史』香川県立三本松高等学校　平成一二年
『四国横断自動車道建設に伴う埋蔵文化財発掘調査報告』第四十三冊　香川県教育委員会　平成一四年
『古写真でみる東かがわ』東かがわ市歴史民俗資料館　平成二二年
『香川の歴史ものがたり』香川県中学校社会科研究会　成光社　平成二六年

樋端久利雄年譜と関連年表

西暦　和暦	樋端久利雄年譜（▼主要な出来事）
一九〇〇（明治33）	▼6月　義和団事件（北清事変）
一九〇二（明治35）	▼1月　日英同盟締結
一九〇三（明治36）	8月1日　父・荒吉と母・モトの三男として出生
一九〇四（明治37）	▼2月　日露戦争勃発
一九〇五（明治38）	▼5月　日本海海戦
一九〇八（明治41）	▼10月　米白色艦隊横浜寄港　12月　ロンドン軍縮会議
一九一〇（明治43）	4月　白鳥本町尋常小学校入学　▼8月　韓国併合
一九一一（明治44）	▼10月　辛亥革命
一九一二（明治45）	▼7月　明治天皇崩御
一九一四（大正3）	▼7月　第一次世界大戦勃発　8月　パナマ運河開通
一九一五（大正4）	▼1月　対華二十一カ条要求

一九一六(大正5)	4月10日 香川県立大川中学校入学
一九一七(大正6)	▼2月 ロシア革命
一九一八(大正7)	▼8月 シベリア出兵
一九二〇(大正9)	8月26日 海軍兵学校入学（五一期）
一九二一(大正10)	▼11月 ワシントン軍縮会議　日英同盟廃止決定
一九二三(大正12)	7月14日 海軍兵学校教程卒業　学術優等、品行善良に付　御下賜（短剣一口）拝受　少尉候補生、「磐手」乗組 ▼8月 日英同盟失効　9月 関東大震災
一九二四(大正13)	▼1月 皇太子裕仁親王（昭和天皇）ご成婚　4月 治安維持法制定 4月12日「長門」乗組 9月1日 大正一三年海軍大演習部隊編成中「鳳翔」乗組 12月1日 任海軍少尉　「鳳翔」乗組 12月27日 叙正八位
一九二五(大正14)	4月20日 海軍水雷学校普通科学生 7月29日 海軍砲術学校普通科学生
一九二六(大正15)	8月14日 霞ヶ浦海軍航空隊飛行学生 12月1日 任海軍中尉

	▼12月25日 大正天皇崩御 12月28日 叙従七位
一九二七（昭和２）	2月28日 横須賀海軍航空隊付 ▼6月～8月 第一回ジュネーブ軍縮会議 9月1日 昭和二年海軍大演習部隊編成中「赤城」乗組 12月1日 賜一級俸
一九二八（昭和３）	5月9日 支那動乱に付、青島に派遣 5月29日「能登呂」乗組 ▼6月 張作霖爆殺 10月1日 霞ヶ浦海軍航空隊付 10月5日 結婚願 10月12日 結婚願認許 11月16日 昭和三年勅令第一八八号の旨に依り大礼記念章拝受 12月10日 任海軍大尉 霞ヶ浦海軍航空隊教官 12月30日 井上千代と結婚
一九二九（昭和４）	3月12日 結婚届出 3月15日 叙正七位 3月20日「春日」乗組 9月5日 昭和三年支那事変の勤労に依り金九十圓を拝受 9月26日 昭和四年海軍小演習部隊編成中「妙高」乗組 ▼10月 世界恐慌

	11月30日　佛國駐在被仰付
一九三〇(昭和5)	1月2日　出国（神戸） ▼1月　ロンドン軍縮会議 3月18日　長男・一雄誕生 9月1日　在佛國帝國大使館付武官補佐兼海軍艦政本部造兵監督官、海軍航空本部造兵監督官 12月1日　賜二級俸
一九三一(昭和6)	9月　満洲事変（柳条溝事件） 11月2日　海軍軍令部参謀 国際連盟陸海軍問題常設諮問委員会に於ける帝国海軍代表者随員 国際連盟陸海軍問題常設諮問委員会に於ける帝国空軍代表者随員 国際連盟軍備縮小会議準備委員会に於ける帝国代表委員随員 国際航空委員会に於ける帝国代表委員随員 12月9日　ジュネーブ一般軍縮会議全権委員随員
一九三二(昭和7)	▼1月　第一次上海事変　2月　第二回ジュネーブ軍縮会議 3月　満州国建国　5月　五・一五事件 7月11日　免国際連盟軍備縮小会議準備委員会に於ける帝国代表委員随員、国際航空委員会に於ける帝国代表委員随員 8月6日　帰朝 8月20日　補横須賀海軍航空隊付 10月1日　免ジュネーブ一般軍縮会議全権委員随員

	12月1日　横須賀海軍航空隊分隊長兼教官
一九三三（昭和8）	▼3月　国際連盟脱退 5月27日　長女・英子誕生 11月1日　海軍大学校甲種学生（三三期）
一九三四（昭和9）	▼3月　満洲帝國成立 3月1日　満洲国皇帝陛下より建国功労賞受章 4月29日　昭和六年から九年事変に於ける功に依り勲五等瑞宝章及金二百七十圓受賞　昭和六年から九年事変従軍記章受賞 5月1日　叙従六位 8月1日　昭和九年海軍大演習審判官 11月15日　任海軍少佐
一九三五（昭和10）	10月31日　海軍大学校甲種学生教程卒業　成績優等に付　御下賜品長剣一振拝受　軍令部出仕兼第一部第一課勤務兼第一部第二課勤務
一九三六（昭和11）	▼2月　二・二六事件 3月27日　特命検閲使付 7月1日　昭和一一年特別大演習第一期、第二期演習審判官 8月15日　昭和一一年特別大演習第三期演習審判官
一九三七（昭和12）	4月1日　軍令部部員 ▼7月　支那事変（盧溝橋事件）

	10月18日 第三艦隊司令部付 10月25日 支那方面艦隊参謀兼第三艦隊参謀 ▼12月 南京事件
一九三八（昭和13）	▼4月 国家総動員法公布 10月13日 叙勲四等瑞宝章 12月1日 聯合艦隊参謀兼第一艦隊参謀
一九三九（昭和14）	▼5月 ノモンハン事件 6月1日 叙正六位 ▼9月 第二次世界大戦勃発 11月1日 第三聯合航空隊司令部付 11月15日 任海軍中佐　第十五航空隊飛行長
一九四〇（昭和15）	4月29日 支那事変に於ける功に依り　功三級金鵄勲章　勲三等旭日中綬章及金六千三百圓受賞 ▼9月 北部仏印進駐　日独伊三国同盟調印 11月1日 軍令部出仕兼海軍省出仕 11月15日 海軍省軍務局第一課勤務
一九四一（昭和16）	1月10日 陸海軍航空員会（幹事） 2月25日 昭和一六年特別大演習第一期特別演習審判官 3月6日 海軍服制研究調査委員 ▼3月 治安維持法改正　4月 日ソ中立条約締結　6月 独ソ開戦

	6月5日 防備関係調査研究委員会第一分科会、第二分科会委員 ▼7月 南部仏印進駐 9月25日 軍艦「高雄」事故査問会員 10月28日 兼補海軍技術会議議員　大本営に在る海軍大臣に常時随員 11月7日 海軍航空兵器製造施設建設委員会委員 勤務及生活に関する制度施設調査委員会委員（幹事） 海軍武功調査委員会（幹事） 表彰審査調査委員会（幹事） 海軍用語調査委員会（幹事） 兵食研究調査委員会（幹事） 支那事変従軍記章授与調査委員会（幹事） 陸海軍技術（航空を除く）協調委員会（幹事） 潜水艦調査委員会（幹事） 11月14日 購買名簿調査委員会（幹事） ▼12月8日 大東亜戦争（真珠湾攻撃）
一九四二（昭和17）	1月26日 台湾、支那方面施設制度調査委員会（幹事） 4月24日 南西方面施設制度調査委員会（幹事） ▼4月 ドーリットル東京空襲　6月 ミッドウェー海戦 8月 米軍ガダルカナル島上陸　ソロモン沖海戦 11月13日 聯合艦隊司令部付　免大本営に在る海軍大臣常時随員 11月20日 聯合艦隊参謀（航空甲参謀）
一九四三（昭和18）	▼2月 ガダルカナル島撤退

	4月18日 戦死 任海軍大佐　叙従五位 叙正五位 職務勉励に付特に金三千二百八十六圓受賞 12月 大東亜戦争の功に依り　功二級金鵄勲章及勲二等旭日重光章受章
一九四四(昭和19)	▼7月 サイパン島陥落
一九四五(昭和20)	▼2月 ヤルタ会談　3月 米軍硫黄島上陸　4月 米軍沖縄上陸 5月 ドイツ無条件降伏　8月 ソ連対日宣戦布告　満州・朝鮮に侵攻 8月14日 ポツダム宣言受諾　8月15日 終戦の詔勅
一九四六(昭和21)	▼5月 極東軍事裁判開始
一九五〇(昭和25)	▼6月 朝鮮戦争勃発
一九五三(昭和28)	12月 軍人恩給復活
一九六八(昭和43)	3月30日 叙勲二等　賜旭日重光章の勲記伝達

協力者（敬称略）

樋端　一雄（樋端久利雄と千代の長男）
今江　英子（樋端久利雄と千代の長女）
樋端　美子（樋端久利雄の甥忠重の妻）

赤澤　理香　海上自衛隊補給本部（元海上自衛隊幹部学校資料課）
阿部　千昭　海軍兵学校七六期（元櫛引町長）
石丸　安蔵　防衛研究所戦史研究センター
市來　俊男　海軍兵学校六七期（元防衛研修所戦史室長）
猪熊　兼年　白鳥神社宮司
内永聖三郎　旧制大川中学校三六回生、元陸軍少尉（樋端久利雄の小学校時代の恩師内永官太の三男）
内山　孝一　元陸上自衛隊高射学校第二教育部長
及川　昌彦　及川古志郎の曾孫
太田　祐子　論語講師
岡　　克典　四國新聞社生活文化部長
筧　　豊隆　株式会社日本無線顧問（元自衛隊指揮通信システム隊司令）

川北　文雄　三本松高等学校一二回生、元香川県副知事
杉本　孝文　横須賀地方総監部幕僚長（元海上自衛隊幹部候補生学校長）
武田真理子　三本松高等学校三四回生、大中三高会事務局
田島　明朗　呉水交会顧問、中国新聞社友
田中　豊市　旧制大川中学校四〇回生、陸軍士官学校予科生徒五九期
徳丸　伸一　三菱商事船舶・宇宙航空事業本部顧問（元海上自衛隊第一術科学校長）
名渕　　薫　三本松高等学校二四回生、不動産鑑定士
根本　逸朗　株式会社光電製作所理事（元海上自衛隊保全監査隊司令）
萩野　憲司　三本松高等学校四四回生、東かがわ歴史民俗資料館学芸員
橋本　　進　旧制大川中学校四二回生、元日本丸船長、元東京商船大学教授、医学博士
原　　智崇　服装デザイナー（枢密院議長原嘉道の曾孫）
原　　　彪　三本松高等学校二六回生、三本松高等学校校長
外村　尚敏　株式会社海洋電子顧問（元海上自衛隊第一補給隊司令）
正木　英生　三本松高等学校一一回生、郷土史家
眞継　美沙　写真家
南　　孝宜　防衛監察本部監察官（元呉地方総監部幕僚長）
村木　正博　株式会社光電製作所相談役（元海上自衛隊保全監査隊司令）

人物索引

＊文中に頻出する樋端久利雄とその家族、山本五十六は除いた

著者
髙嶋 博視（たかしま　ひろみ）
昭和27年、香川県大川郡大川村（現さぬき市）生まれ。昭和46年香川県立三本松高等学校卒業（22回生）。昭和50年防衛大学校卒業（第19期生）。卒業後、海上自衛隊に入隊、在ノルウェー日本国大使館防衛駐在官、護衛艦隊司令部幕僚長、第１護衛隊群司令、海上幕僚監部人事教育部長、護衛艦隊司令官、統合幕僚副長、横須賀地方総監などを経て平成23年8月退官。現在は、執筆・講演活動を行っている。
著書に『武人の本懐―東日本大震災における海上自衛隊の活動記録』（講談社、平成26年）、『指揮官の条件』（講談社現代新書、平成27年）がある。

ソロモンに散《ち》った聯合艦隊参謀《れんごうかんたいさんぼう》
――伝説の海軍軍人 樋端久利雄――

2017年3月18日　第１刷発行
2017年6月30日　第２刷発行

著 者
髙嶋《たかしま》 博視《ひろみ》

発行所
㈱芙蓉書房出版
（代表 平澤公裕）
〒113-0033東京都文京区本郷3-3-13
TEL 03-3813-4466　FAX 03-3813-4615
http://www.fuyoshobo.co.jp

印刷・製本／モリモト印刷

ISBN978-4-8295-0707-0